태양 아래 모든 것이
특허 대상이다

1999년 12월 23일 한국어판 초판 1쇄 발행
2000년 2월 22일 한국어판 초판 3쇄 발행
(한국어판은 1999년 한국의 최대일간지를 발행하는 조선일보사에 의해 발행되었음)
2003년 2월 영문판 초판 1쇄 발행
2003년 5월 영문판 초판 2쇄 발행
2008년 6월 일문판 초판 발행
2010년 1월 영문판 2판 1쇄 발행

태양 아래 모든 것이 특허 대상이다

1판 1쇄 발행 | 2009년 1월 1일
2판 1쇄 발행 | 2013년 10월 20일

지은이 | 남호현
펴낸이 | 윤다시
펴낸곳 | 도서출판 예가
주　소 | 서울시 영등포구 당산동 1가 191-10
전　화 | 02)2633-5462
팩　스 | 02)2633-5463
이메일 | yegabook@hanmail.net
블로그 | http://blog.daum.net/yegabook
등록번호 | 제 8-216호

ISBN | 978-89-7567-515-7　　13360

※ 잘못된 책은 바꿔드립니다.
※ 인지는 저자와의 합의하에 생략합니다.
※ 가격은 표지 뒷면에 있습니다.

태양 아래 모든 것이
특허 대상이다

변리사 남호현 지음

서 평 ● ● ● ●

나는 이 책을 읽으면서 점차 이 책에 매료되기 시작하였다. 이 책에서 저자는 지적재산권의 기본이 되는 주제들을 일상생활에서 부딪치는 문제들과 연관시켜 재미있고 쉽게 설명하였다. 또한 독자들이 지치지 않도록 각 주제별로 간단간단하게 설명하면서도, 핵심적인 내용이 독자의 뇌리에 깊숙이 박힐 수 있도록 하였다.

이 책이 지적재산권 비전문가들에게 지적재산권을 쉽게 소개할 목적으로 쓰인 책이긴 하지만, 한편으로 지적재산권 전문가들이 비전문가들에게 어떻게 다가가야 하는지를 알려주는 책이라는 생각이 들었다. 그래서 이 책을 지적재산권 전문가들도 반드시 읽어야 할 책들 중의 하나로 소개하고 싶다. 이 책에는 저자의 자서전적인 요소도 있다. 이 책을 통하여 저자가 어떻게 살아왔는지, 많은 아픔들을 그가 어떻게 승화시켰는지, 그리하여 그가 얼마나 매력적인 사람인지를 알 수가 있다.

― 변리사 김종윤 ―

이 책의 특색은 딱딱하게 느껴질 수 있는 법률적 개념인 지적재산권을 주제에 따라 주로 사례, 개인적 경험등과 연관시켜 놀라우리만치 쉽고, 재미있게 설명하고 있다.

전문적인 지식이 없이도 누구나 짧은 시간에 쉽고, 재미있게 지적재산권 전반에 관하여 이해를 할 수 있게 해준다는 것이 이 책의 가장 큰 장점이다. 그리고, 이 책에는 저자 개인의 인생 이야기가 포함되어 있고, 그것은 독자들에게 흥미는 물론 감동까지도 줄 수 있으리라고 생각된다. 특히, 지적재산권이 기업경영의 가장 중요한 요소들 중 하나인 점을 고려하여 기업가들에게 더욱 권장하고 싶다. 지적재산권의 분쟁들에 관한 다양한 사례들이 포함되어 있어, 지적재산권에 관심을 가지고 있는 실무가들에게도 분쟁의 태양을 이해하는데 도움이 될 수 있을 것 같다.

- 변호사 조태연 -

이 책을 통해 기업가들이 기업 경영과 뗄래야 뗄 수 없는 지적재산권 제도에 대해서 재미를 가지고 한걸음 더 다가갈 수 있게 되었으며, 기업을 경영하지 않는 개인들도 작은 아이디어 하나 간단한 이름도 돈이 되는 지적재산권으로 변신시키는 비법을 얻을 수 있을 것으로 보인다. 그리고 지적재산권에 관심을 가지고 공부하는 학생들에게 지적재산권에 관한 내용을 전달할 수 있다는 점에서 환영받을 수 있을 것이다. 이뿐만 아니라 저자가 변리사 시험을 준비한 과정, 변리사 직업의 세계 등에 관해 저자 자신의 생생한 경험을 흥미롭게 서술하였다는 점에서 변리사 지망생에게도 참고가 될 것으로 보이며, 현장에서 저자가 경험한 사례를 중심으로 하고 있기 때문에 실무가에게도 도움이 될 것으로 보인다.

- 한양대학교 법학전문대학원 지적재산권법교수 윤선희 -

지식재산권 강국을 기대하며 ● ● ● ●

조선일보사에서 졸저 〈21세기에는 지식재산권으로 승부하라〉를 출간한 지도 어느덧 10년이 다 되어간다. 한때는 몇몇 유명 서점의 경제 경영 분야의 베스트셀러에 오르기도 했다. 그 동안 이 책이 영어판(2003년)과 일어판(2008년)으로 출간되어 해외 독자들에게도 사랑을 받고 있어 자부심을 느낀다. 지식재산권 전반에 걸쳐 흥미로운 사례들을 중심으로 이해하기 쉽고 간결하게 쓰였기 때문이라고 생각한다.

이번에 〈21세기에는 지식재산권으로 승부하라〉를 수정, 증보(增補), 개작하여 〈태양 아래 모든 것이 특허 대상이다〉라는 제목으로 다시 출간하기로 했다. 알맹이가 크게 달라진 것은 없으나 특허, 상표, 저작권 등 지적재산권 제도의 바뀐 내용을 보완했고 지식재산권을 둘러싼 새로운 환경과 흐름을 최대한 반영하기 위해 노력했다.

이 수정증보판이 탄생하기까지 정보 수집과 교정 등을 지원한 조서경 변리사와 남승민 군에게 감사의 뜻을 전한다. 특히, 사이버 연재 코너 〈변리사 남호현의 특허 대박 여행〉이 500회가 넘도록 애독해 준 네이버 인기 카페 〈엉터리 경제 뒤집어보기 (http://cafe.naver.com/copy5243)〉의 회원 12,000여 명과 여러 인터넷 카페 독자들에게도 고맙다는 인사를 드린다.

2009년 1월
남 호 현

글을 시작하며 ● ● ●

21세기는 지식 재산권의 시대다

　많은 전문가가 가장 중요한 21세기 생존 전략의 하나로 지식 재산권을 꼽는 데 주저하지 않는다. 일반인들도 정보화 사회를 경험하고 지식 기반 사회로 넘어가는 시점에서 점점 더 지식 재산권의 중요성을 피부로 느끼고 있다. 그러나 지식 재산은 아무리 많은 노력을 들여 개발했더라도 자기 권리로 만들어 두지 않으면 자기 재산이 될 수 없다. 누구라도 이런 지식 재산을 권리화하고 권리화된 지식 재산을 활용하는 데 무관심하면 새 천년을 지혜롭게 살아가기가 어려울 것이다. 그런데도 우리사회에는 지식 재산권의 범위, 취득 방법과 절차, 활용 수단과 논리적 해석 등이 복잡하게 느껴진다는 이유로 지식 재산권이 자기와는 무관한 권리로 착각하는 사람이 많다.
　그러나 어렵게 생각할 필요가 없다. 고도의 발명과 획기적인 신기술만이 지식 재산권은 아니다. 독특한 디자인, 소박한 아이디어, 생활의 불편함을 개선하려는 노력, 개인의 이름 석자도 얼마든지 값지고 훌륭한 지식 재산권으로 인정받을 수 있다.

인류 역사를 통해 작은 발상이 개인의 인생과 세상을 바꾼 사례는 얼마든지 있다. 이런 점에서 뒤집어 곰곰이 생각해 보면 지식 재산권처럼 쉽게 취득할 수 있는 권리도 이세상에 그리 많지 않다. 눈을 돌려 가만히 보면 아주 다양한 지식 재산권이 늘 우리 주위를 맴돌고 있다. 우리 대부분이 무심하게 살아가는 지금도 특허, 실용신안, 디자인, 상표 등 지식 재산권 출원이 연간 38만 건에 이르고 있다. 그런가 하면 사전 지식이 부족하여 한없이 시행 착오를 겪는 출원인도 많다.

이런 필요에 따라 특허·실용신안·디자인을 비롯해 영업 비밀, 전자 상거래, 컴퓨터 프로그램, 인터넷상의 권리, 사이버 시대의 신지식 재산권 등을 다룬 책이 여러 종 출간되었지만 딱딱한 이론 중심이고 에세이처럼 편안하게 읽을 수 있는 책이 별로 없다. 대부분 법률, 판례, 절차, 양식 등을 그대로 옮겨 놓은 탓에 전문가가 아니면 쉽게 접근할 수도 없다. 변리사 시험 응시자가 연간 5,000명을 육박하고 있지만 흥미와 동기를 유발할 수 있는 입문서도 없다. 나는 이런 현실이 안타까워 누구나 재미있게 읽고 쉽게 이해할 수 있는 책을 쓰고 싶었다.

21세기 첨단 사이버 시대를 살아가려면 무엇보다 가상 공간을 날아다니는 권리에 관심을 갖고 그것을 잡으라고 권하겠다. 절체절명의 위기일수록 작은 발상이 개인뿐 아니라 국가와 기업을 살린다. 지식 재산권의 확보는 어떤 면에서 보면 당장은 거추장스럽게 생각될지 모르지만, 장기적인 안목에서 바라보면 국가, 기업, 개인의 경쟁력을 기르는

가장 경제적인 투자이다.

  이책은 전문가가 아닌 남녀 노소 모두 편안하고 흥미롭게 읽을 수 있도록 쉽고 간결한 문체로 썼다. 특히 젊은 층의 관심이 높은 출판, 컴퓨터, 새로운 정보 산업, 신지식 재산권과 관련된 에피소드를 비중 있게 다루었고 홈페이지를 통해 상담한 내용을 발췌하여 '홈페이지 Q&A' 로 다듬었다.

  그 밖에 산업체의 특허 관련 부서 근무자, 지식 재산권에 관한 기초 지식 보유자, 브랜드 네이밍 및 디자인 업체 종사자 등을 위해 특허·상표·디자인의 등록 요건과 상표, 디자인의 유사성 판단에 관한 구체적이고 논리적인 기준을 정리하여 권말부록으로 실었다.

  덧붙여 이 책이 변리사 지망생을 비롯해 벤처 기업 창업 희망자, 인터넷 세대, 기업주, 경영자, 샐러리맨, 발명가, 산업 재산권 관리 책임자, 근로 청소년, 학생, 종합상사 임직원, 실업자, 퇴직자, 작가, 디자이너, 컴퓨터 프로그래머, 사이버 상거래 희망자, 인터넷 관련 업계 종사자, 출판업자, 세일즈맨, 각종 전문직 종사자, 가정 주부 등 각계 각층 사람들에게 용기와 지혜, 그리고 경쟁력과 돈 버는 재미를 안겨주기를 바란다.

남호현

Contents

글을 시작하며   21세기는 지식 재산권의 시대다   7

Part 1   지식 재산권 탐험 여행 출발
지식 재산권으로 당신의 인생을 바꿔라

병아리 감별사와 별(☆)이사   17
국제 특허 전쟁에 뛰어든 촌놈   21
톡톡 튀는 식별력을 가져라   26
꼴찌가 세상을 바꾼다   30
불명예 퇴직을 뛰어 넘는 지혜   35
발명왕 에디슨이 돈버는 데 실패한 이유   38
변리사의 역할이 날로 커지고 있다   43
변리사가 되는 길   48
나는 이렇게 변리사가 되었다   52
권리의 최전방을 지키는 변리사의 하루   63

홈페이지 Q·A   67
- 특허 검색과 학생 출원 무료 지원 • 기술 분야별 특허 추세
- 국가별 산업 재산권 관리 체계 • 변리사를 지망하는 학생들의 전공
- 변리사 사무소에서 일하려면

Part 2 특허·실용신안·디자인권 탐험 여행
작은 발상이 세상을 바꾼다

청기와 장수와 특허청의 독립 채산제 73
기업은 로열티에 눈을 돌려야 생존할 수 있다 76
황금알을 낳은 작은 발상들 80
벤처기업으로 꿈을 키운다 83
태양 아래 모든 게 특허 대상이다 91
복숭아와 암사슴도 발명품이다 94
특허, 실용신안, 디자인권 무엇이 다른가 100
버스 지나가자 손 흔든다 104
권리의 울타리가 튼튼해야 이긴다 107
남의 권리를 거저 이용하는 비법 110
특허 심사와 심판을 빨리 받으려면 114
끝까지 희망을 버리지 마라 119
특허 관리 체크 포인트 122

홈페이지 Q·A 126
- 특허·실용신안 보호 범위 · 출원중인 특허의 권리 침해
- 공개하고 싶지 않은 디자인의 관리 요령

Part 3 상표권 탐험 여행
고객의 눈과 귀를 유혹한다

'박통' 소주에서 얻는 교훈 133
색, 입체, 냄새, 소리, 맛도 상표의 대상이다 136
이름을 함부로 짓지 마라 139
톡톡 튀는 멋진 이름들 143

성공 브랜드 전략 10계명　146
캐릭터 개발과 상표권 확보에 열올리는 지방 자치 단체들　155
신세대의 라이프 스타일에 주목하자　158
사람 이름도 상표로 등록되는 세상　160
캐릭터 산업에 승부를 걸어라　163
책, 신문, 잡지 제목을 둘러싼 분쟁　165
상표를 팔아 짭짤한 수익을 올리는 기업들　168
도용당하는 한국 상표들　171
공동 브랜드의 힘은 막강하다　175
중소 기업에 발목 잡힌 '월마트' 상표　179
다윗에 승리를 안겨준 비밀 병기　183
향기 없는 향수 전쟁　187
돈주고도 뺨맞을 수 있다　189
하늘이 무너져도 솟아날 구멍 있다　192
새우깡과 모시메리의 운명　194
누구나 외국 상품을 수입할 수 있나?　196
라이선스도 등록하라　200
다국적 기업의 상표 관리를 배우자　203
상표 관리 체크 포인트　206

홈페이지 Q · A　210
　● 특정 명사의 상표 등록 가능성　● 유명 브랜드를 사용하고 싶을 때 ●

Part 4　저작 · 출판 · 초상권, 컴퓨터 프로그램 보호 · 인터넷 · 영업 비밀 ·
프랜차이징 탐험 여행
이동 갈비의 비법을 훔친 주방장

누드 사진 소동과 저작권 침해　215

12　태양 아래 모든 것이 특허 대상이다

저작권이란 무엇인가?　218
저작자와 출판사의 갈등　222
글꼴도 저작권 보호 대상이 될 수 있다　228
응용 미술품은 디자인 등록을 해야 한다　231
가수와 탤런트들의 권리 찾기　234
붉은 악마와 차범근과 정홍채의 얼굴값　237
영상 시대에 어울리는 저작권 관리　240
컴퓨터 프로그램의 보호　245
가상 공간을 날아다니는 권리　250
유명 상표 모방한 인터넷 주소 사용할 수 없다　254
전자 상거래도 특허의 길이 열렸다　257
이동 갈비의 비법을 훔친 주방장　263
새로운 지식 재산권, 프랜차이징　267

홈페이지 Q · A　270
- 미국 저작권 유효 기간 ● 미공개 원고의 저작권 보호 ●
- 음악 저작권을 이용한 MP3 사업 ● 저작권법 강화와 산업 디자인 이중 보호 ●
- 상용 BBS의 편집 저작물 보호 ● 초상권 침해의 법적 제재 ●
- 인터넷 게시판의 지식 재산권 ● 아이디어의 지식 재산권 보호 ●
- 도메인 네임의 상표권 등 침해 ● 홈페이지에 월간지 기사 인용 ●
- 개발된 소프트웨어의 등록

Part 5　지식 재산권 확보 · 활용 · 구제 · 관리 등을 위한 탐험 여행
먼저 출발해야 이긴다

권리 위에서 잠자지 마라　281
갑자기 증발한 지식 재산권　283
몇 십 배로 바가지를 쓰는 무임 승차　286

특허권도 담보로 쓴다　290
특허 기술 담보 대출과 채권 확보　292
휴면특허를 깨워야 돈이 된다　295
지식 재산권의 상속　299

홈페이지 Q · A　301
● 이미 존재하는 제품의 특허 출원 ● 특허권 침해에 대한 조치 ●
● 권리를 침해당했을 때의 경고장 ● 특허권 침해에 따른 손해 배상금의 귀속 ●

부 록

심층 탐험① 산업에 이용할 수 있는 발명　307
심층 탐험② 신규성 없는 발명은 특허되지 않는다　312
심층 탐험③ 진보성이 없으면 발명이 아니다　322
심층 탐험④ 자격 없는 디자인　324
심층 탐험⑤ 자격은 있으나 등록이 불가능한 디자인　327
심층 탐험⑥ 자격 없는 상표　337
심층 탐험⑦ 상표의 유사성 판단　349

글을 맺으며　353
저자 프로필　356

Part 1

지식 재산권 탐험여행 출발

지식재산권으로
당신의 인생을 바꿔라!

001
병아리 감별사와 별(☆)이사

한때는 1년에 한두 명만 배출되어 희소 가치를 인정받던 변리사(辨理士). 2008년 선발 인원은 200명으로 늘었지만 저자가 합격한 해에는 고작 11명이 자격 시험을 통과했다.

최근 들어 변리사 시험 지원자가 급증하고 있다. 2008년 45회 변리사 시험 때는 200명 선발에 4,500여 명이 몰려 경쟁률은 23대 1에 가까웠다.

이처럼 변리사가 인기를 얻는 이유는 무엇일까? 산업 재산권에 대한 관심이 높아져 변리사가 전문 직종으로 각광받고 있는데다가 경기 불황과 조기 퇴직 분위기가 사회적으로 확산되면서 재학생이나 졸업생은 물론 회사원들까지도 시험에 가세하기 때문이다.

이토록 치열한 경쟁 속에서 탄생하는 직종임에도 불구하고 일반 사람들은 변리사가 어떤 직업인지 정확히 모르고 있다. 막연히 법률을 다루는 직종에 종사하는 변호사나 법무사와 유사한 전문가이려니 추측하

고 있을 뿐이다. 변리사가 특허·디자인·실용신안·상표·각종 신지식 재산권 등에 관한 신청·소송 등을 대리하는 직업인 줄 모르는 사람들도 있다.

변리사 시험에 합격한 청년 김별종의 소식이 고향 마을에 전해지던 날이었다. 사랑방에 모인 노인들은 하나같이 혀를 찼다.

"대학원까지 졸업한 녀석이 겨우 병아리 감별사가 됐다는 얘긴가."

"판검사 만들려고 아들을 법대에 보냈다던데 그 영감 신세가 말이 아니군."

소문이 어떻게 떠돌았는지 변리사가 병아리 감별사의 약칭으로 변해 버렸던 것이다.

변리사 시험 합격이 '낙타가 바늘 구멍에 들어가기'처럼 어렵던 시절, 그 치열한 경쟁을 뚫어 변리사가 된 김별종을 두고 시골 친지들의 반응은 의외로 냉담했다. 심지어 "병아리 감별사가 됐으니 이민을 준비할 것"이라고 점치는 아주머니도 있었다. 축하를 받긴 커녕 핀잔이나 듣지 않으면 다행이다 싶었다. 물론 농담을 즐기는 사람들이 지어낸 에피소드겠지만 그만큼 변리사를 생뚱한 직업으로 생각하는 사람들도 없지 않다.

해외 여행 중에 만난 경상도 아저씨가 내게 직업을 물었다.

"직업이 뭐요?"

"변리삽니다."

"뭐라구요? 별·이·사?"

"아닙니다. 변·리·사."

나름대로 친절하게 설명했지만 그 아저씨는 한참 고개를 갸우뚱거렸다. 마침 명함이 없던 나는 그가 내미는 수첩에 집 주소와 이름을 적어 주었다. 함께 사진 찍으며 나를 길동무 삼던 그 아저씨가 귀국하자마자 소식을 전해 왔다. 스냅 사진이 동봉된 그의 편지를 읽으며 나는 터지는 웃음을 참지 못했다.

아저씨의 편지는 '남호현 별 이사님, 안녕하세요?'로 시작되고 있었다. 그는 내가 이상한 사무실에 근무하는 특별한 이사(理事)님인 줄 착각했던 것이다. 아니면 별(☆)을 달고 있는 중역쯤으로 혼동한 것 같기도 했다.

8·15 해방과 더불어 그 이듬해 특허법이 제정되고 변리사 제도가 뿌리를 내리기 시작했음에도 여전히 변리사의 존재를 모르는 사람들이 적지 않다. 그건 우리 변리사들의 잘못이다. 날로 치열해지는 아이디어 싸움과 경제 전쟁 속에서 지식 재산권이 얼마나 멋진 무기인지 제대로 알려 주지 못한 탓이다. 두꺼운 법률 서적만 뒤적이며 어려운 용어로 폼만 잡았기 때문이다.

특허 등 지식 재산권은 변리사들만의 전유물이 아니다. 바로 여러분의 것이며 여러분이 바로 변리사임을 알아야 한다. 무한 경쟁에서 여유만만하게 이기는 방법은 단 한 가지. 여러분이 직접 변리사의 입장이 되어 지식 재산권이라는 강력한 무기를 만들어 손에 쥐는 것이다. 전국 과학전람회에 참가한 소년 소녀가 여러분의 아들이나 딸이라면 그 아이는 병아리 감별사의 수준을 이미 뛰어넘은 것이다.

아무튼 병아리 감별사이건 별(☆)이사이건 나는 변리사란 직업을 말

머리로 삼아 아주 흥미진진한 여행길에 나설 참이다. 두뇌 전쟁에서 통쾌하고 짜릿한 승리를 쟁취하려면 여행을 출발하기 전에 신발 끈부터 단단히 맬 것을 부탁한다.

특허법이나 지식 재산권을 들먹이면 골치부터 아프다고 생각하는 사람들이 있는 한, 나는 그들의 손목을 잡고 즐겁게 떠날 작정이다. 이토록 재미있는 여행이 있다는 걸 보여 주고 싶어 나는 벌써부터 가슴이 뛰기 시작한다.

코흘리개 시절부터 맨날 꼴찌를 면치 못했던 녀석이 갑자기 일등하는 장면을 상상해 보라. 그게 사실이라면 얼마나 짜릿할까. 나와 함께 여행을 시작한 그대, 혹은 평생 꼴찌를 못 면할 듯 보이던 그대의 자녀들이 '세상을 바꾼다' 면 이보다 신나는 일은 아마 없을 것이다.

002 국제 특허 전쟁에 뛰어든 촌놈

나는 충북 영동군 상촌면 임산리 446번지에서 태어나고 자랐다. 고향 행정 구역의 이름마저 상촌(上村)과 임산(林山)이니 구태여 두메산골이라고 강조할 필요조차 없다. 가장 후미진 곳의 윗동네, 나무가 우거진 숲으로 둘러싸인 산골…. 시골 중의 시골이요 벽촌 중의 벽촌인 그 마을에서 나는 어린 시절을 보냈다. 헐벗은 생활은 아니었지만 내 유년기는 그다지 희망적이지 못했다.

한때나마 임업과 금광업으로 크게 성공했다던 사업가 아버님은 내가 네 살 되던 해 돌아가셨다. 너무 일찍 서둘러 먼길을 떠나셨기 때문에, 막내아들은 당신에 대한 부정(父情)이나 추억을 간직할 여유도 없었다. 그때부터 어머니는 어린 3남 1녀를 키우느라 고생하셨고, 갑자기 18세 소년 가장이 된 큰형님도 모질고 거센 세상의 풍파에 시달려야 했다.

고등학교를 졸업하자마자 공무원 임용 시험에 합격한 큰형님은 고향 우체국에서 근무를 시작했다. 아버님이 안 계신 집안에서 큰형님은 적

은 봉급과 동생들의 학비 때문에 허덕였다. 1997년 12월, 큰형님은 한국통신 조치원 전화국장을 끝으로 정년 퇴임했다. 큰형님의 정년 퇴임식이 있던 날 나는 눈시울을 붉히며 몸둘 바를 몰랐다. 큰형님의 희생을 딛고 일어섰던 내가 그분의 은혜를 만 분의 일도 갚지 못한 게 그저 죄송할 따름이었다.

어머니와 큰형님의 회고담에 따르면 아버님은 아이디어 넘치는 발명가였다고 한다. 자식들에게 별미를 맛보게 하려고 당신은 갖가지 창의력을 빚어 가며 참새나 민물 새우(징거미) 등을 부지런히 잡으셨다는 것이다. 설명만 듣고 상상해도 참 멋진 분이셨으리라 생각된다. 참새를 한꺼번에 사로잡는 바지게(발채를 얹은 지게)나 징거미 떼를 손쉽게 잡을 수 있는 작은 다래끼(아가리가 작은 바구니) 등은 당신의 훌륭한 발명품들이었을 것이다.

지금까지 아버님이 살아 계셨다면 그토록 빛나는 창의력으로 수많은 발명품을 탄생시켰을지도 모르는 일이다. 변리사가 된 막내아들이 당신의 발명품들을 특허로 출원 등록했더라면 얼마나 흐뭇해 하셨을까. 그런 공상에 젖을 때마다 가슴이 아려 온다. 지금은 고향 앞산에 편히 누워 계시지만, 당신은 가끔 막내아들에게 달려와 번뜩이는 아이디어를 주고 떠나신다.

아버님은 돌아가셨어도 내 머리와 가슴 속에 살아 있어 변리사 아들을 여전히 살찌우고 계신다. 나는 아버님의 번뜩이는 영감과 창의력을 이어 가면서 출원인들의 특허를 완성하는 데 그치지 않고 색다른 아이디어를 제공하곤 한다. 상표의 이름을 지어 주는가 하면 발명의 허술

한 점을 발견한 뒤 즉시 보완하도록 주문한다. 그렇다고 해서 수입이 늘어나는 건 아니지만 나는 아버님처럼 창의력을 발휘하는 일이 마냥 즐겁다.

유년기의 추억 속에서 가물가물한 아버님의 얼굴을 떠올리는 순간마다 나는 병석에 누워 있는 나 자신을 발견하곤 한다. 초등학교 1학년 시절은 병원 신세를 지느라 학교에 거의 가지 못했다. 어머니는 막내아들이 2학년으로 올라가지 못하는 것을 당연하게 여겼지만 큰형님이 뛰어다닌 덕분에 간신히 턱걸이로 2학년이 될 수 있었다.

2학년으로 올라가던 해 나는 난생 처음 시험이라는 걸 치렀다. 선생님은 붉은 색연필로 채점한 시험지를 내밀었다. 15점이었다. 대단한 점수라고 생각했던 나는 너무도 자랑스러워 시험지를 펴 들고 집으로 달렸다. 뜀박질하던 길목에서 마침 셋째 할아버지를 만났다. 시험 성적을 자랑할 수 있는 결정적인 기회였다.

"할아버지, 저 15점 받았어요!"

시험지를 내밀면서 나는 들뜬 목소리로 외쳤다.

"오냐! 아주 잘 했구나."

병약한 손자가 밝은 모습을 보이자 셋째 할아버지가 고개를 끄덕이며 웃었다. 할아버지의 칭찬에 더욱 신이 났던 나는 어머니에게 달려갔다. 시험지를 받아든 어머니는 아들의 머리를 쓰다듬어 주는 대신 눈가에 눈물을 내비쳤다. 그제서야 나는 뭔가 잘못되었음을 알았다.

그날부터 시험 공포증이 생겼고 그 증세는 차츰 심해졌다. 등사 잉크 냄새를 물씬 풍기며 눈앞에 펼쳐지던 시험지는 언제나 무서웠다. 시험

지의 수많은 그 빈칸은 내게 엄청난 강박감을 안겨 주었다. 무엇보다도 숨이 턱 막혀 괴로웠다. 시험지를 받아 들면 배가 아프다고 소리부터 질렀다.

"선생님, 배가 아파요!"

"아무리 아프더라도 시험만은 치르자."

"너무 아파서 죽겠어요."

결국 선생님은 나를 집으로 돌려보냈다. 아니, 병치레에 시달리던 어린 제자가 불쌍해 선생님이 일부러 속아 준 것이리라.

억지스러운 거짓말과 연극은 내 배를 한층 아프게 만들었다. 얼마 뒤 이 엄살마저 통하지 않자 별 수 없이 공부를 시작했다. 그 이듬해 초였던가. 막내아들이 우등 상장을 받아 오자 어머니는 또 소리 없이 우셨다. 15점짜리 촌놈이 100점을 맞았으니 당신은 얼마나 흐뭇했을까.

"아버지 바지 핫바지."

아이들은 나와 마주칠 때마다 놀리기 일쑤였다. 학교에 들어가면 아무도 한복을 입지 않던 그 시절, 나는 어머니가 손수 지어 주신 한복 바지저고리를 자랑스레 입고 뛰어놀았다. 지금 생각하면 어머니가 만든 한복은 일류 의상 디자이너가 디자인한 것 이상으로 독특한 맵시와 멋을 자아냈던 작품으로서 멋진 디자인 등록 대상이었다. 그만큼 아이들의 놀림 속에는 시기와 질투가 배어 있었던 것 같다.

나는 낙제를 면하고 우등생이 되긴 했지만 꼴찌 촌놈이긴 매한가지였다. 동구밖 개울가는 해가 지도록 머물러도 지루하지 않은 곳이었다. 뽕나무 가지로 만든 활을 쏘며 놀다가 싫증이 나면 개울가에 털퍼덕 주

저앉았다. 맑은 물 속을 들여다보면서 손뼉을 치면 질서 정연하게 춤추는 송사리 떼가 신기하기만 했다. 고무신을 벗고 뛰어들면 손바닥만한 붕어와 엄지손가락 길이의 미꾸라지들이 손에 잡히곤 했다.

나이가 들면서 꼴찌 촌놈은 더 넓은 세상에 눈을 뜨게 되었고 공부하는 재미를 만끽하기 시작했다. 15점을 받던 꼴찌 아들이 마침내 고등학교 수석 졸업을 했을 때도 어머니는 눈물을 훔치셨다. 두메 산골 출신 촌놈이 대학 4년을 장학생으로 마치고 특허 전쟁에 뛰어들었을 때도 어머니는 철부지 막내아들을 믿지 못해 속을 태우셨다.

어느 새 꼴찌 촌놈은 '세계적인 꼴찌'로 변해 있었다. 국제 세미나에 참석하기 위해, 혹은 지적 소유권 법률 서비스 세일즈를 위해 세계를 누비기 시작했다. 룩셈부르크 · 도쿄 · 홍콩 · 피닉스 · 내시빌 · 올랜도 · 시카고 · LA · 뉴욕 · 파리 · 런던 · 베를린 · 본 · 쾰른 · 로마 · 빈 · 부다페스트 · 마드리드 · 칸느 · 알리칸테 · 취리히 · 바젤 · 리스본 · 샌안토니오 등이 꼴찌의 무대로 떠올랐다.

"꼴찌가 세상을 바꾸는 데 도움을 주는 직업이 바로 지식 재산권 전문가"라고 나는 항상 강조한다. 내가 국제 특허 변리사로 활동할 수 있었던 것은, 어쩌면 꼴찌 촌놈 특유의 배짱 때문이었는지도 모른다. 내가 자랐던 가난한 고향 마을은 이 못난 꼴찌에게 유연성과 창의성을 심어 준 토양이 아니었나 싶기도 하다.

003 톡톡 튀는 식별력을 가져라

  까까머리 중학교 2학년 시절의 어느 봄날이었다. 푸른 눈의 키다리 미녀가 교실에 들어섰다. 미국 평화 봉사단의 일원으로 입국하여 엊그제 부임한 영어 교사였다. 어린 처녀 선생이 어찌나 아름다웠던지 눈이 부실 지경이었다. 외국 영화에서나 볼 수 있는 주연 여배우처럼 그녀는 팔등신 미녀였다.

 우리가 호기심 어린 눈을 반짝거리면서 서양 미녀를 감상하고 있을 때였다. 얼빠진 표정으로 앉아 있던 당번 녀석이 벌떡 일어섰다.

 "어텐션! 바우! (Attention! Bow!)"

 영어 수업이 시작되는 순간이면 언제나 관례대로 선생님에게 던지는 첫 인사 '차려, 경례'였다.

 "굿모닝, 써! (Good Morning, Sir!)"

 우리는 하던 대로 우렁찬 목소리로 인사를 했다. 그런데 웬걸, 화사한 미소로 대답할 줄 알았던 여선생의 얼굴이 홍당무로 변하는 게 아닌가.

우리는 부끄럽게도 실수를 한참 뒤에 인정해야 했다. 처음 만나는 꼬마 제자들이 남자들에게나 사용하는 'Sir'를 외쳤으니 그럴 만도 했으리라.

서양 미녀 선생의 이름은 제인 존스(Jane Jones)였다. 미소도 아름다웠지만 이름도 예쁘기 짝이 없었다. 제인 존스…. 그 순간부터 나는 감미로운 그녀의 이름을 혀끝에서 굴리는 재미로 하루를 보내기 시작했다. 언제부턴가 나를 바라보는 제인 존스의 시선이 예사롭지 않았다. 수업 중에 나와 시선이 서로 마주치는 경우가 늘어났고 걸핏하면 내게 미소 짓거나 질문을 던졌다.

나는 절로 신이 났다. 그렇지 않아도 영어 잘 하는 아이로 소문이 자자하던 터라서 나는 더욱 용기를 얻었다. 영어 교과서를 달달 외워 제인 존스에게 자랑하는 것도 무척 즐거운 일이었다.

영어 웅변 대회를 앞둔 어느 날 제인 존스는 나를 학교 대표로 추천했다. 대표로 선발되던 날부터 그녀는 발음과 제스처를 교정해 주는 등 내게 맹연습을 시켰다. 그녀의 스파르타식 훈련은 강도가 높았지만 나는 행운처럼 다가온 기회를 잃지 않으려고 열심히 연습했다.

그리고 얼마 지나지 않아서 나의 짝사랑은 조금씩 허물을 벗기 시작했다. 제인 존스 선생님에 대한 열정은 식지 않았지만 하루가 다르게 냉정함을 되찾았다. 내게 특별히 관심을 갖고 친절히 대하는 이유를 물었더니 그녀의 대답이 걸작이었다.

"네가 잘나서도 예뻐서도 아니야. 너는 다른 애들과 달리 안경을 썼어. 그 안경 때문에 나는 너를 쉽게 알아볼 수 있었단다."

나는 제인 존스의 고백을 듣고 은근히 부끄러워졌다. 시골 벽지 중학교의 전교생 900여 명 중에 안경을 쓴 학생은 오직 나 한 사람뿐이었던 것이다.

"하나같이 까까머리에 모두 똑같은 검은 교복을 입고 있으니 아무리 시간이 흘러도 누가 누구인지 알아볼 방법이 없더구나. 결국 안경을 쓴 너만 어렵지 않게 구별할 수가 있었지."

제인 존스가 나를 짝사랑한다는 착각은 그렇게 부서졌지만, 어쨌든 나는 안경 덕을 톡톡히 본 셈이었다. 영어 학습 초기에 미녀 선생으로부터 직접 발음 교정을 받을 수 있었고, 외국인을 만날 때마다 두려움 없이 영어로 말할 수 있는 용기를 얻게 되었으니 나는 행운아였다.

군대에 가서도 내 별명은 '안경'이었다. 상표를 예로 든다면 나에 대한 '식별력(識別力)'이 바로 '안경'이기 때문이었다. 누군가 개발한 상표가 특허청에 등록되려면 다른 상표와 구별되는 특징이 있어야 한다. 이를 식별력이라고 부른다. 내가 세계 도처를 여행하면서 국제적으로 활동하는 지식 재산권 분야의 전문가로 행세하게 된 것은 '안경 때문에 얻은 식별력' 덕이었는지도 모른다.

그렇다. 현대는 튀는 사람에게 기회가 다가온다. 튀는 것이 있어야 세상을 바꿀 수 있다. 남보다 튈 수 있다면 승리의 절반은 저절로 굴러들어온다. 나를 남과 차별화하는 것이 곧 경쟁력으로 발전될 수 있다.

상표의 본질은 무엇인가. 바로 너와 나를 구별하는 힘, 즉 식별력이다. 차별화하는 힘이다. 차별화는 '안경 쓴 소년'처럼 사소한 것에서 출발한다. 기술 내용은 같아도 개성이 넘치는 디자인과 톡톡 튀는 브랜드

이름으로 경쟁자들을 앞지를 수가 있다.

   조금만 눈을 돌려 보자. 당신을 기다리는 또 다른 '제인 존스 선생'이 보일 것이다. 창조적인 한 걸음 한 걸음이 세상을 바꾼다는 사실을 명심하자.

004 꼴찌가 세상을 바꾼다

영화나 드라마에서만 스릴과 서스펜스가 있는 것이 아니다. 소설과 콩트만 반전(反轉)의 기교가 필요한 것도 아니다. 특허 드라마에서도 흥미진진한 사건이 연일 펼쳐지고 극적인 반전도 뒤따른다. 일의 형세가 갑자기 뒤바뀌는 상황 전개… 오죽하면 현대를 '경제 전쟁', '특허 전쟁' 의 시대로 빗대어 표현할까.

꼴찌가 세상을 바꾼다고 하지 않던가. 느림보 거북이 달리기 경주에서 도저히 따라잡을 수 없는 토끼를 이기지 않았는가 말이다. 자만하며 중간에서 낮잠을 잔 토끼는 거북에게 뒤통수를 얻어맞는다. 사람들은 이처럼 게으름을 피우거나 사소한 일을 묵살하다가 큰 화를 자초하고 만다. 주객이 전도되거나 승리와 패배가 엇갈리는 등 상황이 반전되는 모습들이 참으로 극적이다.

푸른 마라토너는 점점 더 나와 가까워졌다. 드디어 나는 그의 표정을 볼 수

30 태양 아래 모든 것이 특허 대상이다

있었다. 나는 그런 표정을 생전 처음 보는 것처럼 느껴졌다. 여태껏 그렇게 정직하게 고통스런 얼굴을, 그렇게 정직하게 고독한 얼굴은 본 적이 없다. …나는 용감하게 인도에서 차도로 뛰어내리며 그를 향해 열렬한 박수를 보내며 환성을 질렀다. 끝까지 달려서 골인한 꼴찌 주자도 좋아하게 될 것 같다. 그 무서운 고통과 고독을 이긴 의지력 때문에.

소설가 박완서의 산문 〈꼴찌에게 보내는 갈채〉 중의 한 대목이다. 그렇다. 정말이지 인생은 마라톤이다. 영광의 월계관을 쓰는 우승자가 아니어도 좋다. 마지막 골인 지점까지 포기하지 않고 달린 마라토너라면 갈채를 받아도 부족함이 없다.

'행복은 성적순이 아니다' 라는 말도 있다. 학교에서든 직장에서든 일등과 꼴찌로 쉽게 순위를 매기는 세상이 역겨울 때가 있다. 일등에게만 영광을 돌리고 꼴찌에게 기회를 주지 않는 가치 체계를 뒤흔들고 싶을 때가 많다.

세계 도처에서 일어나는 꼴찌들의 '혁명'

제발 외면하지 말라! 세계 도처에서 꼴찌들의 혁명이 일어나고 있음을 부인하지 말라. 초등학교 졸업 학력이나 열등생 수준의 성적표로 거대 기업을 일구어 낸 사람들의 입지전적인 신화는 꼴찌만이 맛볼 수 있는 무용담이다.

요즘 특허와 관련된 분쟁이 많다. 특히 음식점 상호나 회사 이름을 둘러싸고 벌어지는 전쟁은 자못 치열하다. 수원의 곰탕집 '합자회사 현

풍할매집'과 서초동의 '현풍할매집 곰탕'이 서로 비슷한 간판 때문에 송사를 벌였던 것이 그 좋은 예다. 회사의 상호로 등기했는데도 특허청에 상표를 등록하지 못했다는 이유로 고생한 사례이다. 둘 중 어느 한쪽이 먼저 서비스표로 등록했더라면 이런 분쟁에 휘말리진 않았을 것이다.

세계 반도체 산업의 선두 주자인 텍사스 인스트루먼트사는 특허 전쟁에서 승리한 대표적 기업이다. 1980년대 중반부터 일본과 한국의 반도체가 시장을 잠식하자 소송을 제기했고 결국 일본과 우리 나라 기업들은 거액의 로열티를 지불해야 했다. 나름대로 특허를 가지고 있던 일본 기업들은 소액의 로열티로 소송을 끝냈지만, 마땅히 내세울 만한 특허가 없던 국내의 한 반도체 회사는 그 당시 680억 원이라는 엄청난 로열티를 부담하지 않으면 안 되었다.

50년 전통을 자랑하는 설렁탕집 ○○옥이 분당 지역에서 분점을 개설하려고 준비 작업에 착수했다. 하지만 대수롭지 않다고 판단했던 일로 어려움에 부닥쳤다. 강원도에 사는 사람이 ○○옥이라는 상호를 서비스표로 미리 등록해 두었기 때문이다.

후발 주자일 수도 있는 지방의 상표권자가 50년 전통의 선발 주자를 상대로 발목을 잡은 셈이다. 선발 주자는 상표권 침해를 우려하여 분점 개설을 망설이고 있다. 강원도에서 서비스표를 등록했더라도 그 효력이 전국에 미친다는 사실을 선발 주자가 알았을 때는 이미 너무 늦었던 것이다.

○○옥 주인은 방심해 스스로 화를 자초하고 말았다. 서울 지역에선

상호를 먼저 사용한 자로서 보호받을지라도 최초의 장소에만 한정된 권리를 행사해야 하는 처지가 안타까울 뿐이다. 일단 상호를 특허청에 상표나 서비스표로 등록하면 전국적으로 독점적 효력이 인정된다는 사실을 모른 탓이다.

서비스표 출원 등록 비용은 신청 때 30여 만 원, 약 1년 뒤 50만 원 등 80여만 원에 불과하다. 물론 이 돈이 아까워 상표 출원을 포기한 것은 아니겠지만 결국 시간과 정력을 소모하며 소송에 휘말려야 하는 사람들은 ○○옥 주인뿐만 아니다.

서비스표나 상표 등록을 소홀히 한 나머지 유명 기업이나 전통 식당의 간판을 모두 내려야 하는 불행한 일은 얼마든지 있다. 특히 전국적인 체인점 간판을 제작했다가 이를 모두 버리고 상호와 간판을 몽땅 바꿔야 한다면 여간 큰 손실이 아니다. 먼저 서비스표로 출원했더라면 이런 다툼에서 손실을 입지 않을 뿐더러 거액을 받는 조건으로 이름을 팔거나 빌려 줄 수도 있었을 것이다.

우리는 느림보 거북이 달리기의 왕자인 토끼를 상대로 승리할 수 있는 세상에 살고 있다. 토끼와 거북이의 우화는 특허 전쟁에도 뼈아프게 적용된다. 회사 상호, 식당 이름 등을 상표나 서비스표로 등록해 두자. 상표권의 존속 기간은 갱신을 거듭하면 사실상 영구적이다.

한 번 이긴 자가 영원히 이길 수도 있다니 얼마나 무서운 세상인가. 한 번 실패한 토끼는 다음 게임에서 승리할 수 있겠지만 특허 전쟁에선 승리를 영원히 포기해야 하는 사례도 적지 않다. 아니, 다시 승부를 걸기 위해선 지독한 경제적 출혈도 감수해야 하고 때로는 막대한 돈을 로열티로 지불해야만 현상 유지를 할 수 있는 처지가 된다.

　IMF 구제 금융 시대를 경험한 우리도 얼마든지 역전이 가능하다는 걸 특허 전쟁은 시사하고 있다. 느림보 거북이 토끼를 이기고 꼴찌가 세상을 바꾼다는 사실을 잊지 말아야 한다.

005
불명예 퇴직을 뛰어넘는 지혜

21세기는 본격적인 기술 전쟁 시대가 될 것이다. 변리사의 입장에서 보면 치열한 특허 전쟁이 예상된다. 개인이든 국가든 지혜를 모아 효율적으로 대처하지 않으면 우리 경제는 한층 극심한 어려움에 부닥칠 수도 있다.

이럴 때일수록 샐러리맨들은 남보다 앞서가는 방법을 찾아야 한다. 다른 경쟁자와 차별화되면 얼마든지 가능한 일이다. 직무와 관련한 노하우를 만들어야 한다. 위기 극복의 지혜는 노하우라는 무기에서 출발한다 해도 과언이 아니다. 사내에서 발명왕으로 대접받으란 얘기다. 남의 머리를 빌리든 스스로 아이디어를 짜든 특허권이 최고임을 명심하자.

일본 기업들은 일찍이 특허권을 가진 사원을 우대하여 왔다. 전자 정보 업계를 중심으로 특허 발명 사원에게 장려금을 지급하고 있다.

1년 단위로 최고 200만 엔의 장려금을 지급하던 소니사는 지급 기간

을 10년으로 연장한 것은 물론, 최고액을 2,000만 엔(약 2억 2,000만 원) 이상으로 올리겠다고 선언했다. 소니사는 매년 수익에 공헌한 특허, 실용신안, 디자인 등을 낸 사원을 1급에서 5급으로 분류하고 장려금을 지급해 왔다.

음향 영상 기기와 정보 기기의 결합 등 기발한 아이디어나 기술이 필요한 분야의 일본 기업들은 특허 전략의 성패가 회사의 장래 수익을 좌우한다고 판단하고 있다. 보상금을 통해 사내 발명자를 우대하는 전략을 꾀하는 것도 그만한 타당성이 있기 때문이다.

직원이 근무중에 직무와 관련하여 발명했을 경우, 이 발명이 회사 업무 범위에 속해야만 직무 발명으로 취급된다. 사전 약속이 있다면 그 권리는 회사에 귀속되고 회사는 그 대가로 직무 발명자에게 보상금을 지급해야 한다. 재직중에 발명한 것이라도 사원의 업무와 관련이 없는 발명은 직원 임의로 처분할 수 있다.

직무 발명자가 받을 수 있는 보상금은 네 가지로 분류된다.

- 특허청에 특허 출원했을 때 새로운 기술을 창작한 노고를 참작하여 지급하는 출원 보상
- 발명이 특허청에 등록되었을 때 그 발명의 우수성과 활용 가치 등을 참작하여 지급하는 등록 보상
- 등록된 발명을 실제 사용하는 경우 그 활용 실적에 따라 지급하는 실적 보상
- 등록된 발명을 회사가 처분했을 경우 그 특허권의 내용과 수익금을 참작하여 지급하는 처분 보상 등이 있다.

포항제철 임직원들의 직무 발명은 세계적인 수준이다. 한 해 동안 사내 직원들이 특허 출원한 직무 관련 발명 건수는 이미 2,000건을 넘어선 지 오래다. 이 중 특허청에 등록되어 당장 산업 재산권으로 행사할 수 있는 권리는 25퍼센트에 가깝다.

등록된 발명 가운데 특허가 가장 많은 비중을 차지하고 있으며, 한 해에 출원되는 건수는 직원 1,000명당 평균 102건이다. 이는 일본의 고로철강사 평균치인 105건과 비슷한 수준이다.

현재 포항제철(포스코)은 2005년 865건에서 2006년에는 1,146건으로 특허출원의 건수가 증가하였다.

이 밖에도 국가 공무원이 직무와 관련해 발명한 특허권 등 산업 재산권을 국유 특허권이라고 하며, 공무원 직무 발명 보상 규정에 따라 발명자에게 전용 실시료 수입의 일정 비율을 보상금으로 지급한다.

006 발명왕 에디슨이 돈버는 데 실패한 이유

우리 인류에게 빛이라는 소중한 선물을 남겨 준 에디슨은 1931년 10월 18일 타계했다. 그날 미국 전역에는 1분 동안 칠흑 같은 어둠이 찾아왔다. 한 위대한 발명가의 죽음을 애도하는 뜻으로 전 국민이 전등을 껐기 때문이다.

에디슨의 업적 중 가장 위대한 것은 역시 전기를 우리 생활 속으로 끌어들였다는 점이다. 이 밖에도 그는 평생 2,000여 종의 발명품을 남겼다. 전구, 축음기, 영사기, 전기 다리미, 토스터, 헤어 컬링기, 재봉틀 등이 그것들이다. 전자, 정보 통신 산업의 전성기를 구가하고 있는 지금까지도 그의 흔적은 곳곳에 남아 있다.

에디슨은 백열 전구를 발명하고도 특허 때문에 곤욕을 치른 대표적인 인물이었다. 언뜻 생각하면 발명왕의 칭호까지 얻었으니 돈도 많이 벌었음직하다. 하지만 그는 천재답지 않게 오랜 세월 동안 특허 분쟁에 휘말렸고 지루한 송사 끝에 이기기는 했지만 돈을 벌기는커녕 파산하

지 않은 것만도 다행이었다.

에디슨은 1878년 자신의 발명품인 백열 전구를 대량 생산하기 위해 에디슨 전구주식회사를 설립했다. 처음엔 총 발행 주식의 80퍼센트 이상을 소유한 대주주로 출발했다. 2년 뒤 발명이 완성되었고 사업 전망이 밝아 보이자 자본금을 3배로 늘렸다. 이 증자 과정에서 자금력이 없었던 에디슨은 대주주가 아닌 소주주로 전락했다.

에디슨은 그 이후에도 공장 시설을 확장하느라 그나마 약간 남아 있던 자기 주식을 대부분 팔아 버렸다. 창립 이래 5년이 지나면서 회사는 막대한 이익을 내기 시작했으나 금전적 이득을 추구하기 전에 이미 회사의 지배권은 다른 주주들의 손에 넘어간 뒤였다.

불행은 그것으로 끝나지 않았다. 경쟁 업체들이 에디슨의 특허를 무단 침해하고 있는 사실이 곳곳에서 발견되었다. 에디슨 전구주식회사는 경고장을 보냈고 경쟁 회사들을 상대로 소송을 제기했다. 하지만 세인트루이스 연방 법원은 특허권에 대한 근거가 불충분하다는 이유로 원고 에디슨에게 패소 판결을 안겼다.

즉시 상급 법원에 상소했지만 에디슨의 입지는 점점 좁아지고 있었다. 웨스팅하우스가 미국 전등 제조 업체들의 특허권을 모조리 사들여 에디슨에 대항하기 시작했다. 에디슨 회사보다 싸게 파는 것은 물론 대량 생산 체제에 돌입했던 것이다.

그뿐이 아니었다. 웨스팅하우스측은 적반하장으로 에디슨이 특허권을 침해했다며 법원에 제소했다. 지루한 법정 공방 끝에 피츠버그 순회 법원이 에디슨의 손을 들어 주었다. 웨스팅하우스는 발빠르게 항고했으나 장담했던 대로 에디슨이 최후의 승리를 거두었다. 하지만 그 동안 에디슨이 쏟아 부은 소송 비용은 수백만 달러에 이르렀다.

갖은 곤욕을 치르고 승소하던 날 에디슨은 특허권의 존속 기간을 따져 보았다. 백열 전구의 특허권 존속 기간이 불과 2년밖에 남지 않았음을 알았다. 회사를 남의 손에 넘기고 돌아섰을 때 그는 빈털터리와 다름없었다. 그는 허탈감에 젖어 이렇게 외쳤다.

"특허법 따위는 없어도 그만이다!"

에디슨의 이 말은 다분히 역설적이다. 특허를 소홀히 취급하다가 반드시 혼쭐난다는 메시지로 다가온다. 특허 출원은 빠르고 신중해야 하며 사후 관리 역시 완벽해야 한다는 것을 웅변하고 있는지도 모른다.

법정 공방을 벌이지 않고도 권리의 근거와 범위를 명확히 구분지을 수 있는 방안이 바로 특허 제도이다. 그렇다고 특허권이 권리 소유자에게 만능 칼을 쥐어 주는 것은 아니다. 권리를 취득했다 하더라도 그 권리를 행사하거나 그 권리를 이용해 돈을 벌지 못하면 사실상 낭비와 다름없다. 권리의 근거와 범위를 객관적으로 입증받지 못하는 특허는 오히려 특허권자를 괴롭힌다.

에디슨보다 똑똑한 한국 아줌마

내가 잘 아는 L씨는 특허권을 50여 종이나 가지고 있지만 여전히 사글셋방 신세를 못 면하고 있다. 평생 특허 출원과 등록을 일삼다가 사업화에 실패하고 세상을 뜨는 사람은 L씨뿐만 아니다. 돈방석에 앉을

것이란 환상을 좇아 열심히 특허를 출원하는 사람이 있는가 하면, 특허 등록 없이 돈을 버는 사람도 얼마든지 있다.

특허 출원은 무엇보다도 사업화 가능성이 먼저 검토되어야 한다. 특허권 취득에만 매달리다 보면 L씨의 경우처럼 실패한 인생이 되기 쉽다. 누구나 상업성 없는 상습적인 특허 출원·등록이 인생의 낭비에 지나지 않는다는 사실을 깨달아야 한다.

에디슨이 돈을 버는 데 실패한 발명가라면, 평범한 주부 전용진 씨는 단순한 아이디어 하나로 비즈니스에 성공한 사례의 주인공이다. 전씨가 개발한 실용신안 등록 제품 '탄력 밴드 모자'는 개인 발명가라는 칭호와 함께 떼돈을 안겨 주었다.

전씨는 바람만 불면 모자가 날리는 데 착안해 아주 평범(?)한 특수 모자를 개발했다. 모자에 밴드를 달아 뒷머리에 걸리도록 만들어 착용감이 편하도록 개선한 것이 아이디어의 전부였다. 무엇보다 이 제품은 바람이 불어도 날리지 않는 게 특징이다.

하지만 이 단순한 아이디어가 엄청난 부가가치를 창출하면서 전용진 씨는 일약 스타가 되었다. 1999년 11월 7일 실용신안 등록을 마쳤고 해외 특허도 출원하면서 전씨의 발명품이 세상에 널리 알려졌기 때문이다.

이 탄력 밴드 모자의 사업화 성공은 모자 생산 업체와 통상(비독점) 실시권을 허용하는 계약을 체결하면서 출발했다. 고정 기술료 1억 5,000만 원을 일시불로 받고 판매액의 9~15퍼센트를 로열티로 받는 조건이었다. 이 조건이면 매달 1억 원 정도의 로열티 수입을 올릴 것으로 예상된다.

전용진 씨가 모자 생산 업체에게 생산 판매할 수 있는 권리를 허용한 것은 전용(독점) 실시권이 아니므로 다른 기업에도 권리를 빌려 줄 수가 있다. 이에 따라 전 씨는 직접 개인 사업체를 만들어 해외로 수출하는 전략도 추진하고 있다.

평범한 주부 전용진 씨의 사업 성공 사례는 지식 재산권의 폭발력을 증명하는 단서가 된다. 이처럼 경제적 성공을 안겨 주는 반짝 아이디어는 대단한 노하우나 기술력에서만 비롯되는 것이 아니다. 일상 생활에서 조금만 머리를 쓰면 얼마든지 돈을 벌 수 있는 발명품이 나온다는 점을 명심해야 한다.

보유한 특허권이 많고 특허 기술의 내용이 고차원적이라고 해서 돈을 벌거나 상품성이 인정되는 것은 아니다. 차라리 별게 아닌 듯싶은 단순한 기술 내용이 상품성을 인정받아 돈을 벌어들이기도 한다. 일생 동안 특허 출원만 하다가 죽어 가는 사람보다 당장 실용성이 높은 작은 발명품 한 점을 남기고 가는 사람이 더 값진 인생인지도 모른다.

지금도 지구촌 곳곳에서 무한 동력기 발명이라는 허상을 쫓는 사람이 많다. 내 고향에서도 평생 동안 무한 동력기 발명이라는 외길을 걷다가 죽음을 맞은 사람이 있었다.

자연 법칙에 기초하지 않는 것은 특허 받을 수 없는 발명이다. 또한, 반드시 크고 거창한 것만이 특허 받을 수 있는 발명도 아니다. 조금이라도 인류의 삶을 개선하려는 열정과 관심이 있으면 훌륭한 발명은 저절로 쏟아져 나오리라 믿는다.

007 변리사의 역할이 날로 커지고 있다

국어 사전에는 변리사가 '특허·디자인·실용신안·상표에 관하여 특허청 또는 법원에 대하여 대리하여야 할 사항을 대리 또는 감정함을 업으로 삼는 사람'이라고 정의되어 있다.

변호사(辯護士)라는 단어에는 '말 잘할 변(辯)'을 쓰지만, 변리사(辨理士)의 경우 '분명할 변(辨)'을 사용한다. 변호(辯護)를 '법정에서의 상대방의 공격에 대한 방어'로 정의하는 데 비하여, 변리(辨理)는 아주 평범하게 '일을 맡아서 분명하게 처리함'으로 설명된다. 하지만 최근 들어 지식 재산권의 중요성과 다양성이 강조되는데다가 특허 법원이 문을 열게 되면서, 변리사도 변호사 못지 않게 전문성 있는 법률가로 인정받고 있다. 따라서 '변리사'와 '변리'에 대한 사전적 정의도 수정되어야 할 것으로 생각된다.

요즘 들어 지구촌에서는 특허권 확보 경쟁과 특허를 둘러싼 분쟁이 날로 격심해지고 있다. 그 여파로 기술 특허 제도의 본래 취지가 변질

되거나 특허 출원 목적과 그 보호 대상마저 크게 달라지고 있다. 이러한 변화에 민첩하게 대응하기 위한 세계 각국의 필사적인 노력은 마치 총성 없는 전쟁을 방불케 한다. 개인·기업·국가간에서도 지식 재산권 경쟁력을 축적하기 위해 치열한 두뇌 싸움을 벌이고 있다. 특허 업계에 오랫동안 종사해 온 나도 거친 파도가 걷잡을 수 없이 밀려오는 듯한 위기감마저 느낀다. 이 특허 전쟁에서 패배한다면 아무리 인적·물적 자원이 풍부한 나라라도 후진국 신세를 면할 길이 없어 보인다.

세계 각국은 저마다 특허 제도를 도입하여 더욱 폭넓고 빈틈없는 국익을 꾀하고 있다. 오래 전부터 지식 재산권이 가장 막강한 국가 경쟁력의 무기로 자리잡은 셈이다. 기술의 속성인 비밀 독점주의를 파괴하고 기술을 일반인들에게 널리 공개함으로써 공정한 과학 기술의 발전을 도모하기 위한 시도가 특허 제도로 연결된 것이다.

그 동안 국내 특허 제도가 빠른 걸음으로 발전을 이룩한 사실은 누구도 부인하지 못한다. 불모지나 다름없던 지식 재산권 분야를 이만큼 궤도에 끌어올린 것은 수많은 사람의 노고 덕분이다. 산업자원부 산하 특허청 공무원들, 관련 기관과 단체의 종사원들, 산업체의 지식 재산권 관리 담당 임직원들, 발명가와 변리사들이 흘린 땀으로 가능했다.

그렇지만 지금 특허 선진국에선 상황이 하루가 다르게 급변하고 있다. 개인은 물론 기업과 국가 차원에서도 공격적인 수단으로 특허권을 이용하는 사례가 부쩍 늘고 있다. 개인 발명가들이 수많은 기술 특허를 마구잡이로 등록해 놓고 여러 기업을 상대로 아예 특허 소송만을 전문으로 제기하면서 먹고 사는 업자들도 출현하는 형편이다. 이들은 특허

침해 사실을 추적하기 위해 전문 변리사들을 고용하거나 고문으로 앉히는 등 만반의 대비책을 강구하고 있다.

기업들도 예외가 아니다. 경쟁 기업의 특허 침해 증거를 꾸준히 확보하여 분쟁 발생에 대비하거나, 제품 개발 전에 미리 문제 발생 가능성이 있는 특허에 대해 대응 특허를 내어 경쟁 기업의 영업 활동과 이의 제기를 무력화한다. 지식 재산권 전문가들인 변리사들이 기업 편에 서서 법률적으로 뒤를 받치고 있기 때문이다.

때에 따라서는 경쟁 업체의 기술 개발 동향을 사전에 파악하여 그 핵심 기술의 특허를 등록해 두었다가 결정적일 때 무기로 사용한다. 결국 경쟁사는 그 특허 기술과 재료, 원료, 부품 등을 구입하거나 거액의 로열티를 지불하지 않고서는 제품을 만들 수 없게 되는 것이다.

종전에는 산업 재산권 보호 대상은 눈에 보이는 제품 관련 기술에 대한 권리에 한정되어 왔지만, 최근 들어 지적 가치를 보호하기 위한 저작권 개념과 접목되어 신(新)지식 재산권이란 이름 아래 보호 영역이 무한정 확대되고 있다.

자연 법칙을 이용한 것이 아니면 특허로 인정되지 않는다는 기존 특허 제도의 규정마저 깨지고 있다. 수학적 논리와 문제 해결 방법, 자연 현상의 발견과 지식, 시각·청각·후각·미각·촉각 등 오감(五感)까지 돈이 될 만한 것이면 대부분 특허권으로 인정되는 세상이다.

외국 기업은 지뢰밭 같은 특허 전쟁에서 살아남기 위해 순수 과학적인 아이디어라도 돈이 된다면 모두 특허로 출원하고 있다. 특허 분쟁에 휘말려 큰 손실을 입은 적이 있는 기업일수록 극성스럽게 지식 재산권

확보와 관리 업무에 매달리게 마련이다. 언제 어디서 특허 침해 소송에 걸려 막대한 로열티를 지불하게 될지도 모른다는 피해 의식에 사로잡혀 닥치는 대로 특허권을 확보해 놓고 있는 것이다.

지식 재산권 분야를 이끄는 핵심 인력

특허 제도를 선진화하고 세계 각국의 움직임에 대응하려면 무엇보다 전문 인력의 확충이 시급한 실정이다. 한 해에 몇십 명씩 변리사를 선발하다가 요즘에는 이백 명이 넘는 인원을 뽑아 특허 업계에 배출하고 있지만 심사관과 변리사를 몇백 명 확충하려는 노력만으로 국제적인 특허 전쟁에서 승리하기 어렵다. 법조계에서도 지식 재산권을 전문으로 다루는 인력이 대폭 확충되어야 하고, 기업과 개인을 상대로 짜임새 있는 교육을 실시해야 한다.

지식 재산권 분야를 이끌어 가는 핵심 인력은 역시 특허청 심사관과 변리사들이다. 이들이 행정·사법·입법 분야는 물론 경제계에서 빈틈 없는 역량을 발휘할 때 우리 나라의 기술 특허가 세계 시장을 공략하는 데 커다란 원동력이 될 것이다.

따라서 좀더 유능한 인력을 양성하기 위한 정부의 관심과 교육이 뒷받침되어야 하고 변리사 선발 인원을 특허 수요에 맞도록 탄력적으로 운영하여 특허청 심사관으로 임용하고 법조계와 기업체에도 널리 공급하는 방안이 함께 검토되어야 한다. 특히, 국제 특허 분쟁의 전면에서 활약할 국제 특허 전문 인력의 양성과 확보도 시급한 과제로 남아 있다.

46 태양 아래 모든 것이 특허 대상이다

국제적으로 지식 재산권에 대한 관심이 날로 증폭되고 있기 때문에 변리사가 활동할 수 있는 분야는 아주 다양하게 열려 있다. 따라서 유능한 변리사들의 눈부신 활약이 있어야만 국가 경제의 발전과 경쟁력 유지가 가능하다는 걸 알아야 한다.

남만큼 노력해서는 남 이상 발전할 수 없다. 발명에 남다른 관심을 갖거나 자격증을 취득하는 것은 새로운 도전이다. 이른바 '자격증 시대'를 맞아 개인적인 경쟁력을 유지하는 방법은 많지 않다. 이러한 상황에서 기술 특허와 자격증으로 대접받는 것만큼 신나는 일이 어디 있겠는가.

항상 새로운 것에 도전하고 성취하는 과정에서 얻어지는 삶의 활력은 개인의 경쟁력으로 이어진다. 지식 재산권 전문가나 발명가라는 칭호와 함께 변리사와 같은 전문가의 자격을 취득함으로써 개인의 경쟁력을 확보하는 길이 최선의 선택임을 우리 젊은이들은 명심해야 할 것이다.

008 변리사가 되는 길

이제 세상은 변했다. 변리사가 어떤 직업이냐고 되묻는 사람이 없다. 기술 경쟁이 날로 치열해지는 요즘, 특허 시대를 맞아 인간의 지적 창작 활동의 산물을 보호하는 제도가 지식 재산권 제도이고, 지식 재산권 분야에서 발생하는 다양한 업무를 담당하는 전문가가 변리사란 직업임을 아는 사람이 많아졌기 때문이다.

변리사의 가장 중요한 직분은 인간의 창의성을 살려서 가능한 한 완벽에 가까운 권리를 창출하는 것이다. 그리고 권리자가 합당하고 공평한 이익을 누릴 수 있도록 도와 주기도 하지만, 권리자의 권리 남용으로부터 타인을 보호하는 역할도 담당한다. 이러한 변리사의 직분과 역할은 국내외를 가리지 않고 요청된다.

변리사는 완성된 발명을 권리화한다. 그러나 때에 따라서 변리사는 발명의 완성자가 되기도 한다. 특허 출원이 이루어진다고 해서 모두 등록으로 이어지지는 않는다. 훌륭한 아이디어만 있을 뿐 이를 권리화하

는 과정에서 문제의 해결 방안을 찾지 못하는 출원인이 적지 않다. 특허 출원 명세서를 작성할 때 새롭게 창작된 기술이 실제로 사용되도록 설명할 수 있는 출원인도 많지 않다. 이때마다 변리사는 문제점을 해결하고 발명의 구체적인 활용이 가능하도록 지원하여 출원인의 권리를 완성한다.

변리사는 작명가다. 상표를 출원하는 사람들이 원하는 이름은 대부분 문제점을 가지고 있다. 매력이 없고 구태 의연하며 다른 상표와 구별되는 특징이 없어 등록이 거절될 가능성이 크다. 그래서 변리사는 유능한 작명가여야 한다.

유능한 변리사가 되기 위해서는 해당 기술에 관한 전문 지식과 법률 지식을 쌓아야 한다. 물론 외국어 능력도 충분히 갖추어야 국제적인 특허 분쟁에서 훌륭한 조정자 역할을 수행할 수 있다. 특히 1998년 3월 특허법원과 특허심판원이 개원되었으므로 산업 재산권 출원 소송법 절차 등을 전체적으로 조망할 수 있는 식견을 갖추어야 한다.

최근 들어 특허 분야에 여성 전문가 시대가 열리고 있다. 특허청의 여성 심사관은 2008년 현재 110명이고, 앞으로 여성 특채 비율을 30 퍼센트 정도 끌어올릴 계획이라고 한다. 무엇보다도 여성이 꼼꼼하고 섬세한 업무에 적격이어서 여성들의 변리사 시험 응시율도 높아지는 추세다. 1999년에는 가정 주부가 수석 합격의 영예를 안았으며, 2007년에는 여성이 최종 합격자의 25 퍼센트를 차지하였다.

변리사가 되는 길은 다음과 같다. 매년 실시되는 변리사 시험에 합격

하여 소정의 연수를 마친 사람과 변호사에게 변리사 자격이 주어진다.

변리사 시험은 누구나 응시할 수 있으며 시험의 형식이나 수준은 사법 시험과 비슷하다. 1차 시험은 모두 객관식으로 출제된다. 필수 과목은 산업재산권법, 민법 개론, 자연과학 개론으로 구성되며 일정 기준이상의 영어 성적서를 제출하여야 한다.

2차 필수 과목은 특허법, 상표법, 민사소송법이고, 선택 과목으로 디자인 보호법, 저작권법을 비롯해 기계·전기·전자·화학 등 전문 분야별로 망라된 20개 과목 중 한 개를 선택한다.

매년 3월에 실시하는 1차 시험에는 600명 정도를 뽑는다. 이어 1차 합격자를 대상으로 8월경 다시 2차 시험을 치러 최종 합격자 200명을 선발한다.

2차 시험에 합격한 후에는 1년 동안 변리사 수습을 받아야 한다. 지식 재산연수원에서 1개월, 변리사 사무소에서 11개월의 연수 과정을 거친 후 최종 전형을 거쳐 변리사 자격증을 받는다.

자격증을 취득하면 개인 특허 법률 사무소를 개설하거나 합동 사무소에 고용 변리사로 들어갈 수 있다. 그리고 특허청 5급 공무원으로 특채되거나 기업체의 지식 재산권 책임자로 취업할 수 있다. 변리사로서 업무를 수행하려면 자격 취득 후 특허청에 등록하고 개업 신고서를 제출해야 한다.

변리사 시험 과목 및 시험 방법

가. 제1차 시험 : 객관식 선택형

필수과목(3과목)
- 산업재산권법 (특허법, 실용신안법, 상표법, 디자인 보호법 및 조약 포함)
- 민법개론 (친족편 및 상속편 제외)
- 자연과학 개론
- 영어 - 성적표 제출
  - 토플 (TOEFL) PBT 560점 이상 CBT 220점 이상
  - 토익 (TOEIC) 775점 이상
  - 텝스 (TEPS) 700점 이상
  - 지텔프 (G-TELP) LEVEL 2의 77점 이상
  - 플렉스 (FLEX) 700점 이상

나. 제2차 시험 : 주관식 논술형

필수과목(3과목)
- 특허법 (조약포함) · 상표법 (조약포함) · 민사소송법

선택과목
- 디자인 보호법(조약포함), 저작권법, 산업디자인, 기계설계, 열역학, 금속재료, 유기화학, 화학반응공학, 전기자기학, 회로이론, 반도체공학, 제어공학, 데이터구조론, 발효공학, 분자생물학, 약제학, 약품제조화학, 섬유재료학, 콘크리트 및 철근콘크리트공학 중 1과목

기타 시험에 관한 상세한 사항은 특허청 산업 재산 인력팀(042-481-5187, 5031)으로 문의바람

009 나는 이렇게 변리사가 되었다

법대생 시절에도 나는 변리사란 제도가 존재하는 줄 미처 몰랐다. 그만큼 우리 사회에서는 변리사나 지식 재산권에 대한 홍보는 물론이고 일반인들의 인식이 거의 전무하다시피 했다. 그러다 보니 1970년대에는 변리사들이 숫적으로 적었고 그들의 수입도 많지 않았던 것으로 기억된다.

군 복무를 마치던 해 나는 공무원 시험에 합격했고 4급을 주사보(현재는 7급)로 임용되었다. 첫 부임지는 문화공보부(현 문화체육관광부)였으며 해외공보관과 공연예술과에서 각각 1년씩 근무했다. 말단이 아닌 소위 중견 공무원이었지만 생각보다 수입이 적어 기본 생활비 충당도 곤란했다.

우선 박봉으로 문화 생활을 즐긴다는 건 꿈도 꾸기 어려웠다. 홀어머니 밑에서 워낙 쪼들리는 학창 시절을 보냈으므로 내 아내와 아이들에게만큼은 가난을 물려주고 싶지 않았다. 그다지 풍족한 생활은 아니더

52 태양 아래 모든 것이 특허 대상이다

라도 자식들에게 마음껏 뛰놀며 공부할 수 있는 문화적 토양을 만들어 주고 싶었다. 하지만 쉽지 않은 일이었다.

그러다가 좀 늦은 나이에 대한항공의 공개 채용 시험에 응시하여 합격했고 법무실로 배치되었다. 입사와 동시에 대한항공의 법률 관계 업무를 전담하던 한미합동법률사무소에 파견 근무를 하면서 변리사 제도를 조금씩 알게 되었다. 한미합동법률사무소 안에 특허부라는 조직을 신설하고 초대 특허부장이 되었으며 변리사들을 초빙하는 업무까지 맡았다. 그 같은 상황에서 입사 동기들은 내 처신이 잘못되었다고 안타까워했다.

"해외 진출을 포기하면서까지 파견 근무를 고집하는 이유를 모르겠어. 기회는 아무 때나 오는 게 아니야."

"빠른 시일 안에 대한항공 법무실로 원대 복귀하지 않으면 승진에서도 불이익을 받는단 말야. 아무래도 넌 미쳤어."

입사 동기들은 혀를 찼지만 나는 생각을 바꾸지 않았다. 비록 한 해에 겨우 두세 명이 합격하는 어려운 관문이었지만 언젠가 반드시 변리사가 되고 싶었기 때문이었다. 농경 사회에서 산업 사회로, 산업 사회에서 정보 사회로 변모하는 과정에 있는 만큼 머잖아 전문 직종이 각광받을 것이라고 전망했던 것이다. 아울러 앞으로도 고소득을 보장받으면서 신분 상승을 꾀하려면 어떤 분야에서든 전문가가 되는 길밖에 없다고 판단했다. 변리사에 대한 사회적 인식이 부족하더라도 기술 축적이 요구되는 정보화 시대에는 변리사가 조만간 중심적 역할을 맡을 것이라는 게 당시 내 생각이었다.

어차피 합격률이 낮은 시험에 도전하려면 이를 악물고 다부지게 매달려야 했다. 낮에는 직장에서 근무하고 두 자녀를 둔 가장으로서 수험 준비에 만전을 기한다는 게 결코 쉬운 일이 아니었다. 어려운 상황이어서 5년 정도 기간을 잡고 마음을 비운 채 꾸준히 공부해 보리라 작정했다. 장기 전략을 세운 이상 강박 관념에 빠지거나 조급하게 굴지 않기로 했다. 그리고 스스로 세 가지 원칙을 세우고 실천에 옮기기 시작했다. 첫째, 직장에선 절대 시험 공부를 하지 않는다. 둘째, 주일에는 가족 중심의 생활을 즐기기 위해 역시 공부하지 않는다. 셋째, 적어도 하루에 두 시간 이상 수험 준비를 한다. 직장 일로 야근을 하든 친구와 만나 술을 마시든 반드시 그 원칙을 지켰다.

불가피한 사정으로 공부를 걸러야 할 때는 최소한 20~30분이라도 시간을 할애했고, 다른 날 부족했던 시간을 채운다는 원칙도 잊지 않았다. 근무를 마치는 시간이면 귀가 전에 버릇처럼 시립 도서관으로 달려가 두 시간 이상 시험 준비에 몰두하곤 했다. 오직 공부하는 재미를 만끽하기 위해 잡념이 끼어들 시간을 만들지 않았다.

슬럼프에 빠지거나 긴장감을 잃지 않도록 출퇴근 시간에는 관련 법조문을 암기했다. 서 있든 앉아 있든 암기에 가장 적합한 공간은 버스 안이었다. 시립 도서관에서는 이해 위주로, 버스 안에서는 암기 위주로 공부한다는 게 내 일관된 계획이었다.

나는 불합격이 되어도 감수할 마음의 준비가 돼 있다고 스스로를 위로하곤 했다. 승진과 해외 진출을 포기하는 자기 희생을 무릅쓰고 5년의 목표를 세운 이상, 설사 변리사가 못 되더라도 한 분야에서 전문 지

식을 쌓으면 또 다른 기회가 찾아오리라고 믿었던 것이다.

공부를 시작한 지 2개월 만에 나는 첫 도전에 나섰다. 무리한 줄 알면서도 나를 시험대 위에 올려놓아 스스로 자극을 받으려는 방편이었다. 1차 시험 성적은 의외로 좋은 편이어서 용기를 얻었다. 평균 점수는 합격선이었고 한 과목이 과락이었다. 주변의 동료들이 놀란 것은 당연했다. 1년 뒤에 재도전했던 나는 1, 2차 시험에 모두 합격하는 영광을 누렸다.

변리사 시험 준비 이렇게 하라

나는 이미 고등학교 2학년 때 영어의 기초를 거의 습득한 상태였다. 시골 촌놈이 그토록 치열하게 영어에 매달렸다는 게 지금도 실감이 나지 않는다. 고교생이 메들리 종합 영어와 성문 종합 영어를 거의 마스터할 정도였고 영자 신문을 구독해도 무리가 없었다. 방학만 시작되면 대문 밖을 한 번도 나가지 않은 채 두문불출하며 영어를 수련한 덕분이었다. 그 뒤로 대학에 진학해서도 하루 한 시간 이상 영어를 공부한다는 계획이 학창 생활의 연장이었다.

1982년 2월부터 1987년 2월까지 5년 동안 나는 다섯 가지 역할 중에 단 한 가지라도 소홀히 할 수 없었다. 두 아이를 기르는 가장으로서, 대한항공 법무실 직원으로서, 한미합동법률사무소의 특허부장으로서, 서울대 행정대학원 학생으로서, 변리사 시험을 준비하는 수험생으로서 1인 5역을 감당하지 않으면 안 되었다.

그 시절의 표어는 지극히 간단 명료했다. '나는 반드시 합격한다!' 그 이상도 그 이하도 아니었다. 조금도 합격을 의심하지 않겠다는 신념을 다지기 위해 시도하지 않은 방법이 없었다. 그 표어를 카드로 만들어 주머니에 넣고 다녔고, 책상 앞, 수첩, 수험서, 노트 등 눈에 보이는 곳이면 가리지 않고 써붙이거나 적어 두었다.

처음 2, 3개월은 시험 과목 전부를 속독으로 읽어 내려갔다. 반드시 숲을 알아야 나무를 볼 수 있다는 생각으로 나의 취약점과 강점, 취향 등을 파악하기 위해서였다. 3개월 남짓 흐르자 과목별 약점과 강점이 어느 정도 얼굴을 드러냈다. 이에 맞추어 집중적으로 공부해야 할 과목을 정했고 과목별 투자 비중을 정밀하게 조정했다. 몸을 움직일 때는 암기를, 앉아 있을 때는 이해 위주의 정독을 고집했다. 한 번 정독하는 데 소요되는 기간을 측정하여 시험 전의 총정리 계획 수립에 반영했다.

어느 특정 수험용 도서만 탐독하는 것을 피했으며 되도록 전체를 조망할 수 있도록 방향을 조정했다. 단 한 문제도 빠짐없이 이해하는 데 초점을 맞추었고 뜻밖의 문제에 대비하여 늘 빈틈없이 공부하려 애썼다. 또 예상 문제에 의존하는 것을 피하고 대부분의 시간을 이해력 향상에 투자했다.

체력과 실력은 수레의 양 바퀴와 같다고 생각했다. 집중력을 오래 유지해야 하고 늘 머리가 맑은 상태여야 하며 시험장에서는 체력이 뒷받침되어야 승리한다는 생각엔 변함이 없었다. 줄넘기와 조깅 등 규칙적인 운동을 하루도 빠뜨리지 않았다. 시험 보름 전부터는 잠을 충분히 자서 머리가 맑은 상태를 유지하도록 노력했다.

그러나 늘 자신감에 차 있던 것은 아니었다. 나보다 5~6년 먼저 시작한 선배와 동료들의 형편을 알아보면 아무래도 기가 죽기 십상이었다. 하나같이 과목당 3,000페이지가 넘는 서브 노트를 갖고 있었으니 그럴 만도 했다. 그러나 그들의 수험 준비 방법에도 문제점이 있었다. 이해보다는 암기 위주의 공부가 그들을 지치게 만들고 있었다. 물론 법조문의 암기가 효과가 있는 것은 분명하다. 하지만 이해를 기초로 한 암기가 아니면 생산적인 공부가 될 수 없다는 걸 알아야 한다. 무턱대고 암기에 매달리는 것은 아주 비경제적인 학습법이기 때문이다.

법조문을 이해하여 그것을 내 지식과 재산으로 만들지 않으면, 모범 답안은 나올지 모르지만 독창적인 답안이 나올 수가 없다. 완전한 이해력이 독창적이고 포괄적인 답안을 창출하기 때문이다. 모범 답안을 달달 외운다고 합격이 보장된다면 변리사에 도전 못 할 사람은 아마 이 세상에서 아무도 없을 것이다.

예컨대 이런 문제가 출제되었다. '실용신안의 등록 요건을 논하고 심사시 유의 사항을 설명하라' 는 문제였다. 이 문제 때문에 많은 사람이 과락을 면치 못했지만 나중에 알고 보니 나는 고득점을 받았다. 이 같은 문제나 모범 답안이 수험서에 언급된 사실이 없었으므로 모든 수험생이 당황할 수밖에 없었을 것이다.

나 역시 그와 비슷한 예상 문제를 다루거나 모범 답안을 달달 외운 적이 없었다. 그러나 여러 상황을 머릿속에 그리며 마음 속으로 체크 포인트를 만들어 두었기 때문에 어렵지 않게 독특하고 보편적인 답안을 만들 수 있었다. 아주 쉬운 사례들을 상세히 나열하고 알기 쉽게 설명하다 보니 나도 모르게 심사관의 입장이 되어 있었던 것이다. 이처럼 암기 위주보다 완전한 이해를 앞세운다면 문제의 방향이 틀리더라도 얼마든지 명쾌한 설명이 가능하다.

나를 새롭게 탄생시킨 이병호 회장

나는 변리사 자격을 취득한 뒤에도 곧바로 개업하지 않았다. 한미합동법률사무소에서도 충분한 대우가 보장되었지만 그 자리에 연연하지 않았다. 전문가답게 좀더 큰그릇이 되기 위해서는 '고향'을 떠나 보는 것도 중요하다고 생각했다. 낯선 여행을 출발해야만이 새로운 경험을 얻을 수 있으리라고 기대했던 것이다.

며칠 밤을 고민하던 나는 아시아 태평양 변호사회 회장이자 중앙국제특허법률사무소 소장인 이병호 회장을 찾아갔다. 외국어 능력 테스트 등 시험을 자청했지만 이병호 회장은 서류 심사와 면접만으로 나를 받아 주었다. 능력을 발휘할 수 있는 절호의 기회였기에 나는 열심히 일만 했다.

이병호 회장 밑에서 국제 특허 전문 변리사로 성장하는 게 그 당시 내 꿈이었다. 그분처럼 성공한 변리사가 되기 위해선 그분의 삶의 철학을 배울 필요가 있다고 생각했다. 이병호 회장은 서울 지방법원 판사 시절인 1960년대에 안정된 자리를 박차고 미국 유학을 떠났다.

그분은 유학시절 이미 지식 재산권의 중요성을 몸소 체험했으며 기술 강국만이 나라 발전의 근본임을 인식했다고 한다. 지식 재산권에 대

한 국제 정보가 부족하고 그 어떤 변호사도 특허에 관심을 두지 않던 시절이었지만, 이병호 회장은 불모지를 개척한다는 자세로 외롭게 국제 특허 전쟁에 뛰어들었다. 국내 특허 제도를 소개하는 책자를 영어로 집필한 뒤 그 저서를 세계 각국에 배포했다. 지식 재산권이 우리의 장래를 좌우할 것이라는 소신이 있었기 때문에, 지식 재산권 관련 국제 세미나를 수시로 열었고 학술 활동을 통해 국내 법조계의 인식을 바꾸어 놓았다.

이병호 회장의 개척 정신은 드디어 국제적인 수준의 법무 법인을 창설하는 데 그치지 않고 국내 최대의 특허 사무소를 탄생시켰다. 1984년 한국이 공업소유권에 관한 파리조약에 가입했을 때, 비로소 국내 법조계 인사들은 이병호 회장의 선구자적인 안목을 높이 평가하기 시작했다. 이미 20여년 전부터 "지식 재산권이 기술 강국을 만든다"고 외롭게 부르짖던 그분의 철학이 그제서야 인정받은 것이다. 알버트 아인슈타인 국제 학술 재단은 세계 인권 옹호 · 법치주의 · 평화의 정착 · 세계 지식 재산권 발전에 이바지한 공로로 이병호 회장에게 '아인슈타인 노벨 평화상'을 수여한 바 있다.

나는 이병호 회장을 모시고 해외 출장을 나선 적이 많다. 젊은 나는 비행기를 탈 때 마다 시차 적응을 위해 잠을 청하는데도, 그분은 쉬지 않고 글을 쓰곤 했다. 그 덕분에 왕복 여행이 끝나고 귀국하면 거의 예외 없이 명저 한 권이 탄생했다.

나는 그 동안 그분을 통해 다양하고 풍부한 경험을 하면서 지식 재산권 업무에서 폭넓은 지식을 얻었고 국제 특허 전문 변리사로 새롭게 탄생될 수 있었다. 중앙국제법률특허사무소에서 파트너 변리사로 일한 약 10년의 세월은 보수를 받아 가며 노하우를 터득할 수 있는 기회였다. 그토록 정든 사무실을 떠날 때 이병호 회장은 나를 호되게 질책했다. 나에 대한 사랑의 표현은 직설적이었지만 자못 뜨거웠다. 그분의 꾸밈없는 충고는 나의 살이 되고 뼈가 되었다. 그분의 체질적인 근면 성실함과 강인한 불굴의 의지력, 끊임없이 도전하는 열정적인 삶의 자세는 인생의 지혜가 무엇인지 실천으로 알려 준다.

이병호 회장이 아니었다면 나는 아주 평범한 변리사의 한 사람으로 안주했을지도 모른다. 내가 국제 특허 전쟁에서 국익을 위해 다소나마 일조하고 있는 것도 모두 그분의 철학을 본받으려고 노력하며 열심히 뛰었기 때문이다.

나의 무기는 다른 나라 변리사들과의 긴밀한 유대 관계

중앙국제특허법률사무소에 취업하던 시절, 나는 소박한 목표 하나를 설정해 두었다. '정말 사심 없이 열심히 뛰어 보자. 그것만이 회사와 내가 더불어 발전할 수 있는 유일한 길이다.' 경제적인 기반이 어느 정도 안정되었으니 이제부터는 쉬지 않고 소처럼 성실하게 일하는 것만이 훌륭한 자기 연마의 지름길이라고 생각했기 때문이었다.

그리고 나는 해외에서 아주 많은 것을 얻었다. 국제 세미나에 꾸준히 참석하면서 세계 각국의 수많은 변리사 친구들을 사귀었고, 그들 덕분에 큰 사건을 적잖이 유치할 수 있었다. 아무 꾸밈 없는 우정과 신뢰가

나를 몰라보게 성장시킨 것이었다. 아주 어려운 사건을 맡아 승리했을 때 쏟아지던 의뢰인들의 찬사는 한결 내 가슴을 뿌듯하게 했다. 자신감도 생겼다.

해외 변리사들의 건전하고 합리적인 파트너십은 내게 새로운 인식을 심어 주었다. 두 사람 이상 모여 동업하면 협업 관계가 무너지는 게 다반사인 우리 나라 실정에 비하면 그들의 동업 문화는 너무도 진지하고 굳건해 보였다. 갖가지 법률적인 문제뿐만 아니라 시시콜콜한 내용까지 약정서에 명시하여 철저하게 신의를 지키는 모습이 신선하고 경이롭게 느껴졌다.

우리 나라에도 해외 변리사들의 집합체처럼 합리주의적인 파트너십이 정착되기 전에는, 당장 규모가 작더라도 알찬 경영을 지향하고 싶은 게 솔직한 심정이다. 내가 스스로 감당할 수 있는 조직을 관리 유지하면서 대형 법인의 설립을 점진적으로 모색할 계획이다. 특히 법률 사무소를 단순히 돈 버는 수단으로 보지 않고 정말 우리 사회에 도움이 되는 조직체로 가꾸어 나간다면 국제 사회 어디에 내놓아도 자랑할 만한 전문가 집단으로 키울 수 있다.

나는 개업한 이래 특별한 홍보 수단을 동원한 적이 거의 없다. 신뢰감과 우정이 유일한 무기라 생각하고 여러 국제 회의에 부지런히 참석하면서 많은 친구를 사귀었을 뿐이다. 당장은 경제적으로 보탬이 안 되더라도 내 일처럼 그 친구들을 위해 진지하게 봉사하다 보면 저절로 얻어지는 게 바로 신뢰와 신용이라는 재산이었다.

다른 직장에서 사귄 고객들에게 일부러 연락을 취하지 않겠다는 게

그 동안의 내 소신이었다. 하지만 국내외 고객들은 어떤 방법으로든 연락을 해왔고 내게 자문을 구하거나 사건을 의뢰하곤 했다. 고객 관리의 요체는 오직 꾸준한 공부와 사심 없는 봉사 정신과 신뢰 어린 우정이라는 걸 나는 지금도 굳게 믿어 의심치 않는다. 바쁜 와중에서도 홈페이지를 통해 무료 상담을 고집하는 이유도 개업한 뒤에 얻은 교훈 때문이다. 맡은 업무가 단순히 지금 당장 필요해서 급하게 해나가는 식은 정말이지 싫다. 적어도 3년을 내다봐야 하지 않겠는가.

 좀더 많은 경험과 지식이 쌓이게 되는 날, 나는 옛날처럼 1인 5역은 하지 못하더라도 최소한 1인 3역 정도는 맡아 보고 싶다. 산업체와 대학에 나가 강의하는 것은 물론이고 저술 활동으로 지식 재산권 분야에서 얻은 경험을 널리 알리는 게 꿈이다. 꿈꾸는 자만이 꿈을 이룰 수 있다는 진리를 믿기 때문이다.

010 권리의 최전방을 지키는 변리사의 하루

우리 사무소는 법무법인의 변호사들과 함께 근무하고 있다. 오랜 경력의 베테랑 변호사들과 함께 일하는 이유가 있다. 서로 긴밀한 업무 협조와 종합적이고 효율적인 법률 서비스가 가능하기 때문이다.

나는 출근과 동시에 이메일 확인과 FAX실을 먼저 살피는 게 버릇이다. 직원들을 믿지 못해 그러는 것이 아니다. 오래 전부터 국제 특허를 전문으로 취급해 오다 보니 생긴 습관이다. 미국, 캐나다, 영국, 프랑스, 호주, 일본, 중국, 홍콩, 브라질, 스위스, 동남아 등 세계 각지에서 전송한 자료를 살피기 위해서다.

접수된 문서들은 시간을 다투는 급박한 사건들과 관련이 많다. 답변서가 있는가 하면 사건 의뢰 신청서도 보인다. 특허청에 보낼 의견서, 이의 신청, 심판 청구 등을 요청하는 문서도 적지 않다. 우선 담당 직원에게 접수 대장 정리를 지시하고 자리에 앉아 하루 일정표를 재확인한다.

어제 진행하던 업무를 제쳐 두고 당장 시급한 일에 매달린다. 외국 법률 사무소에서 의뢰한 사건을 점검한 뒤 영문 편지를 쓴다. 특허 출원 등 진행 결과를 비롯해 서류 보완, 보충 질의, 의견서를 간략하게 FAX로 송부하는 일도 중요하다. 해외 거래처 앞으로는 완벽하게 번역한 서류나 청구서를 우편으로 발송하기도 한다.

국내외에서 걸려온 전화 상담도 길게 이어진다. 더 자세한 내용이나 문서를 e-mail이나 FAX로 보내거나 직접 방문하도록 부탁한다. 컴퓨터를 연다. 분야별 담당 변리사들과 직원들이 작성한 특허 출원용 명세서와 상표, 디자인 등록 출원 거절 이유에 대한 의견서 등 초안을 수정한다. 심판 사건의 원고 초안을 직접 작성하기 위해 노트북을 연다. 심판 청구서나 심판 답변서, 심판 보충서, 심판 변박서, 심판 변박 답변서 등을 작성하기 시작한다.

컴퓨터로 검색된 상표 조사 결과를 검토한 뒤 대응책을 강구한다. 직원들이 작성한 일부 자료는 다시 확인하기 위해 검색을 시작한다. 약간 불만이 생긴다. 외국에선 상표나 특허 검색도 일정액의 수수료를 받는데 한국에선 당연히 무료 서비스인 줄 착각하고 있다. 어쩌다가 대기업 앞으로 검색 수수료를 청구하면 기업의 담당자는 당황하기 일쑤다. 사실 컴퓨터 검색은 생각처럼 그리 단순한 일이 아니다.

컴퓨터 검색이 완벽하다고 믿는 사람일수록 내겐 부담스럽다. 다양한 검색은 상당한 시간이 소요될 뿐 아니라 현재의 상황 탐색도 신중하게 진행되어야 하기 때문이다. 예컨대 '태양'이라는 상표를 검색할 때 썬, 선, 해, 햇님, 태양, 太陽, SUN 등 유사한 상표들도 더불어 살펴야

 64 태양 아래 모든 것이 특허 대상이다

한다.

    등록 상표가 방대한 수량일 뿐더러 매년 몇 만 건씩 출원되기 때문에 상표 검색은 까다롭게 진행되어야 한다. 유사한 상표만 추적하는 게 아니라 비슷한 이름이 출원, 등록, 등록 거부, 무효가 된 이유도 찾아내야 한다. 현재의 상황을 비롯해 문제점과 대책 등을 제시하는 조사 보고 의견서 작성도 쉬운 일이 아니다.

    특허청에 입력한 등록, 공고, 출원중인 상표에 관해 온라인으로 접속한 단말기를 통해 검색한다. 동일하거나 유사한 상표가 등록되었거나 먼저 출원되지 않았나 살펴본다. 검색된 상표는 다시 상표 공보에 의하여 상표의 모양이나 지정 상품을 확인할 수 있고, 필요하면 등록 원부를 근거로 갱신 여부를 조사한다.

    전화벨 소리가 잦아지더니 약속한 방문객들이 들이닥친다. 고정 거래처도 있지만 특허 개념을 전혀 이해하지 못하는 손님들도 만나야 한다.

    산업체 임직원들은 해외로 보내야 하는 사건을 위임하러 방문한다. 세계 각지에 출원 신청을 하러 온 것이다. 해외 특허 제도를 설명한 뒤 권리 침해 여부, 등록 가능성, 침해에 대한 구제 대책 등을 제시한다.

    간혹 특허청에 출두하여 심사관이나 심판관을 면담해야 한다. 복잡한 특허이거나 기술 내용이 난해하고 중대한 경우 직접 거래처를 방문하기도 한다. 권리 감정서를 작성한 감정인의 자격으로 증언하기 위해 법정에 출두하는 때도 더러 있다. 1998년 3월 1일부터 생긴 특허 법원에도 권리 범위 확인, 무효, 취소, 거절 결정 불복 등의 심결 취소 소송 등과 관련하여 자주 출입하고 있다.

때로는 신문사나 잡지사에서 청탁한 원고를 써야 하고 각종 국제회의에서의 초청강연도 준비해야 한다. 세계지적재산권 기구(WIPO), 미국 국가중재원(NAF), 아시아도메인이름분쟁조정센터(ADNDRC), 대한상사중재원, 우리나라 인터넷주소분쟁조정위원회 등의 중재인이나 패널로 수행해야 할 업무도 빠뜨릴 수 없다.

홈페이지 Q&A

특허 검색과 학생 출원 무료 지원

Q 대학교 4학년 학생으로 인터넷 관련 아이디어를 특허 출원하려고 준비중입니다. 요즘 들어 인터넷 관련 특허 출원이 급증하고 있다는데, 제 아이디어와 같은 기술이 특허 출원되었는지 확인하는 방법은 없습니까? 만약 출원 사실이 없다면 어떤 절차를 밟아 국내외 특허와 실용신안을 출원하는 게 가장 저렴하고 효과적입니까?

A 유사 기술에 관한 특허 출원 여부는 특허기술정보센터 홈페이지(www.kipris.or.kr)를 방문하여 검색할 수 있습니다. 다만 특허 출원을 했으나 아직 공개되지 않은 것은 검색 대상이 아닙니다. 하지만 검색 결과와 특허청의 심사 결과가 반드시 일치하지 않는다는 점에 유의해야 합니다. 특허 사무소에서도 특허 검색 업무를 대행합니다.

대한변리사회에서는 초·중·고·대학생과 영세 발명가의 출원 업무를 무료로 대행하고 있으며, 특허청에서는 출원료, 심사 청구료, 최종 3년분의 등록료를 받지 않습니다. 학생이라면 무보수 대리인 선임 신청서 2통(대한변리사회 소정 양식), 재학 증명서 2통, 본인의 발명·고안임을 증명하는 학교장 확인서 2통, 발명·고안의 요지 설명서(도면 포함) 2통 등을 갖추어 대한변리사회(전화 3486-3486)로 신청하기 바랍니다.

인터넷 관련 특허는 주로 방법에 관한 것이므로 물품의 형상·구조 또는 이들의 조합만을 인정하는 실용신안의 대상이 될 수 없다고 생각됩니다.

국내 출원일부터 1년 이내에 우선권을 주장하여 해외 출원하면, 국내 출원일을 해당

외국의 출원일로 인정받을 수 있는 우선권 주장 제도가 있습니다. 각 나라별로 출원하거나 국제 특허 출원(특허협력조약 : PCT) 루트를 이용하는 방법이 있으며 각각 장단점이 있습니다.

기술분야별 특허 추세

Q 저는 대학에서 물리학을 전공하는 4학년 학생으로 전자·반도체·전기 분야의 특허 추세에 관한 논문을 작성중입니다. 관련 자료를 구하려고 노력했지만 쉽지 않았습니다. 자세한 특허 내용을 알자는 게 아닙니다. 어떤 분야에서 특허가 많이 출원·등록되는지, 순수 과학을 밑바탕으로 국내 과학 연구와 기술 개발이 어떻게 이루어지는지 알고 싶군요.

A 특허청에서 각 분기별, 연도별, 기술 분야별 특허 출원·등록 추세를 발표합니다. 특허청이 발간하는 특허 연보와 기타 통계 자료를 참고하시기 바랍니다. 대한변리사회가 발행하는 〈특허와 상표〉에도 관련 통계가 실립니다. 특허청 홈페이지 주소는 www.kipo.go.kr입니다.

국가별 산업 재산권 관리 체계

Q 산업재산권학을 전공하는 대학 4학년 학생입니다. 국가별 산업 재산권(특허, 상표, 실용신안, 디자인)의 관리 절차와 국내의 관리 체계를 비교 연구하는 논문을 준비중입니다. 관련 도서를 추천해 주시면 고맙겠습니다.

A 너무나 포괄적인 질문이라서 난감합니다. 특허청이 발간한 〈각국 산업 재산권 제도 편람(지적재산정책자료 97-01)〉이 참고가 될 것입니다. 그 밖에 특허청 (042-481-0114) 도서실, 대한변리사회(02-3486-3486) 도서실, 발명진흥회(02-557-

1077) 도서실 등의 자료를 검색해 보시기 바랍니다.

변리사를 지망하는 학생들의 전공

Q 국제관계학을 전공하는 학생입니다. 변리사에 관심이 있지만, 전공이 사회과학이라서 변리사 자격을 취득해도 활동 폭이 좁을 거라는 말을 들었습니다. 그 주장에 일리가 있는지 궁금합니다.

A 변리사가 되려면 기술·법률뿐만 아니라 국제 업무에 필수적인 외국어 실력도 필요합니다. 기술·법률·어학이 어울리면 이상적이라고 말할 수 있겠지만, 세가지를 고루 갖추지 않았다고 해서 변리사 직무를 수행할 수 없는 건 아닙니다. 예컨대 기술을 전공한 변리사일지라도 전자·화학·미생물·기계 등 여러 분야의 기술을 모두 골고루 습득할 수는 없기 때문입니다.

따라서 여러 분야의 전문 변리사가 함께 모여 일을 처리하는 경우가 많습니다. 하지만 현실적으로 기술이나 법률을 전공한 변리사들이 특허 사무소에 취업하기 쉬운 건 사실입니다. 국제관계학을 전공하는 귀하의 어학 실력이 탁월하다면 국제 업무를 주로 취급하는 특허 법률 사무소에서 환영받을 수도 있습니다.

인문계 전공 변리사는 기획력, 조직력 등에서 앞설 수 있기 때문에 소극적으로 생각할 필요가 없습니다.

변리사 사무소에서 일하려면

Q 변리사 시험을 준비하고 있는 법학 전공 졸업생입니다. 가능하다면 변리사 사무소에서 일하면서 공부하고 싶습니다.

대한변리사회에서 〈특허와 상표〉지를 발행하고 있습니다. 이 신문에는 변리사 사무소 직원 채용 공고가 수시로 게재됩니다. 대한변리사회의 전화번호는 (02)3486-3486입니다.

Part 2

특허 · 실용신안 · 디자인권 탐험 여행

작은 발상이 세상을 바꾼다

001 청기와 장수와 특허청의 독립 채산제

옛날 어느 고을에 청기와를 만들어 팔아 제법 돈을 버는 노인이 살고 있었다. 그가 구워 내는 청기와는 단단하고 미려해서 대단한 인기를 끌었으며 다른 기와보다 높은 가격으로 팔렸다. 그는 구두쇠에다가 옹고집이었으므로 청기와 굽는 비법을 세상에 절대로 공개하지 않았다. 자기 가문이 그 노하우를 독점해야 한다는 고집은 변함이 없었다. 오직 가업을 이어받을 자손 한 명만 골라서 그에게만 비법을 전수했다.

하지만 불행하게도 노인의 가문은 얼마 가지 않아 몰락하고 말았다. 자식들에게만 비법을 전수한 바람에 대(代)가 끊기자 청기와 비법은 아무도 알 수 없게 되었다. 기술 발전은커녕 그 비법마저 영원히 미궁에 빠져 버린 것이다.

우리는 청기와 장수의 우화에서 특허에 관한 힌트를 얻는다. 기술자는 기술을 세상에 공개하려 해도 그만한 실질적 이득이 없기 때문에 망설이게 된다. 하지만 청기와 장수 같이 기술을 공개하지 않으려는 기술 보유자가 많은 사회일수록 발전이 더딜 수밖에 없다.

그런데 어떠한 발명이라도 널리 공개되어 아무나 자유롭게 이용할 수 있으면 아무도 시간과 돈을 들여 제품을 개발하려 하지 않을 것이다. 따라서 제품을 개발하고 라이선스를 취득한 사람이 보호받도록 하는 것이 특허 유인책의 하나이다.

특허의 근본 취지는 청기와 굽는 비법을 공개하여 사회 발전에 기여하려는 데 있다. 지적 창작물을 사회화하는 대가로 일정 기간 발명가에게 독점권을 부여하고, 일정한 대가를 지불하는 사람에겐 그 발명품을 이용할 수 있게 한다. 정해진 기간이 지나면 누구나 그 지적 재산을 활용할 수 있도록 개방한다. 따라서 특허 제도는 발명가나 창작자는 물론 이를 이용하는 일반인들에게 이득을 줌으로써 사회 전체의 발전을 꾀하려는 데 그 목적이 있다.

특허청 독립 채산제는 특허 활성화의 장애물

그러나 특허 제도의 기본 취지를 무너뜨리는 몰지각한 일이 최근 벌어지고 있다. 이른바 특허청 완전 독립 채산제가 도입되어 특허 활성화에 장애가 되고 있는 것이다. 과학 기술의 발전을 위해 정부가 투자를 계속 해도 부족한 판에 특허청으로 하여금 스스로 벌어서 살아가라는 것이다.

특허청 독립 채산제는 결국 출원료 등 수수료 인상으로 이어졌다. 달

리 수익 사업을 할 수 없었던 특허청으로는 자급자족을 위해 수수료를 대폭 인상할 수밖에 없었다.

수수료 부담이 지나치게 늘어나면 특허 출원을 주저하게 되고 기술 발전과 공개도 따라서 지체되는 부작용이 생길 수 있다. 기술의 발전과 공개를 유도하는 것이 특허 제도의 1차적인 목적이라면 수수료 인상은 정반대의 길로 가는 경우가 된다.

특허 제도를 만든 이유의 절반은 공익을 보호하고 나머지 절반은 사익을 보호하자는 데 있다. 기술 공개를 통한 기술, 산업, 국가 발전은 공익 측면이며, 출원인에게 일정 기간 독점권을 주는 것은 사익 측면이다.

따라서 수익자 부담 원칙을 존중하여 출원 등록 대상자가 50 퍼센트를 부담하고, 국가가 나머지 50 퍼센트를 일반 예산으로 지원하는 방안을 모색해야 한다. 국가 차원에서 기술 개발을 도모한다고 홍보하면서도 발명자에게만 비용 부담을 전가하는 건 모순이자 지나친 편법이다.

우리 사회가 발명가들의 야심과 희망을 자극하는 제도를 만드는 게 아니라 행정 편의주의와 예산 타령에 매달리는 발상이 그저 안타까울 뿐이다.

002 기업은 로열티에 눈을 돌려야 생존할 수 있다

미국의 세계적인 의료 약품 제조 회사 존슨&존슨사 기술 연구소 객원 교수인 윤인배 박사는 '의학계의 에디슨'으로 통한다. 그가 미국에 등록한 의학 기술 관련 특허는 150건이다. 현재 특허 출원을 해 놓은 200건을 더하면 무려 350건에 이른다. 그 중에는 매년 로열티로 1만 달러씩 받는 것도 있다.

SK(주)는 1999년 7월 14일 자체 개발한 간질 치료제(YKP509)의 제조 기술을 세계 8위 의약 업체인 존슨&존슨 그룹에 3,900만 달러에 팔았다. SK는 기술 수출액 외에도 앞으로 15년간 매출액의 10퍼센트를 로열티로 받게 된다. 세계 간질 치료제 시장 규모가 32억 달러에 달하는 점을 감안할 때 SK가 받는 로열티는 연간 수천억 원에 이를 전망이다. 신기술 개발은 막대한 초기 투자 비용과 시간이 들지만 일단 개발에 성공하면 이처럼 앉아서 거액을 벌어들일 수 있는 초고부가가치 산업이다.

한국은 세계 4위의 다출원국이나 기술 무역은 적자

그 동안 기술 개발에 주력한 덕분에 한국 특허청의 특허 출원 건수가 대폭 증가하고 있다. 1981년 5,000여 건에 불과하던 특허 출원 건수가 2006년 16만 6,000건을 넘어서서 33배나 늘었다. 산업 재산권 출원 건수는 2007년 중 37만여 건으로 우리 나라는 세계 4위의 다출원국이 되었다.

그러나 특허 출원이 등록되거나 새로운 연구 결과를 창출하여 산업에 이용하는 비중은 의외로 낮다. 2005년 기술 수출은 16억 달러지만 기술 도입 대가로 지불한 로열티는 45억 달러를 넘어선다. 약 29억 달러가 적자다. 이처럼 기술 무역 수지가 악화되고 있는 것은 전반적으로 연구의 질적 수준이 낮기 때문이다. 선진국으로부터 고가로 첨단 기술을 도입하고 중·저급 기술을 수출한 탓이다. 기업 연구소가 1만개를 넘어섰어도 선진국과의 기술 격차는 여전히 좁혀지지 않아 안타깝기만 하다.

최근 주식 시장에서 투자자들의 관심을 모으는 주식들은 대부분 신기술 개발과 관련된 종목이다. 세계 시장을 겨냥하여 로열티 수출에 주력한 기업들은 경기 침체 속에서도 각광받고 있다. 그 대표적인 기업으로 LG화학, 한미약품, 대영포장 등을 들 수 있다.

LG화학은 새로운 항생제를 독자적으로 개발하여 영국에 수출하기로 했다. 이 기술의 로열티는 상품화 이전까지 약 600억 원이며 상품화되는 2000년부터 물질 특허 기간인 2020년까지 매년 최소 500억 원씩 총

1조 원 가량의 기술료를 받을 것으로 추정된다.

이 회사는 2007년에 간질환 치료제인 LB84451을 개발하여 미국 바이오제약 기업에 2억 달러를 받고 수출계약을 체결하는 한편, 같은 해 비만치료제를 일본 제약회사에 수출하여 1억 달러의 기술료를 받은 바 있다.

한미약품은 장기 이식 면역 억제제를 스위스에 수출한다. 계약금과 함께 1998년부터 10년 간 총 6,000만 달러를 로열티로 받을 수 있다. 대영포장은 이층 골심 판지 기술을 개발하여 일본과 미국에 수출하고 있다.

삼양사 의약사업부는 자체 개발한 생체 분해성 수술용 봉합사를 수출 주력 상품으로 선정했으며 자기 브랜드 '트리소브'를 미국, 독일, 멕시코, 동남아 국가에 수출하기로 했다. 삼성전자는 멀티미디어 관련 기술 특허로 7년간 5,000만 달러 이상의 로열티를 벌어들일 것으로 예상된다.

한글과컴퓨터도 캐나다에 소프트웨어 기술을 수출하고 계약금 1,000만 달러를 포함하여 매출액의 2퍼센트에 해당하는 로열티를 받는다. 이 회사가 벌어들이는 로열티는 한국의 소프트웨어 수출액 3,500만 달러의 30퍼센트 수준에 육박한다. 우방 그룹 역시 첨단 식품 기술을 이전하는 대가로 수천만 달러를 요구하며 세계 시장을 공략하고 있다.

텍사스 인스트루먼트사는 경상 수익의 42퍼센트를 로열티로 채우고 있으며 일본 캐논도 50퍼센트가 로열티 수익이다. 선진국들은 이처럼 로열티를 저돌적인 경영 무기로 삼는다.

단기 이익에 초점을 맞추는 기존의 경영 전략 기법으로는 무한 경쟁 시대에 지속적인 경쟁 우위를 유지할 수 없다. 기업이 꾸준히 성장하고 높은 수익을 올리기 위해서는 새로운 전략의 하나로 로열티 경영에 주력해야 한다.

003 황금알을 낳는 작은 **발상들**

발명은 기존의 원리나 아이디어 그리고 자연의 법칙을 응용만 해도 얼마든지 가능하다. 이미 나와 있는 발명품에서 힌트를 얻으면 의외로 훌륭한 발명 아이디어를 얻을 수 있다. 발명왕 에디슨은 "남들이 수없이 사용한 아이디어를 끊임없이 찾는 습관도 발명의 시작"이라고 말했다.

출원 전에 이미 알려진 기술은 신규성이 없으므로 특허로 등록받을 수 없는 것이 원칙이다. 하지만 이미 알려진 것이라 하더라도 개량과 결합으로 인하여 기존의 것보다 더 가치 있는 새로운 효과가 나타난다면 권리를 인정받을 수 있다.

세계 경제가 침체 일로를 걸을수록 고객 만족을 이끌어 낼 수 있는 작은 아이디어로 승부를 걸어야 한다. 작은 발상이 의외로 많은 히트 상품을 내놓을 수 있다는 걸 명심해야 한다.

미국인 월트 디즈니는 미키 마우스 만화 하나로 일약 억만 장자가 되

었다. 가난했던 월트와 그의 부인은 어느 날 생쥐를 보는 순간 기발한 아이디어가 떠올랐다. 자기들처럼 가난한 사람들이 보고 즐길 수 있는 생쥐의 모습을 만화로 그려 내기로 작정한 것이다. 그 뒤로 부와 명성을 전 세계에 떨치던 월트 디즈니는 미키 마우스 만화의 성공 비결을 말하던 자리에서 "아이디어가 얼마나 위대한 것인가를 입증하는 산 교훈"이라고 스스로 평가했다.

애인의 주름치마 덕분에 억만 장자가 된 직공

형편없는 소켓 제조 가게를 운영하던 마쓰시다는 나사식 소켓에 불만이 많았다. 그러던 어느 날 그는 단번에 꽂을 수 있는 직입식 쌍소켓을 만들었다. 결과는 대성공이었고 마쓰시다는 마쓰시다(松下)전기산업 주식회사의 회장이 되었다.

겨우 열세 살이던 미국의 목동 조셉은 가시 달린 장미 넝쿨을 보고 철조망을 발견하여 억만 장자가 되었다. 직공 루드는 나이 열여덟에 주름치마를 입은 애인의 모습을 보고 코카콜라병을 만들어 세계적인 갑부가 되었다. 또 필립은 열여섯 살 때 십자 나사못을 발명하여 필립사의 사장이 되었다.

일본 여성 사쿠라이는 긴 팬티를 입고 불편해 하는 손자를 보고 힌트를 얻었다. 팬티를 잘라 중요한 부분만 살짝 가린 삼각 팬티를 만들어 벼락부자가 되었다. 영국의 메리 퀀트는 긴 치마를 잘라 미니 스커트를 만들었고 이 아이디어로 세계적인 의상 디자이너가 되었다.

국내 문구 전문 업체 ㈜아모스는 립스틱 모양의 '딱풀'로 연간 수 백만 달러를 벌어들이고 있다. 기존의 문구용 물풀이 질질 흘러내리고 몇 번 쓰지 못하고 버리는 경우가 많아 이를 개선할 수 없을까 고민하다가 립스틱처럼 만든 고체 풀을 발명했다. 액체의 단점을 고체화로 개선한 것이다.

이처럼 남들이 지나치기 쉬운 사소한 부분에 관심을 쏟다가 히트 상품을 탄생시키는 경우가 적지 않다. 항균 노트를 개발하여 노트 업계를 석권하고 있는 문구 전문 업체 ㈜미코도 아이디어 경쟁에서 승리한 사례에 속한다. 학부모들이 자녀들의 위생 문제에 관심이 높은 데 착안하여 항균 노트를 새 상품으로 출시하자 주문이 폭주하기 시작했다.

조선맥주는 하이트 캔 맥주에 점자(點字)를 집어넣은 뒤 매출액이 대폭 늘었다. 시각 장애인과 가족들로부터 고맙다는 감사 전화가 이어지면서 기업과 상품에 대한 이미지도 좋아졌다. 소비자들이 기대 이상으로 반응을 보이자 회사측은 작은 아이디어가 얼마나 소중한가를 절감하고 있다는 소식이다. 작은 아이템에서 고객 만족을 창출해 내는 아이디어 제품이 일부러 홍보하지 않아도 인기를 얻을 수 있음을 증명한 셈이다.

004 벤처기업으로 꿈을 키운다

두뇌를 활용한 기술 개발만이 국제 경쟁에서 이기는 지름길이다. 정부가 침체된 경제의 활로를 찾기 위해 벤처 기업을 총력으로 육성한다고 선전하지만 대체로 그 실적은 미미한 수준이다. 수년간 연구한 기술 시스템을 특허청에 출원한 뒤 실용화할 작정으로 창업 투자 회사의 문을 두드려도 그 문은 좀처럼 열리지 않는다.

기술력 하나만 믿고 벤처 기업을 설립하겠다며 덤빈 사람들은 끝내 실망하고 만다. 대기업 등 유명 회사와 관련이 있거나 거래하는 경우가 아니고선 창업 자금을 조달할 수 없기 때문이다. 국민 세금으로 조성된 거액의 정부 기금이 창업 투자 회사에 투입되고 있으나 실제 필요한 곳에 적절히 지원되지 못하니 대기업으로의 전용 등 다른 목적으로 사용될 수밖에 없을 것이다.

새로운 기술을 사업화한 소규모의 창조적인 기업이 바로 벤처 기업이다. 고속 성장이 가능한 반면 실패할 위험도 높다는 점에서 모험(벤

처) 기업이라는 이름이 붙었다. 정부에서는 연구 개발에 매출액의 5퍼센트 이상을 투입하거나 특허권 등을 사업화한 매출이 총매출의 50퍼센트 이상을 차지하면 벤처 기업으로 인정하고 있다.

우리 나라 수출의 절반은 중소 기업이 점유할 뿐더러 이 중에서 벤처 기업들이 차지하는 비중은 의외로 높다. 300명 이하 중소 기업들의 수출이 우리 나라 총수출에서 차지하는 비중은 매년 30퍼센트대를 유지한다. 2006년에는 사상 처음으로 중소기업의 수출 실적이 1,000억 달러를 돌파하였다.

벤처 기업 기인시스템은 전력, 교통 등 산업 전자 분야에서 히트작을 쏟아 내고 있다. 서울대 제어계측공학과 대학원 출신 젊은 박사들이 창업한 이 회사는 자동 제어 시스템 개발에 매달리고 있다. 창업 5년 만에 디지털 보호 계전기, 영상 차량 검지 장치, 발전소 분산 제어 시스템 등 20여 종의 첨단 제품을 개발했다.

기인시스템은 높은 수익과 창조적인 기술 개발을 위해 매년 매출액의 30퍼센트가 넘는 돈을 연구 개발에 쏟아 붓고 있다. 기술 연구소의 엔지니어 수는 20명으로 전체 직원의 60퍼센트가 넘는다. 앞으로는 정보 통신에도 진출할 계획이며 도시바 등 세계적인 메이커와 당당히 겨룰 수 있는 벤처 기업으로 만들겠다는 야심도 갖고 있다.

충북 청원군 첨단 산업 협동화 단지에 입주한 바이오니아는 직원 180명의 중소 기업이다. 이 회사는 유전자 기술의 완전 국산화를 목표로 1992년 창업한 우리나라 최초의 바이오 벤처 회사로서, 창업 6년 만에 20여 종의 생명 공학 기자재와 1백여 종의 합성 유전자를 자체 기술

로 개발하여 연간 50억 원 가량의 수입 대체 효과를 올렸다. 미국, 중국, 대만, 이집트, 말레이시아, 베트남 등에 유전자 조작 시약을 수출하고 해외 경쟁 업체에 비해 높은 가격을 받으면서도 품질이 좋아 주문도 계속 밀려든다.

바이오니아의 전체 임직원 중 절반 가량이 연구원으로 근무한다. 이 회사는 생명 공학 연구 관련 제품을 전량 국산화한 공로로 1997년 12월에 중소기업진흥공단으로부터 창업 중소 기업 부문 대상을 받기도 했다. 1997년 전체 매출액의 33퍼센트를 투자할 정도로 연구 개발에 힘을 쏟은 결과이다. 이 회사는 국내외 218여건의 등록 및 출원 특허를 보유하고 있다. 연구개발을 바탕으로 한 경영에 힘입어 2005년에 100만불 수출의 탑을 수상한지 불과 1년만인 2006년에 300만불 수출의 탑 수상의 영광을 누렸다.

1997년 제88회 파리 국제 발명 전시회에서 국내 중소 업체인 유명엔지니어링이 금상을 수상했다. 이 회사가 전시회에 출품한 것은 독자 기술로 개발한 전자파 차단 보안기였다. 전시 기간 중 프랑스 유로닉스사와 연간 100만 달러 규모의 수출 계약을 체결하여 유럽 지역 시장을 공략하기 위한 발판을 마련했고 미국 내 유통사와도 수출 협상을 벌였다. 이처럼 기술과 지식만 축적하면 아무리 작은 중소 기업일지라도 세계 시장 정복은 시간 문제일 뿐이다.

세계적으로 성공한 정보 통신 업체들은 대부분 조그만 벤처 기업에서 출발했다. 이들 기업이 성공한 요인은 기술과 지식에서 찾을 수 있다. 처절한 경쟁을 통해 끈질긴 생명력을 갖는 벤처 기업만이 살아남는

다. 비메모리 반도체로 세계 반도체 업계 1위의 입지를 굳힌 미국 인텔사의 크레이그 배럿 사장은 이렇게 말한다.

"벤처 기업의 가장 강력한 무기는 빠른 적응력이다. 따라서 적응력 없는 벤처 기업은 금세 도태되고 만다. 대기업이 된 후에도 마찬가지다." 인텔도 스스로를 '날쌘 코끼리'라고 부른다. 크기에 비해 의사 결정 속도가 굉장히 빠르다는 의미다. 인텔의 경우 1997년 한 해 동안 올린 수입의 45퍼센트가 1996년 12월 당시에는 존재하지도 않았고 생산 계획도 잡혀 있지 않았던 분야에서 창출되었다. 빠른 적응력과 의사 결정 속도가 얼마나 중요한지 보여 주는 단적인 예다. 사회 환경도 중요하다. 아이디어를 밖으로 끌어내는 환경이 돼야 한다. 인맥보다는 지식과 아이디어에 승부를 걸어야 한다. 이를 위해 리더와 회사 간부들은 구성원의 능력과 지식을 발굴할 수 있어야 한다.

배럿 사장은 "한국의 어려운 경제 상황이 21세기 전망을 어둡게 하고 있지만, 정보 통신 분야의 경쟁력 강화로 이를 충분히 극복할 것으로 기대한다. 또한 전 세계적으로 세계 시장의 흐름을 재빠르게 정확히 읽고 한 발 앞서 과감히 투자하는 벤처 기업만이 살아남을 것"이라고 그는 말한다.

기업 연구소를 두고 있는 중소 기업들의 경우 기술 개발 투자가 매출액 대비 평균 3.57퍼센트에 이르는 등 대기업(2.9퍼센트)보다 앞서고 있다. 이에 따라 중소 기업의 연구 개발 투자가 처음으로 연간 1조 원을 넘어 벤처 산업의 앞날을 밝게 해주고 있다.

이런 경향을 반영하듯 중소기업진흥공단에서 주관하는 벤처 전문가

86 태양 아래 모든 것이 특허 대상이다

양성 교육이 인기를 끌고 있다. 보통 이틀 간 중소기업연수원에서 열리는 이 행사는 정부의 창업 활성화 종합 대책, 벤처 기업 육성에 관한 특별 조치법, 중소 기업 창업 지원법, 금융 조달 방법, 벤처 기업 현황과 성공 사례 등을 집중적으로 교육한다.

정부는 1998년 2월 2일부터 중소 기업 지원 방안을 시행하고 있다. 이 중 벤처 기업에 대한 지원 대책으로

- 벤처 기업이 자금을 차입할 경우 신용 보증 기관의 재보증
- 은행에서 벤처 기업 전담 지원을 위한 재원을 마련하여 기술신용보증기금의 위탁 보증에 의한 대출
- 연간 200만 달러 한도 내에서 벤처 기업의 단기 외화 차입금 허용
- 업체당 벤처 기업 창업 자금 3억 원 지원

등을 마련한 바 있다.

벤처 기업 지원 제도

정부는 오래 전부터 '벤처 기업 육성에 관한 특별 조치법'을 제정하여 시행하고 있다. 이와 더불어 '시행 규칙'을 개정, 1998년 7월 25일부터 적용하고 있다. 이 제도와 절차를 간략하게 소개하면 다음과 같다.

벤처 기업의 정의

중소기업 기본법 제2조 규정에 의한 중소 기업으로서, 다음 ●로 표시한 항목 중 하나에 부합하는 요건을 갖추면 벤처 기업으로 본다.

- 벤처투자기관(창업투자회사/조합, 신기술금융사/조합, 한국벤처투자조합, 한국벤처투자주식회사, 기업은행, 산업은행)으로부터 투자받은 금액이 자본금의 10% 이상이고, 투자금액이 5천만원 이상인 벤처투자기업
- 기술개발촉진법 제7조 규정에 의한 기업부설연구소를 보유하고, 창업 3년 이상인 경우에는 연구개발비가 5천만원 이상이고 매출액대비 연구개발비 비율이 산정기준 이상이며 창업 3년 미만인 경우에는 연구개발비가 5천만원 이상인 기업으로서 연구개발기업 사업성 평가기관으로부터 사업성이 우수한 것으로 평가 받은 연구개발기업
- 기술보증기금의 보증 또는 중소기업진흥공단이 대출을 순수 신용으로 받고, 그 보증 또는 대출금액이 8천만원 이상이고, 당해 기업의 총자산에 대한 보증 또는 대출금액 비율이 10% 이상인 기업으로서, 기술보증기금 또는 중소기업진흥공단으로부터 기술성이 우수한 것으로 평가받은 기술평가보증 또는 기술평가대출기업
- 벤처기업의 창업을 위해 법인설립, 사업자등록을 준비 중인 자 또는 창업후 6개월 이내인자로서 준비중인 기술 및 사업계획이 기술보증기금 또는 중소기업진흥공단으로부터 우수한 것으로 평가받은 예비벤처기업

2006년 6월 4일부터 시행 중인 개정된 법률에 따르면 법 개정 전에 적용되던 특허권, 실용신안권, 디자인권 등을 기초로 한 벤처기업 선정 기준은 폐지되었다.

벤처 기업의 확인 절차와 방법

1. 벤처투자기업 유형의 경우

한국벤처캐피탈협회에 벤처 기업 증빙서류와 함께 신청서를 제출하여 벤처기업인증서를 발급받는다.

2. 연구개발기업, 기술평가보증기업, 기술평가대출기업 및 예비벤처기업의 경우

기술보증기금 또는 중소기업진흥공단에 벤처 기업 증빙서류와 함께 신청서를 제출하여 벤처기업인증서를 발급받는다.

정부의 벤처 기업 지원

1. 자금 공급 분야

다양한 투자 재원을 마련하기 위해 각종 연금, 기금의 투자를 허용하고 있다. 외국인의 투자 철폐는 물론 대기업의 벤처 기업에 대한 자금 규제를 완화하고 있다.

직접 금융 관련 규제를 완화하기 위해 주식 액면가를 하향 조정하거나 스톡 옵션 제도를 활성화하고 있다. 코스닥 시장에 등록한 벤처 기업은 증권거래소 상장 법인과 동일한 수준의 증권 발행이 가능하다.

창업투자조합의 운영권을 개인이 보유할 수 있도록 하며 창업투자조합, 신기술금융회사 등에 대한 출자금 등 벤처 자금의 조세를 감면해 주고 있다. 기술신용보증기금에 의한 특별 보증 제도를 도입하고 각 은행의 벤처 기업 지원 자금 확보와 융자를 확대, 실시하고 있다.

2. 기술 개발, 인력 공급 분야

정부 부처나 정부 투자 기관의 기술 개발 지원 계획의 수립 시행을 의무화하는 것은 물론 공동 기술 개발, 기술 지도, 기술 개발에 드는 비용을 적극 지원하고 있다. 아이디어나 기술을 보유한 국·공립 대학 교수, 국·공립 연구소 연구원이 벤처 기업 창업이나 경영 참여시 휴직을 허용한다.

3. 입지 공급 분야

벤처 기업 전용 단지 설립을 촉진하고 각종 인·허가 간소화, 재정 지원, 지방세 감면을 허용하고 있다. 국·공유 부동산을 쉽게 공급받을 수 있도록 관련 법령의 특례를 적용하고 있다. 특히 취득세·등록세를 면제하고 재산세·종합토지세를 50% 감면해 준다. 자세한 내용은 중소기업청 창업지원과(전화 : 042-481-4417)로 문의한다.

005 태양 아래 모든 게 특허 대상이다

용변을 다 보면 아름다운 동요가 흘러 나오는 첨단 뮤지컬 변기가 선을 보였다. 아이들이 일을 마치자마자 센서가 아이 무게와 용변 습기를 감지한 뒤 반도체에 신호를 보낸다. 아이가 일어서는 순간 변기는 10여 곡의 동요를 15~20초 동안 들려 준다.

어린이 배변 교육을 위해 동요 변기를 개발한 사람은 (주)펜타존의 채인기 사장이다. 4년 동안 변기만 연구한 그는 나이가 들어도 용변을 가리지 못하는 아이들의 버릇을 고쳐 줄 이색 상품을 발명했다. 그는 '아이들이 3~6개월 빨리 용변을 가리게 해주고 올바른 배변 습관을 길러 주어 성격을 밝게 만드는 효과가 있다'고 말했다.

미국 코스코사, 프랑스 BM에프사가 동요 변기의 견본을 보고 3년간 100만 개를 수입하기로 계약을 맺었다. 인간의 조건 반사 원리를 이용한 이 제품의 비밀은 변기 밑에 숨겨진 센서 두 개와 주문형 반도체에 있다. 이 발명품은 1996년 7월 미국 특허청에 등록되어 17년간 독점권

을 인정받았다.

실용신안이나 발명 중에서 완전히 독창적인 것은 없다. 대단히 독창적인 아이디어라고 평가되더라도 자연 법칙에 어긋나는 것은 특허가 되지 않는다. 따라서 독창적인 발명은 실질적인 모방에서 출발한다고 할 수 있다. 하지만 원숭이 흉내 수준이거나 남의 권리를 침해하는 등 파렴치한 것들은 당연히 독창적인 모방에서 제외된다.

새롭고 우수한 아이디어는 우리 주변에 널려 있다. 발명은 전혀 존재하지 않던 것을 만들어 내는 행위에 국한되지 않는다. 불편한 것을 편안하게, 엉성한 것을 단단하게 개량하는 것도 중요한 발명이다. 더하고, 빼고, 모양을 바꾸고, 반대로 생각하고, 용도를 바꾸고, 남의 아이디어를 빌리고, 크게 만들거나 작게 만들고, 폐기물을 이용하고, 재료를 개선하는 것도 발명이다. 첨단 기술에 의한 것만이 발명은 아니다.

발명은 인류의 사회 생활에 도움이 되는 것으로 아직까지 없던 새로운 기계나 물건을 만들어 내는 기술적 창작이다. 따라서 새롭고, 현재보다 진보되고, 공업적 생산이 가능해야 비로소 발명으로 인정된다.

특허 제도는 발명자의 창작물을 보호하는 방안의 하나로서 발전을 거듭하고 있다. 인간의 사회 생활 구석구석에 걸쳐 특허와 관련되지 않은 분야는 거의 없다고 해도 과언이 아니다. 우리가 보통 특허라고 하는 산업 재산권은 특허권, 실용신안권, 디자인권에 상표권을 총칭하는 말이다. 산업 재산권은 공업 분야뿐만 아니라 상업, 농림업, 수산업, 광업 등 모든 산업 분야와 관련이 깊다.

예컨대 특허는 포도주, 곡물, 엽연초, 과실, 가축류, 광물, 광천, 맥

92　태양 아래 모든 것이 특허 대상이다

주, 화초, 곡분 등 일체의 제조품 또는 천연 산물에도 적용된다. 결국 식물, 동물, 미생물, 음식물, 커피 담배와 같은 기호물도 특허 대상이 된다.

매우 다양한 분야에서 창작물은 특허로 보호받을 수 있다. ●기계, 물품, 조성물이나 이들과 관련된 방법과 기능적인 용도는 특허권으로 ●물품의 형상이나 모양 또는 디자인은 디자인 특허권으로 ●무성으로 반복 생식할 수 있는 변종 식물은 식물 특허권으로 ●상품의 이름, 심벌, 서명, 단어, 입체적 형상, 책 제목, 보컬 그룹 이름, 악단 이름, 사람 이름, 상점이나 회사 이름 등은 상표권으로 ●서적, 시, 연설, 녹음, 컴퓨터 프로그램, 미술, 동상, 그림, 만화, 레이블, 무언극, 안무 저작물, 사진, 그래픽 저작물, 영화, 비디오 테이프, 지도, 건축 도면, 예술적인 장신구, 게임판, 게임판 상자, 게임 지침서 등은 저작권으로 ●일반적으로 알려지지 않은 것으로서 사업상 이점이 있거나 상업상 유용한 정보, 예컨대 화학식, 아이디어, 테크닉, 노하우, 생산 방법, 경영 기법, 고객 명단 등은 영업 비밀로 법적 보호를 받는다.

생명 공학(바이오테크)에서 유전자를 이용한 발명도 특허 대상이 된다. 박테리아부터 고래까지 새로운 생명체를 특허화하는 것이 생명 공학의 현주소이다. 활발한 연구 끝에 슈퍼 옥수수, 슈퍼 미꾸라지, 복숭아, 미생물 등도 특허로 등록되는 세상이다. 태양 아래서 인간이 만든 모든 것이 특허를 받을 수 있도록 문이 활짝 열린 것이다.

006 복숭아와 암사슴도 발명품이다

1997년 8월, 재미있는 소식이 외신을 타고 전해졌다. '복숭아도 특허가 된다'는 일본 도쿄 고등재판소의 판결이 그것이었다. 복숭아의 새로운 품종도 산업상 발명품과 똑같이 특허를 받을 수 있다는 판결이었다. 복숭아의 교배 방법으로서 특허 등록을 받은 농민을 상대로 농촌 단체가 특허청에 취소를 요청했다. 하지만 재판장은 '과수류도 산업상 이용 가능한 발명으로서 특허성이 인정된다'며 농민의 손을 들어 주었다.

문제가 된 특허 대상 종자는 1952년부터 17년에 걸쳐 농민이 육성한 노란 복숭아(黃桃)였다. 일찍이 도쿄대학에서 재배되었던 복숭아를 교배, 다시 한반도에서 발견한 야생종을 교배하여 얻은 종자인데, 1977년에 출원하고 1988년에 등록을 받은 것이다.

일본과수종묘협회 등 두 농업 단체가 특허청에 특허 무효 소송을 제기했지만 1991년에 기각되었다. 농업 단체측은 다시 도쿄 고등재판소

에 취소를 요구하면서 '멘델의 법칙과 유전학 등에 의하면 특허 등록된 교배 기술을 써보아도 이 황도와 같은 유전자를 가진 과실을 얻을 확률이 극히 낮으며 특허 조건의 반복 가능성을 충족시키지 않는다. 과실의 맛이나 향기는 문장으로 표현하기 어렵고, 서류 심사의 특허에도 합당하지 않다' 고 항변했으나 역시 받아들여지지 않았다.

복숭아 재배에 관한 한 기술자이자 선각자인 한국 농민과 도쿄대 연구진을 뛰어넘은 한 일본 농민의 승리는 무엇을 시사하는가? 정보를 상품화하기 위해 그 정보를 특허로 만들어 권리를 취득한 사람만이 앞서 갈 수 있다는 걸 보여 주는 것이다.

많은 나라가 식물 품종 보호법을 만들어 새로운 품종을 보호한다. 이 품종에 대한 지식 재산권도 특허법과 종자 산업법의 보호를 받는다. 종자에 대한 특허의 길이 열린 것이다. 우리 나라도 1963년부터 식물 발명 특허 제도를 채택하고 있다.

우리 나라의 대표적인 종자 특허로는 유전공학연구원의 정혁 박사팀이 개발한 인공 씨감자가 있다. 이 인공 씨감자는 천연 씨감자에 비하여 여러 가지 장점이 있어 세계적으로 인기를 얻었다. 대추알만한 씨감자 하나로 어른 주먹만한 감자를 열 개 이상 수확할 수 있을 뿐더러 보관 비용 대폭 절감, 부패 방지, 계절에 관계없는 대량 생산, 파종 작업의 간편성 등 장점이 많아 유망 수출품으로 꼽힌다. 세계 최초로 개발된 이 씨감자를 세계 각국에 특허 출원한 것은 물론이다.

나라 경제가 어려워지니까 국제 경쟁력을 강화해야 한다고 역설하는 사람이 많았다. 남보다 많이 배운 사람이거나 정치인일수록 첨단 기술

을 육성하지 않으면 살아남기 어렵다고 말한다. 그러나 모두 말잔치일 뿐이다.

하지만 정혁 박사처럼 묵묵히 자기 자리를 지키며 지식 재산권의 세계화 가능성을 스스로 실천하는 전문가들도 있다. 이런 분들이 우리 곁을 지켜 주기 때문에 그나마 개발도상국 서열에서 꼴찌를 면할 수 있는지도 모른다. 세계 시장 석권은 기술 개발 없이 불가능한 일인데도 효과적 지원과 기술 개발에 대한 충분한 투자 없이 무턱대고 미국, 일본 등 선진국의 기술 수준을 앞지르자며 목청만 높이는 사람들은 반성할 일이다.

유전 공학이 급속히 발전하고 있다. 앞으로는 인간의 신체와 관련된 것이 아니라면 생명의 존엄성을 침해하지 않는 범위 내에서 동물 특허 시대가 열릴 전망이다. 최근 체세포를 이용해 복제된 면양 '돌리'가 탄생함에 따라 동물 복제 관련 특허 출원이 급증하고 있다.

국내의 동물관련 특허는 2000년 6월 서울대 서정선 교수가 국내 최초로 '당뇨병발생 유전자이식 마우스'에 대하여 특허를 받은 것을 시작으로 2006년 현재 150건 이상의 동물 및 관련특허가 출원되었다. 서정선 교수의 '암 자연발생 유전자이식 마우스 및 그 제조 방법'에 관한 발명은 1995년 11월 미국에 특허출원하여 국내 최초로 미국의 생명 특허를 취득하여 외화 벌이에 한몫을 하고 있다.

동물 특허의 급증

동물 특허는 세계적으로 미국, 일본, 호주, 헝가리, 남아프리카공화국 등에서 허용되고 있는데 미국의 경우 90년대 초반만 하여도 수십 건에 불과하던 동물특허가 2006년 현재 660건 이상 등록되어 있다. 동물 특허란 지금까지 유전 공학, 미생물, 응용 미생물, 무성 번식 변종 식물 등 생명 공학 분야만 인정했으나 최근 동물 복제 기술 발명을 계기로 유전자 조작을 통한 복제 기술도 포함시켰다.

특허청은 현재 생명 공학 분야 특허 심사 기준을 제정하여 윤리에 어긋나지 않는 선에서 동물 특허를 내줄 방침이어서 국내 동물 특허의 등록은 계속 늘어날 전망이다. 생명공학연구소 이경광 박사는 인간의 모유 성분인 락토페린 유전자를 주입한 젖소 보람이를 탄생시켰다.

세계 최초의 고등 동물(포유류) 특허 1호는 1988년 미국에서 허여된 이른바 '하버드 마우스'로 알려져 있다. 흉부암을 유발하는 유전자를 끼워 넣은 이 유전자 전이(轉移) 동물은 미국과 일본에서 특허를 받았다. 유럽에서도 특허를 허여했으나 동물 애호 단체의 이의 신청으로 윤리성 문제를 심리중이다. 이 쥐는 현재 1마리당 50달러씩 지불하는 조건으로 듀폰사에 판매되고 있다.

한편 암사슴에서도 간단한 방법으로 녹용을 생산할 수 있는 기술이 개발되었다. 농촌진흥청 축산기술연구소 유전 자원 연구팀은 암사슴에 약물을 투여한 지 4~7개월 만에 2.2kg의 녹용을 두 차례 생산했다. 암사슴에서 채취한 녹용의 성분을 분석한 결과 수컷의 녹용보다 단백질

함량 등에서 품질이 좋았다고 한다.

원래 사슴은 수컷만 뿔이 나며 이 숫사슴 뿔에서 채취한 녹용을 한약재로 이용해 왔다. 이번에 개발한 신기술은 암사슴 이마의 털을 깎고 뿔이 나도록 저농도 염화 칼슘을 주입하는 방법이다. 우리 나라에서 사육되는 사슴 10여만 마리 가운데 58퍼센트 가량이 암사슴이다. 따라서 암사슴에서 녹용을 생산할 수 있는 기술이 개발됨으로써 마리당 연간 100만 원 가량의 추가 소득이 예상된다.

암사슴에서 녹용을 생산하려는 연구는 그 동안 외국에서 진행되었으나 우리 기술진이 유도 물질을 주사하는 방법으로 세계 최초로 성공했다. 동물 특허 시대가 본격적으로 열리면 뿔 달린 암사슴도 국내는 물론 해외에서도 특허로 등록될 것이다.

생명 공학이 최첨단의 기술 수준을 선도하는 것이 세계적인 추세인 만큼 정부와 국민도 꾸준한 관심을 가져야 한다. 이제부터 우리는 값싼 노동력으로 선진국 진입을 노리던 세월을 접고 부가 가치가 높은 생명 공학에 많은 투자를 해야 한다.

과거에는 고액의 로열티를 지불하고 선진국의 특허를 사오는 방식으로 돈을 벌던 대기업들이 적지 않았다. 그런 기업들이 잠시 재미를 보는 동안 우리 국가 경쟁력은 한없이 추락해 결국 기술 후진국 소리를 듣다못해 기술 식민지 신세를 면치 못할 처지에 몰려 있다.

서정선, 이경광 박사의 예는, 하버드대학의 생명 공학 연구진이나 동물 특허를 출원·등록하는 것으로만 알고 있던 일부 한국인에게 큰 경종을 울린 사례이다. 특히 연구 개발비를 아까워하고 국력과 국부가 달

아나건 말건 남의 기술로 돈을 벌던 기업주들은 정신을 바짝 차려야 한다. 연구 개발 투자 없는 당장의 사업 확장이 곧 몰락의 길이라는 사실을 최근의 대기업 도산 사태들이 여실히 보여 주었기 때문이다.

007 특허, 실용신안, 디자인권 무엇이 다른가

특허권과 실용신안권은 새로 창작된 기술을 대상으로 한다는 공통점이 있다. 하지만 디자인은 새롭게 창작된 디자인이므로 물건의 기능이나 방법과는 무관하다. 그런 점에서 디자인권은 특허, 실용신안권과 구별된다.

그러나 새로 고안한 물품이 특허나 실용신안의 대상이 되는 부분이 있고, 새로운 디자인이 첨가되었다면 그 창작은 디자인 대상이 될 수도 있다. 따라서 동일한 물건을 구조와 기능을 감안해 특허와 실용신안을 출원하고 디자인 측면에서 디자인을 출원하기도 한다.

다시 말해 물품의 구조에 특징이 있으면 그 구조는 특허나 실용신안의 대상이 된다. 그리고 그 물품의 형상을 디자인으로 파악하여 디자인으로 출원할 수도 있다.

실용신안은 특허와 기본적으로 차이가 없다. 법적으로는 특허 대상인 발명은 고도의 창작성이 필요하고 실용신안은 그렇지 않은 것으로 구별되지만 그 구분이 애매할 때가 많다. 두 가지 모두 같은 출원서, 명

세서, 도면을 제출한다. 특허는 심사 단계에서 실용신안은 기술 평가 단계에서 신규성, 진보성, 선(先)출원 여부 등을 동일하게 심사한다. 공개 공보에 출원 내용이 게재될 때에도 내용과 형식은 동일하다.

실용신안법은 대부분 특허법의 내용을 그대로 준용하고, 출원 절차가 특허와 거의 동일하나 보호 대상 측면에서 차이가 있다. ●특허는 물품이 반드시 전제되는 것은 아니어서 방법 발명이나 식물에 관한 발명도 특허가 될 수 있지만 ●실용신안은 물품의 형상, 구조 또는 조합만을 대상으로 한다. ●특허는 발명의 고도성이 필수로 요구되지만 ●실용신안은 반드시 높은 수준의 고안일 필요는 없다.

이 밖에 특허와 실용신안은 제도상의 차이점도 있다. ●특허의 출원 심사 청구 기간은 출원일부터 5년이지만 ●실용신안의 심사 청구 기간은 출원일부터 3년이며 ●특허의 권리 존속 기간은 등록일부터 시작하여 출원일부터 20년을 초과할 수 없지만 ●실용신안의 권리 존속 기간은 등록일부터 시작하여 출원일부터 10년을 초과할 수 없다.

디자인권은 특허, 실용신안권처럼 출원일부터 존속 기간을 따지지 않고 설정 등록일부터 15년간 존속한다. 1998년 3월 1일 이전에 출원하여 등록된 디자인권은 이보다 짧다. 의약품과 농약 특허에 한하여 5년을 한도로 연장할 수 있지만, 실용신안권과 디자인권의 존속 기간은 연장할 수 없다.

실용신안과 디자인은 모두 물품에 대한 고안을 보호 대상으로 한다. 하지만 실용신안은 기술적인 고안이고 디자인은 물건의 형상과 모양 등 심미적인 고안이라는 점에서 결정적인 차이가 있다. 따라서 동일 물

품에 대하여 중복 보호나 상호 출원 변경도 가능하고 현실적으로 동시 중복 출원도 빈번하다.

그러나 실용신안과 디자인에는 구체적인 차이도 있다. ●실용신안은 그 대상이 물품의 형상, 구조 또는 조합이지만 ●디자인은 물품의 형상, 모양, 색채 또는 그 결합이 보호 대상이다. ●실용신안은 기술 효과의 발생을 전제로 하지만 ●디자인은 기술적 효과는 문제 삼지 않고 물품의 외관에 나타나는 미관만을 대상으로 한다.

변경출원제도

이미 실용신안등록 출원을 한 사람은 출원서에 최초로 첨부된 명세서 또는 도면에 기재된 범위 안에서 그 실용신안등록출원을 특허출원으로 변경할 수 있다. 이 경우 특허 출원은 실용신안등록 출원일에 출원한 것으로 본다.

한편, 특허출원을 한 사람은 그 특허출원의 출원서에 최초로 첨부된 명세서 또는 도면에 기재된 범위 안에서 그 특허출원을 실용신안등록 출원으로 변경할 수 있다. 이 경우, 발명은 방법의 발명이 아닌 물품의 형상 구조 조합에 관한 발명의 범위에 한해 변경이 가능하다.

단, 먼저 이루어진 실용신안등록출원 또는 특허출원에 대하여 최초의 거절결정 등본을 송달받은 날부터 30일이 경과한 후에는 변경출원을 할 수 없다.

특허의 대상인 발명과 실용신안의 대상인 고안은 모두 기술적 사상

의 창작으로 심사 과정에서 그 고도성의 차이가 있을 뿐이므로 선원주의 하에서 출원을 서두르다 원치 않는 형식을 선택하는 경우 그 변경을 인정하는 것이다.

실용신안권의 존속기간은 10년에 불과하므로 더 장기간 보호할 필요성이 있고, 진보성을 인정받을 수 있다고 생각되는 경우 특허출원으로 변경하는 것이 유리하다. 반면 기술의 창작 정도가 더 낮아 특허등록 가능성이 의심되고 단기간의 보호만으로 충분하다고 생각하는 경우에는 실용신안으로 변경할 필요가 있다.

1999년 7월 1일부터 2006년 9월 30일까지 시행되었던 실용신안등록 무심사 제도는 폐지되었으므로 심사 없이 조기 권리화를 위하여 실용신안등록출원을 하고 특허 이중출원을 할 수는 없다는 점도 유의해야 한다.

008 버스가 지나가자 손 흔든다

시중에 물건을 만들어 팔았는데 뜻밖으로 반응이 좋자 특허를 생각하는 사람이 많다. 시장 독점을 염두에 두고 변리사 사무소를 방문하지만 이미 너무 늦어 있기 십상이다.

새로 개발된 상품은 시판하기 전에 특허 출원을 해야지 그렇지 않으면 기회를 영원히 잃게 된다. 출원 전에 세상에 알려진 기술은 특허가 되지 않기 때문이다. 출원인이 자신의 아이디어를 스스로 공개한 경우도 특허로 등록되지 못한다. 설사 등록되더라도 무효가 될 뿐더러 경쟁자가 무효를 주장하고 무효 심판을 청구하면 대항할 수단이 없다.

특허 출원을 신청하려고 방문하는 사람들 중에 30퍼센트 이상은 '버스가 지나간 뒤 손을 흔드는' 사람들이다. 특허를 출원하기 위해 제품 카탈로그나 이미 게재된 광고지를 가져오는 사람들을 보면 안타깝기 그지없다. 그런 제품일수록 훌륭한 발명품인 경우가 많고 출하되자마자 큰 반향을 일으킨 제품이 대부분이라 더욱 안타깝다.

"거래처에 카탈로그밖에 뿌리지 않았어요. 제품이 선보이려면 일 주일 이상 걸립니다."

출원 희망자가 아무리 당당하게 말해도 이미 달리 방법이 없는 일이다.

"카탈로그를 배포하셨다면 신규성을 상실했기 때문에 출원해도 등록될 수 없거나 등록을 유지하기가 어렵습니다. 제품을 만들기 전에 신문·잡지에 광고하는 것도 결격 사유가 됩니다."

이런 답변에 방문객은 아연 실색한다. 이런 고객은 주변 사람들이 "특허를 내라"고 권하자 엉겁결에 달려온 사람들이 대부분이다. 엄밀히 말해 보호받을 수 있는 건 카탈로그뿐이다. 그나마 그것도 예술적 창작적 가치가 인정되는 경우에만 예외적으로 저작권이 인정될 뿐이다.

"경쟁 업체에서 우리 디자인이 멋있으니까 너도 나도 모방합니다. 어떻게 막을 방법이 없을까요?"

"이미 팔리고 있다는 말입니까?"

"물론이죠. 신문에까지 보도됐습니다. 그래서 급히 특허를 내려는 참입니다."

"디자인 등록 출원을 말씀하시는 모양인데 이미 늦었습니다."

그렇게 대답할 수밖에 없는 나 자신도 가슴이 답답하다. 자체 개발한 침대 디자인이 워낙 미려하고 고급스럽다 보니 판매가 호조를 보일 수밖에 없다. 하지만 이미 공개된 제품은 특허·실용신안·디자인 등에 모두 출원 대상이 되지 않는다. 다만 디자인의 경우 1998년 3월 1일 디자인 보호법의 개정으로 공개된 지 6개월 이내에 출원하면 등록받을 수

있는 길이 열렸다.

특허 사무소에서 가장 흔히 마주치는 고객들이 바로 이렇게 뒷북치는 사람이다. 일단 새로 개발한 제품을 출고한 뒤 반응을 보고 특허를 받으려는 생각부터 고쳐야 한다.

009 권리의 울타리가 튼튼해야 이긴다

발명가 K씨는 아이디어가 번뜩이는 사람이었다. 그는 직접 발명한 것들을 특허로 등록하기도 했지만 남의 특허권을 사들여 자기 사업에 유효 적절히 활용했다. 그러나 지혜가 넘치던 그도 한때는 특허에 대한 지식이 부족해 애를 먹었다.

K씨는 자신이 개발한 '자동차 물보라 비산(飛散) 방지 장치'를 특허 등록했다. 특허 등록까지 마쳤으니 열심히 생산만 하면 돈 버는 것은 시간 문제라고 생각했다. 그러나 자동차 회사에 제안서를 제출했지만 아무런 반응이 없었다. 그러던 어느 날이었다. 자동차 회사측이 K씨가 개발한 특허품과 유사한 제품을 제조하여 판매하는 게 아닌가. 놀라움을 금치 못한 K씨는 회사 앞으로 즉시 경고장을 보냈다.

하지만 특허법은 정의의 편이라기보다는 지혜와 논리의 편이었다. 뚜렷한 증거 제시도 없이 권리 범위를 따지던 K씨도 나중엔 지쳐 버렸다. 대기업측이 조모조목 따지며 논리적으로 공격하는 데 할 말을 잃을

수밖에 없었다. 이 회사가 K씨 제품의 권리 범위를 교묘히 피해 갔기 때문이다.

특허 청구 범위를 명확히 해야 한다.

눈에 잘 보이는 부동산이야 말뚝·담·논두렁·울타리로 경계를 만들면 되지만, 눈에 잘 보이지 않는 특허의 경우는 권리의 범위를 구분하는 것이 어렵다. 유사한 기술도 널려 있는데다가 눈에 보이지 않는 권리를 객관적으로 관리한다는 게 쉽지 않은 일이다. 더구나 예상되는 침해 범위를 가능한 한 확대하는 일도 말처럼 간단한 일이 아니다. 특허 분쟁에 휘말리고 나서야 자신의 특허권에 대한 함정과 흠을 깨닫기 시작하는 것이다.

특허를 청구하는 작업은 엄밀히 말하여 울타리를 치는 작업이라고 할 수 있다. 특허를 출원하기 위해서는 무엇보다도 명세서 작성에 심혈을 기울인다. ① 발명의 명칭, ② 도면의 간단한 설명, ③ 발명의 상세한 설명, ④ 특허 청구의 범위 등이 명세서의 구성 요소가 된다. 이 중에 발명의 상세한 설명은 종래 기술의 문제점, 기술의 구성, 작용, 효과 등이 포함된다. ①~③은 아주 상세하게 작성하면 무리가 없으나 ④ 특허 청구의 범위는 만만치 않은 작업이다.

대지의 경계를 잘못 측정하면 남의 주택이 침범해도 알 수 없듯이 특허 청구의 범위를 잘못 기재하면 권리의 경계선을 구분하기가 곤란하다. 보물 창고의 울타리나 방범망이 허술하여 도둑이 넘나들어도 속수

무책인 경우와 흡사하다. 특허 청구의 범위를 설명할 때 표현이 불분명해도 '말짱 도루묵'이 되고 만다. 더욱이 특허 심사 통과 여부도 특허 청구의 범위에서 일찌감치 판가름이 난다.

권리 범위는 특허권의 울타리와 다름없다. 그리고 권리 범위에 대한 해석은 특허 청구 범위를 기준으로 한다. 따라서 특허 청구 범위의 작성 방향도 경계가 불분명한 말뚝 박기식(중심 한정주의)에서 촘촘한 울타리 만들기(주변 한정주의)식으로 바뀌었다. 자기 권리를 결코 도난당하지 않겠다는 방어적인 추세로 볼 때 당연한 변화이다.

그렇다. 특허 청구 범위를 과학적으로 설정한다면 위기를 기회로 바꿀 수 있다는 걸 명심하자. 울타리 치기를 너무 쉽게 생각하거나 반대로 어렵게만 생각하지 말자. 확실한 정공법은 강력한 무기이자 허점이 보이지 않는 방범 초소가 될 수도 있다.

010 남의 권리를 거저 이용하는 방법

세계적으로 가장 신나게 팔리는 상품이 있다면 바로 코카콜라일 것이다. 믿을 만한 통계에 따르면 1분에 일곱 병 꼴로 팔린다고 하던가. 코카콜라를 즐기는 사람들은 남녀 노소, 이데올로기나 적과 동지를 가리지 않는다. 2차대전 중 독일의 히틀러도 적대 관계인 미국에서 만든 코카콜라를 은밀히 마셨다고 전해진다.

이처럼 폭발적인 인기를 누리고 있는 코카콜라를 발명한 사람은 과연 누구일까? 어느 이름 없는 시골 의사다. 어느 날 그는 특허권을 팔기 위해 아주 독특한 음료수의 견본을 만들었다. 하루 종일 그 견본을 들고 거리를 헤매다가 날이 저물어 어느 약방에 들렀다. 의사는 젊은 약제사에게 맛을 보여 주며 발명품의 특징을 상세히 설명했고 드디어 특허권을 팔 수 있었다.

젊은 약제사는 의사의 권리를 양도받는 데 5~6년 동안 힘겹게 모은 거금 500달러를 투자했다. 남들은 경솔한 짓이라고 비난했지만 청년은

110 태양 아래 모든 것이 특허 대상이다

친구들을 설득하여 공동으로 사업화를 추진했다. 이렇게 탄생한 것이 바로 코카콜라다. 코카콜라 창업주 칸도라는 특허권으로 어마어마한 부자가 되었고, 그의 시골 고향 조지아는 코카콜라 때문에 미국에서 손꼽히는 공업 도시로 탈바꿈했다.

예로부터 권력자들은 남의 재산을 가로챌 수는 있어도 지식을 빼앗지는 못했다. 요즘 같은 정보화 시대에도 남의 두뇌를 빌리는 일은 쉽지 않다. 하지만 돈 있는 사람은 남의 지식을 빌리거나 아예 사들일 수도 있다. 남의 지적 소산물이나 정보를 사려면 큰돈이 들지만 불가능한 일은 아니다.

사람들은 지적 소산물을 창조하는 데 시간과 노력을 들인다. 그렇다고 아이디어가 연구실에서만 나오는 것은 아니다. 길을 가다가, 운동을 하다가, 밥을 먹다가 떠오르는 생각이 세상을 바꾼 적이 어디 한두 번이던가. 어찌 보면 가만히 앉아 있는 것보다 차라리 아이디어를 찾아 움직여 보는 것도 훌륭한 방법이 될 수 있다.

또 자기만의 아이디어에 골몰하기보다는 남의 아이디어를 사거나 빌리기 위해 열심히 뛰는 사람도 있다. 현명한 몇몇 사람은 기술 개발을 목적으로 특허청이나 변리사를 찾아간다. 이들은 공개 공보를 열람하며 남의 실용신안과 특허를 기웃거린다. 변리사의 자문을 받고 컴퓨터로 검색하면서 기발한 아이디어를 얻으려는 것이다. 그렇다고 이들이 남의 아이디어를 그대로 베끼거나 모방하지는 않는다.

지혜로운 사람들은 기존 특허에서 힌트를 얻는 방법이 소중하다는 걸 알고 있다. 그렇다. 플러스 알파를 만들어 내려고 저마다 머리를 굴

린다. 그리하여 남의 발명품을 개선하고 개량하는 노력은 그리 어렵지 않게 결실을 맺기도 한다. 이른바 이용 발명을 탄생시키는 것이다. 이러한 이용 발명은 기존 특허권자의 승인을 얻어 상품화할 수도 있다.

공개 공보나 공고 공보를 이용하라

특허청 자료실과 한국발명진흥회에서는 수수료 없이 공보를 열람하도록 하고 있다. 복사가 필요한 사람에게는 실비로 사본을 제공한다. 이 제도는 낙후된 기술이 새로운 발명의 밑거름으로 쓰일 수 있도록 한다. 과거에 고액의 로열티를 주고 활용한 기술도 특허 존속 기간이 지났다면 특허권을 공짜로 활용할 수 있다. 다만 수출할 경우 수출 대상국에서도 해당 권리가 소멸되었는지 확인할 필요가 있다.

공보 열람은 모래사장에서 사금을 캐는 일처럼 즐겁다. 공짜로 남의 권리를 이용할 수 있다면 얼마나 즐거운 일인가. 모든 발명이 로열티를 주어야 이용 가능하다고 생각하는 사람들에겐 청신호가 되기도 한다. 연구 또는 시험을 위한 발명에는 로열티를 지불할 필요가 없다는 걸 아는 사람은 안다.

남의 권리를 공짜로 활용해 성공한 대표적인 기업으로 한국유나이트제약을 꼽는 사람이 많다. 제약 회사 영업 사원이었던 이 회사의 사장 강덕영 씨는 특허 시효가 만료된 것만 골라 제품을 만들어 수출하고 있다. 첨단 제조 기법이 요구되는 항암제와 항생제 등은 이 회사의 주력 상품으로 유명 회사에서 독점하던 특허품이었다. 강 사장은 제품을 만

들어 틈새 시장을 공략하는 마케팅 전략으로 연간 400만 달러가 넘는 수출고를 기록하고 있다. 1993년 4만 달러에 불과하던 이 회사의 수출고가 4년 만에 125배나 증가한 바탕에는 시효가 지난 남의 권리를 활용한 지혜가 깃들어 있다.

타인의 '공개 공보'나 '공고 공보'를 열람함으로써 남이 개발한 기술을 기웃거릴 수 있다는 건 대단한 장점이다. 기업의 입장에서 보면 동종 업계의 연구 개발 동향을 파악하고 자사의 경영 방침을 세우는 데 절대적으로 도움이 된다. 그뿐이 아니다. 공개 공보나 공고 공보 열람을 통해 타사에 뒤처진 기술 개발을 피하고 불필요한 특허 출원을 방지할 수도 있을 것이다. 공개된 기술 특허 정보는 이용하는 사람에 따라 보약이 되기도 하고 독약이 되기도 한다.

특허 정보 검색은 비슷한 연구로 인한 낭비를 막는 데 필요하다. 연간 400여 건 이상을 처리해야 하는 특허청 심사관들은 너무 많은 유사 출원이 접수된다고 입을 모은다. 장기간 정력과 비용을 들여 연구한 발명이 인정받지 못하는 것은 유사한 기술 자료가 이미 출원 등록되어 있기 때문이다. 출원 전에 한 번쯤 국내외에 반포된 특허 정보를 꼼꼼히 조사했더라면 이런 중복 투자는 없었을 텐데.

011 특허 심사와 심판을 빨리 받으려면

특허 심사 청구가 있으면 출원 신청한 순위에 따라 심사를 받게 된다. 다만, 특허청장은 긴급 처리가 필요하다고 인정되는 출원은 대통령령이 정하는 바에 따라 다른 출원에 우선하여 심사할 수 있다. 심사 기간을 단축하여 하루 빨리 권리를 취득하려면 우선 심사를 선택한다. 그러나 사정이 급박하다고 해서 무조건 우선 심사나 우선 심판을 청구할 수 있는 건 아니다.

우선심사의 대상으로 ●방위산업분야의 특허출원 ●공해방지에 유용한 특허출원 ●수출촉진에 직접 관련된 특허출원 ●국가 또는 지방자치단체의 직무에 관한 특허출원(「고등교육법」에 따른 국·공립학교의 직무에 관한 특허출원으로서 「기술의 이전 및 사업화 촉진에 관한 법률」 제11조제1항에 따라 국·공립학교 안에 설치된 기술이전·사업화 전담조직에 의한 특허출원을 포함한다) ●「벤처기업육성에 관한 특별조치법」 제25조의 규정에 의한 벤처기업의 확인을 받은 기업의 특허출원 ●「중소기업기술혁신 촉진법」 제15조의

규정에 의하여 기술혁신형 중소기업으로 선정된 기업의 특허출원 ●국가의 신기술개발지원사업 또는 품질인증사업의 결과물에 관한 특허출원 ●조약에 의한 우선권주장의 기초가 되는 특허출원(당해 특허출원을 기초로 하는 우선권주장에 의하여 외국특허청에서 특허에 관한 절차가 진행중인 것에 한한다) ●특허출원인이 특허출원된 발명을 실시하고 있거나 실시준비중인 특허출원 ●전자거래와 직접 관련된 특허출원 ●특허청장이 외국특허청장과 우선심사하기로 합의한 특허출원 등이 이에 해당된다.

우선 심사를 신청하는 자는 긴급 처리의 필요성을 구체적인 내용으로 기재한 우선 심사 신청서와 대리권을 증명하는 서류를 첨부하여 특허청장에게 제출한다.

특허 출원의 우선 심사 신청이 있을 때 특허청장은 지체 없이 우선 심사 여부를 결정해야 한다. 우선 심사가 인정되지 않아도 신청인은 불복 신청을 할 수 없다.

심판은 청구한 순서대로 심리하는 것이 원칙이다. 하지만 긴급 처리가 필요하다고 인정되는 심판 청구는 다른 심판보다 먼저 처리할 수 있는 우선 심판 제도가 있다.

우선 심판의 대상으로는

●보정각하결정에 대한 심판사건 ●심결취소소송에서 취소된 사건 ●심사관이 직권으로 무효심판을 청구한 경우 ●특허법 제164조 제3항의 규정에 의거 법원이 통보한 침해소송사건과 관련된 심판으로 심리 종결되지 아니한 사건 ●지식재산권분쟁으로 법원에 계류중이거나 경찰 또는 검찰에 입건된 사건과 관련된 사건으로서 당사자 또는 관련기

관으로부터 우선심판요청이 있는 경우 ●지식재산권분쟁으로 사회적인 물의를 일으키고 있는 사건으로서 당사자 또는 관련기관으로부터 우선심판요청이 있는 경우 ●국제간에 지식재산권분쟁이 야기된 사건으로 당사자가 속한 국가기관으로부터 우선심판의 요청이 있는 경우 ●국민경제상 긴급한 처리가 필요한 사건 및 군수품 등 전쟁수행에 필요한 심판사건으로서 당사자 또는 관련기관으로부터 우선심판요청이 있는 경우 ●권리범위확인심판사건 ●우선심사한 출원에 대한 거절결정불복심판 사건 등이 있다.

우선 심판이 청구되면 그 즉시 신청서 부본을 상대방에게 송달한다. 우선 처리 적부가 결정되면 그 내용을 당사자에게 즉시 통보한다. 우선 처리 적합 결정이 나면 그 사건을 우선 처리하고, 부적합 결정이 나면 일반 절차에 따라 처리한다.

일반인도 특허 심사에 참여할 수 있어

특허 출원과 등록 심사는 특허청 심사관들만 하는 것이 아니다. 일반인들이 모두 심사에 참여할 기회가 있으므로 사실상 전 국민이 심사관인 셈이다.

조기 공개 신청을 하거나 특허 출원일부터 1년 6개월이 지나면 심사 여부에 관계없이 특허청에 계류중인 출원은 모두 공개한다. 이를 출원 공개 제도라고 한다. 출월 공개는 특허 출원된 발명을 공개하여 일반인에게 새로운 연구 성과인 신기술 정보를 제공하고 투자, 연구, 출원이

중복되는 것을 예방하는 데 목적이 있다.

출원이 공개되면 출원인에게 발명 공개에 대한 보상으로 임시 보호의 권리를 부여하고, 일반인에게는 정보 제공의 기회를 주어 직접 심사에 참여하도록 유도한다. 이 제도는 심사관의 심사 미비점을 일반인이 지적함으로써 심사의 공정성과 무효 특허 발생을 방지하여 특허 신뢰도를 높일 수 있다.

한편 심사관이 특허 출원을 심사한 결과 거절 이유가 없을 때에는 등록 공고 결정으로 그 내용을 공개한다. 이를 등록 공고 제도라고 한다.

출원 공개의 목적은 발명을 조기에 공개해 동일한 발명이 중복되지 않도록 방지하는 데 있으며, 등록 공고는 특허 등록된 발명의 내용을 일반에게 공표하고 무효 심판을 할 수 있게 하여 심사의 공정을 기하고 특허 분쟁을 미연에 방지하려는 데 목적이 있다.

출원이든 등록이든 일단 공개되면 누구나 열람할 수 있다. 출원 공개일부터 등록 공고 전까지는 특허받을 수 없다는 정보를 제공할 수 있고, 등록 공고일부터 3개월간 누구나 무효 심판 청구를 할 수 있다. 이때부터 전 국민이 심사관으로 나설 수 있게 된다. 3개월이 지나면 이해관계인만이 무효 심판 청구를 할 수 있다.

권리를 침해받아 자기 사업에 지장이 우려되는 사람은 특허청장에게 '특허를 내주지 말라'는 취지의 정보를 제공할 수 있다. 이 '정보 제공'은 출원이 공개된 후 등록되기 전에 언제라도 가능하다. 남의 권리가 탄생하기 전에 유산시키는 이 조치를 적법하게 활용하면 자신의 이익

을 지키는 데 결정적인 도움이 된다.

등록 공고 이후의 누구나 청구할 수 있는 무효 심판 또는 이의 신청 기한은 지식 재산권에 따라 약간 차이가 있다. 특허, 실용신안권의 경우에는 등록 공고일부터 3개월 이내이고, 상표권의 경우에는 출원 공고일부터 2개월 이내에 이의 신청을 해야 한다. 디자인 출원의 경우에는 원칙적으로 이의 신청 제도가 없고, 무심사 디자인 출원의 경우 예외적으로 등록 공고 후 3개월 이내에 이의 신청을 할 수가 있다.

012
끝까지 희망을 버리지 마라

어느 날 P사가 내게 디자인 검색을 의뢰했다. 새로운 칫솔을 선보이기에 앞서 유사한 디자인 등록이 있는가 알아보기 위해서였다. 우리 직원의 조사 결과 이 회사가 제시한 제품 모양과 유사한 디자인 등록을 발견할 수 없다고 결론지었다. 이 결과를 믿고 P사측은 예정대로 물건을 생산하여 대량 판매하기 시작했다.

그런데 웬걸, 프랑스계 회사로부터 경고장이 날아왔다. 이 회사가 이미 P사의 제품과 비슷한 디자인을 우리 나라 특허청에 등록해 두었다는 내용이었다. P사가 디자인권을 침해했으므로 제조 판매 금지 가처분 신청은 물론 형사 고소와 손해 배상을 청구하겠다는 게 디자인 등록권자의 입장이었다.

P사 관계자보다는 변리사인 내가 더욱 당황했다. 꼼꼼하고 신중하다고 나름대로 자부하던 나는 실의에 빠지고 말았다. 나중에야 드러났지만 특허청에 보관중인 디자인 공보의 해당 페이지가 손상된 것으로 추

정되었다.

 달리 뾰족한 방법이 없었다. 나는 가장 기초적인 세 가지 요건을 검증하는 데 초점을 맞추기로 작정했다. 신규성, 창작성, 공업적 이용 가능성이 그것이었다. 그 중 하나라도 결함이 발견되면 디자인 등록권자의 등록을 무효로 만들 수 있기 때문이었다.

프랑스에서 발행된 신문·잡지를 뒤진 덕분에 승리는 나의 고객에게

 특허 출원 전에 국내에 널리 알려졌거나, 국내 또는 외국에서 반포된 간행물에 기재된 것은 신규성을 인정받지 못한다. 그런데도 회사의 마케팅 부서에서는 출원도 하기 전에 광고부터 하는 실수를 가끔 저지른다. 따라서 나는 한 가닥 희망을 버리지 않고 프랑스 친구 변리사에게 간곡히 사정했다. 혹시라도 동일한 디자인이 그 나라 신문 잡지 등 간행물에 광고가 수록된 사실이 있는지 확인하기 위해서였다.

 프랑스에서 발행된 신문 잡지를 깡그리 뒤져야 하는 작업을 친구에게 부탁하려니 마음이 편치 않았다. 한마디로 한강에서 모래알 찾기처럼 가능성이 희박한 모험이었다. 그래도 그 친구는 희망을 버리지 말라며 나를 격려했다.

 초조한 심정을 가누지 못하고 손꼽아 기다리던 어느 날이었다. 성실과 신의를 생명으로 아는 이 프랑스인 친구가 드디어 희소식을 전해 왔다. 어떤 잡지에서 디자인 등록권자의 광고를 발견했다는 게 아닌가. 팩스로 사본을 받아 본 나는 쾌재를 불렀다.

디자인 등록을 출원하기 전에 그 물품을 공개하면 등록받을 수 없고 등록되어도 무효 심판 청구가 가능하다. 물론 그 공지 행위에는 시제품 공개, 공고, 제조, 판매도 포함된다.

하늘이 무너져도 솟아날 구멍이 있다고 하더니. 나는 프랑스 친구에게 고마움을 전한 뒤 기도했다. 그 순간 나는 인간의 능력은 진정한 인간 관계로 맺어지는 인맥과도 관련 있다는 사실을 깨달았다.

곧바로 등록 무효 심판을 청구하자 프랑스측 디자인 등록권자가 신청한 침해 금지 가처분이 보류되었다. 마침내 가처분 신청은 기각되었고 우리 고객이 승리했다.

방심했다간 손해 배상을 각오하거나 로열티를 물어야 하는 상황이었지만 끈기가 반전을 이끌어 낸 경우여서 오래도록 기억에 남는다.

013 특별 관리 체크 포인트

제1국에 특허 출원한 자가 동일 발명에 관하여 최초 출원일부터 1년 이내에(상표와 디자인은 6개월) 제2국에 출원하는 경우에는 제2국과 제1국의 출원일을 동일하게 할 수 있다. 파리 조약이 규정한 '우선권 주장 제도' 덕분이다.

특허 출원을 하면 즉시 또는 늦어도 1개월 이내에 출원 번호 통지서를 받을 수 있다. 해당 발명은 즉시 출원 번호 표시를 할 수 있다. 특허 출원 심사는 심사를 청구한 것에 한한다. 심사 청구는 누구나 할 수 있고 청구 기한은 특허 출원일부터 5년이다. 이 기한 내에 청구하지 않으면 출원이 취하된 것으로 본다.

심사 여부에 관계없이 출원일(우선일)로부터 1년 6개월, 국제 출원의 경우 번역문 제출 기간이 경과된 때 또는 조기 공개 신청을 한 경우 특허 출원 공개 공보에 게재된다. 출원인은 공개된 후 출원 발명의 내용을 실시한 자에게 보상금을 청구할 수 있다.

다만, 보상금 청구권은 등록 공고 후 소급적으로 행사할 수 있다. 출원인은 출원 발명의 내용을 서면으로 제시하여 경고하되, 경고 내용에는 경고 후의 행위에 대하여 보상금 청구권을 행사한다는 내용을 포함해야 한다.

보상금 청구는 등록 공고일부터 3년 이내에

보상금 청구권은 등록 공고일부터 3년 이내에 행사하지 않으면 시효에 의하여 소멸된다. 출원이 공개되면 누구든지 당해 발명이 특허받을 수 없다는 정보를 특허청에 제출할 수 있다.

심사관이 심사한 결과 거절 이유를 발견하지 못하면 등록 결정을 한다. 등록료를 납부하면 등록되고 등록일부터 특허권의 효력이 발생한다. 등록 공고일부터 3개월 이내에 누구든지 이의 신청을 할 수 있다. 이의 신청이 받아들여지면 당해 특허 등록은 취소된다. 특허가 취소되면 처음부터 없었던 것으로 본다.

심사관이 출원을 심사한 결과 거절 이유가 발견되면 거절 이유를 통지하고 기한을 정하여 출원인에게 의견서 제출 기회를 준다. 의견서를 받고 재심사한 결과 거절 이유가 해소되었으면 등록 결정한다. 그러나 거절 이유가 해소되지 않았다면 거절 결정을 하고, 출원인은 특허 심판원에 불복 심판을 청구할 수 있다. 심판 청구가 기각될 경우 출원인은 특허법원에 심결취소소송을 제기하고 대법원에 상고할 수 있다.

특허권자는 특허 발명에 대한 생산, 사용, 용도, 대여, 수입, 전시할

권리를 독점한다. 그러나 단순한 가정적, 개인적 실시에는 특허권의 효력이 미치지 않는다. 권리 침해자에 대한 경고장 발송은 소송 제기에 필요한 전(前)단계는 아니지만, 경고장 발송 후에도 권리 침해자가 계속 특허권을 침해할 경우 고의 추정 효과가 있다. 경고장의 요구 내용에 응하는 경우에도 증거 인멸의 가능성이 높으므로 신중하게 대응해야 한다. 특허 범인을 안 날부터 6개월 이내에 법적 조치를 취하지 않으면 형사 처벌을 할 수 없다는 점을 유념해야 한다.

특허권은 특허권의 설정 등록이 있은 후 출원일부터 20년(실용신안은 10년)을 초과하지 못한다. 디자인권의 존속 기간은 ●1994년 1월 1일 이전에 출원한 것은 등록일부터 8년 ●1994년 1월 1일 이후 1998년 3월 1일 이전에 출원한 것은 10년 ●1998년 3월 1일 이후에 출원한 것은 15년이다.

특허권의 존속 기간 중 일정한 사유로 인하여 특허 발명을 실시하지 못한 경우에는 최대 5년까지 실시하지 못한 기간만큼 연장할 수 있다. 의약품이나 농약품 분야에서는 특허 발명을 위해서 다른 법령에 따라 허가, 등록을 해야 한다. 또 허가, 등록을 위한 활성, 안정성 실험에 장기간이 소요되므로 존속 기간을 연장받을 수 있다. 약사법이나 농약관리법상 당해 품목 허가나 등록을 받은 날부터 3개월 이내에 연장 등록을 출원해야 한다. 다만, 존속 기간 만료 전 6개월 이후에는 연장 등록 출원을 할 수 없다.

특허 결정 통지서 접수일부터 3개월 이내에 최초 3년분의 특허료를 납부해야 한다. 물론 특허료가 납부되지 않으면 등록이 되지 않는다.

제4년차부터는 1년분씩 당해 존속 기간 기산일을 기준으로 그 전해에 납부해야 한다. 수년분 또는 모든 연차분을 일괄하여 납부할 수도 있다. 납부 기간이 경과한 경우에는 6개월의 추납 기간이 있으나 특허료를 두 배로 내야 한다. 특허료는 이해 관계인이 대납할 수 있다. 실용신안, 디자인 등록료의 납부 방법도 특허료의 경우와 같다.

이 연차 수수료를 기간 내에 납부하지 못하면 어렵게 획득한 권리는 날아가 버리고 회복시킬 방법이 없으므로 세심한 기간 관리가 요망된다. 사후 관리가 잘못되어 권리가 소멸될 경우 의뢰인과 변리사 간에 다툼이 벌어지기도 한다.

엄격히 말하면 출원·등록이 완료됨과 동시에 변리사의 대리 업무는 종결되는 게 원칙이다. 고객 관리 차원에서 변리사가 사후 관리를 해줄 수도 있지만 책임 공방이 벌어지면 변리사에게 책임을 떠넘기지 못한다. 따라서 지식 재산권 관리 전담 부서가 없는 조직이나 개인은 변리사와 사후 관리 계약을 맺는 것도 바람직하다.

정당한 이유 없이 국내에서 계속 3년 이상 실시하지 않고 특허 발명의 출원일부터 4년 이상 경과하고, 또는 전용 실시권자에 대하여 통상 실시권의 허락을 협의할 수 없거나 협의가 성립하지 않았을 경우 등에는 요건을 갖춘 자가 특허청장에게 재정 실시권을 청구할 수 있다. 특허청장은 3년 이상의 미실시로 인한 재정이 있은 날부터 계속하여 2년 이상 그 특허 발명이 국내에서 실시되지 않은 경우 이해 관계인의 신청에 의하여 또는 직권으로 그 특허권을 취소할 수 있다.

홈페이지

특허·실용신안 보호 범위

Q A라는 물질은 국내는 물론 외국에서도 개발된 것입니다. 그러나 A를 작동하려면 B라는 컨트롤 박스가 있어야만 가능합니다. 제가 개발한 것은 B입니다.

① B라는 컨트롤 박스의 회로도(回路圖)만으로 특허 등록이 가능한지요? 만약 회로도만으로 등록이 가능하다면, 제삼자가 얼마든지 출원할 수 있으므로 특허의 의미가 없는 것이 아닙니까? 보호받을 수 있는 방법을 알려 주십시오.

② 만약 B라는 컨트롤 박스가 특허의 의미가 없다면, A와 B의 병합으로 신발에 적용할 경우 제삼자가 A와 B의 소재로 신발에 적용할 수 없게 되는지요?

③ A와 B를 병합하여 신발에 적용했다면 발명 특허인지, 실용신안인지 궁금합니다.

④ 국외에 출원할 경우 건당 60만 원씩 출원 비용을 지원한다는데, 국내 출원의 경우에도 해당되는지요?

A ① B라는 컨트롤 박스가 신규성과 진보성이 인정된다면 특허의 대상이 될 수 있습니다. 특허 출원을 하는 데는 특허 명세서에 발명품의 구체적인 기술적 구성과 수단을 상세히 기재해야 합니다. 회로도만으로는 곤란합니다.

다만 발명의 핵심적인 내용이 회로에 국한된 경우라면 그 회로도를 중심으로 기술적인 구성을 기재하여 특허 출원할 수 있습니다. 제삼자가 얼마든지 출원하여 등록받을 수 있는 것이 아니고 신규성과 진보성이 있어야 가능합니다.

그 같은 회로도가 반도체 직접 회로의 배치 설계에 관한 것이라면 특허청에 '반도체

직접 회로의 배치 설계'로 등록하여 보호받을 수도 있습니다.

② A와 B 모두 알려진 기술인 경우 A+B로 된 발명은 이른바 진보성이 없는 것으로서 특허가 될 수 없습니다. 하지만 예외적으로 A와 B를 합친 결과 탁월한 기술적 효과가 나타난다면 특허 대상이 될 수도 있습니다. A+B로 구성되는 특허를 타인이 실시하는 행위는 특허 침해가 됩니다. 그 밖의 침해 여부에 대한 구체적인 판단은 개별적인 사안에 따라 다릅니다.

③ A+B로 구성되는 발명의 기술 수준이 아주 고도화된 것이라면 특허 대상이 되고, 그렇지 않다면 실용신안 대상이 됩니다. 다만 물품의 형상·구조 등에 관한 것이 아니고 방법에 관한 것이면 실용신안의 대상이 될 수 없습니다.

④ 국내 특허 출원에 대한 보조금 제도는 없는 것으로 알고 있습니다. 다만 개인과 소기업의 경우 한시적으로 출원료와 등록료의 70퍼센트를, 중기업의 경우 50퍼센트를 감면해 주는 제도를 시행하고 있습니다.

출원중인 특허의 권리 침해

Q 우리 협동화학은 폴리에틸렌 비닐 포대를 생산하는 업체로서 1998년 4월 비료 포대의 측면 인쇄에 관한 특허를 출원한 바 있습니다. 하지만 우리 회사의 제품을 오랫동안 구매해 오던 대기업 K사가 우리 특허의 내용을 포함한 제품으로 공개 구매 입찰을 실시하려고 합니다.
우리 회사는 분명히 다른 업체보다 조기 출원하여 그 내용을 공개했으므로 앞으로 공개 입찰이 강행되고 우리 회사의 특허가 등록되었을 경우에 대비할 작정입니다. 입찰 당사자는 물론 입찰 참가자의 권리 침해 여부를 알고 싶습니다.

A 대법원 판례에 따르면 디자인 등록된 사실을 모르고 제품을 제조하여 납품한 OEM 제조업자도 디자인권 침해의 과실 추정이 깨지는 것이 아니라고 했습니다. 다시 말해 침해의 죄가 성립된다는 것입니다. 이 판례는 특허 등록에도 유추 적용될

수 있다고 판단됩니다.

따라서 입찰 당사자는 물론 입찰 참가자가 귀사의 특허 출원 제품을 주문하거나 납품했을 경우 권리를 침해한 것이라고 생각됩니다. 그런 점에서 귀사의 특허 출원이 등록되지 않고 공개만 된 상태이므로 대책을 강구해야 합니다.

권리 침해 예상자에게 출원 사실 통보와 함께 예방 또는 중지를 요구하고, 등록이 될 경우 소급하여 보상금 청구권이 발생한다는 사실을 중심으로 경고장을 작성하여 내용 증명 우편으로 보내십시오. 그러면 등록이 되었을 때 경고장 접수 시점까지 소급하여 침해에 대한 보상금 청구권을 행사할 수 있습니다.

공개하고 싶지 않은 디자인의 관리 요령 ● ● ● ●

Q 우리 회사의 디자인실에서 개발한 디자인 몇 점을 출원하여 등록하고 싶지만, 경쟁 업체들의 모방이나 도용 가능성이 높아 고민중입니다. 특허청에 출원 등록을 추진하되 디자인의 모양은 공개하지 않는 방법이 있다는데 상세히 알고 싶습니다.

A 디자인은 미적 외관의 창작이므로 발명이나 고안과 달리 손쉽게 남에게 모방·도용당할 우려가 높습니다. 유행에 매우 민감한 디자인은 라이프 사이클이 짧다는 약점도 갖고 있습니다. 이러한 취약점을 보완하기 위해 디자인권자는 특허청장에게 공개 거부 의사를 표시할 수 있습니다. 디자인 등록 공고는 하되 내용은 비공개로 하자는 요청인 것입니다.

디자인 등록 출원인은 디자인권의 설정 등록일부터 3년 이내의 기간을 지정하여 그 디자인을 비밀로 할 것을 청구합니다. 비밀 디자인의 청구는 디자인 등록 출원을 한 날부터 최초의 디자인 등록료를 납부하는 날까지 할 수 있으며, 반드시 서면으로 특허청장에게 청구해야 합니다. 디자인 등록 출원인 또는 디자인권자는 당초에 청구한 3년 이내의 기간 안에서 비밀 디자인 기간의 연장 또는 단축을 요청할 수 있습니다. 비밀 기간 동안에

는 그 디자인의 내용을 공표하지 않습니다. 디자인 공보에는 디자인권자, 출원 등록 번호 및 연월일 등만 게재할 뿐 등록 청구의 범위, 도면, 사진, 모형 또는 실물 견본의 사진과 도면의 디자인 설명 기재 사항은 공개하지 않습니다. 또한 일반인에게도 열람시키지 않으며 특허청 직원이 이를 누설하면 형사 처벌을 받습니다. 그러나 비밀 디자인의 비밀 기간이 경과한 후에는 디자인 공보에 게재합니다.

비밀 디자인권자 및 그의 전용 실시권자는 일반 디자인권자의 경우처럼 침해자를 상대로 손해 배상을 청구할 수 있습니다. 하지만 일반적인 디자인권을 침해할 때 적용되는 과실의 추정 규정은 적용되지 않으므로 비밀 디자인권자가 침해자의 고의·과실 여부를 입증해야 합니다. 침해 사실을 경고받은 사람은 그 사실을 소명하고 해당 비밀 디자인의 열람을 청구할 수 있는 기회가 주어집니다.

Part 3

상표권 탐험 여행

고객의 눈과 귀를 유혹한다

001
'박통' 소주에서 얻는 교훈

짧은 기간에 경제가 급속히 성장한 우리 나라는 뒤늦게 몸살을 앓고 있다. 나라 경제가 어지럽다 보니 개발 독재 시절을 그리워하는 사람도 있다. 자유가 제한되어도 좋으니 허리띠를 졸라매지 않아도 먹고 살 만한 세상을 만들어 가자는 것이다. 그만큼 우리 경제는 날로 절박해지는 위기 국면에 다다른 셈이다. 이런 분위기를 틈타 특허청에 독특한 상표가 출원, 등록되어 화제가 된 바 있다. 강충걸 씨가 그 주인공이다.

강씨는 박 대통령을 뜻하는 '박통' 이라는 상표를 1997년 12월 5일자로 등록했다. 그는 '소주, 맥주, 막걸리 등 여러 가지 상품에 사용할 상표로 '박통'을 출원, 등록했다'고 밝혔다. 박 대통령에 대한 향수를 업고 발빠르게 움직인 강씨가 얄밉다는 사람도 있지만 세상은 강씨처럼 순발력 있는 아이디어맨을 원한다.

뇌리를 스치는 반짝 아이디어를 술안주 삼아 흘려 버리는 사람이 있

는가 하면, 하찮아 보이는 생각을 메모해 두었다가 실생활에 응용하는 사람도 있다. 속된 말로 '먼저 먹는 사람이 임자'라는 유행어가 있다. 이 말을 바꾸면 '아이디어를 먼저 이용하는 사람이 임자'라는 표현도 가능하지 않을까.

인간의 지적 창작물과 그에 관련된 권리가 무작정 보호되지는 않는다. 노력의 산물이 보호받으려면 먼저 법률적인 절차를 밟는 게 중요하다. 다시 말해 '노력의 결과를 먼저 등록하는 사람이 임자'일 수 있다.

박통 소주, 박통 맥주, 박통 라이터 등을 우스갯소리로 말한 사람도 있을 것이다. 박 대통령이 밀짚모자를 쓰고 막걸리를 마시는 모습을 찍은 사진 때문에 '박통 막걸리'를 떠올린 술꾼도 있을지 모른다. 하지만 무슨 소용이 있으랴. 이를 상표로 등록한 사람이 임자가 돼버렸으니 말이다. 국제통화기금(IMF) 위기를 극복하자는 의미에서 독특한 상표를 출원해 화제를 모은 적도 있다. 수입 청바지에 밀려 고전하던 청바지 제조 업체 (주)정다운상사는 'IMF를 이기자'라는 상표를 내걸었다. 'OVERCOME IMF'가 그것이다.

이 회사 정승호 사장은 IMF 구제 금융 지원을 계기로 확산된 국산품 애용 분위기를 타고 이 같은 브랜드를 고안해 냈다. OVERCOME IMF란 상표를 부착한 청바지를 판매하면서 박리 다매(薄利多賣) 전략으로 나갔다. 모험하는 심정으로 시작한 브랜드 전략은 맞아떨어졌고 매출이 예전보다 60퍼센트 가량 증가했다.

비록 이 상표는 특허청에 의해 그 등록이 거절되었지만 OVERCOME IMF가 히트 브랜드로 자리잡을 수 있었던 것은 남보다 앞서가는 순발

134 태양 아래 모든 것이 특허 대상이다

력 때문이었다. 톡톡 튀는 아이디어 브랜드들이 우리에게 승리의 비결과 함께 의미 심장한 교훈을 던져 주고 있다.

002 색, 입체, 냄새, 소리, 맛도 상표의 대상이다

효과음의 귀재로 알려진 소리 연출가 김벌래 선생은 병마개 따는 소리를 연출하기 위해 고심을 거듭했다. 고생한 보람이 있어 김벌래 선생은 콘돔 풍선을 활용해 짜릿한 효과음을 발명했다. 그 효과음에 매료된 광고주는 김 선생에게 감사의 뜻으로 백지 당좌 수표를 주었다. 소리의 발명 가치를 함부로 평가할 수 없다는 게 광고주의 의견이었다고 한다.

이처럼 인간이 살아가는 우주의 구석구석에 걸쳐 지식 재산권이 관련되지 않은 분야는 거의 없다고 봐야 한다. 발명 특허는 권리가 뒤따르게 마련이고 권리의 생성, 행사, 소멸 과정을 법적으로 보장한다. 다시 말해 세상에 없는 물건을 만들거나 물건을 새로운 모습으로 탈바꿈하게 한 사람에게 발명가란 명예를 주고 신청에 의거 심사를 거친 뒤 특허권을 주고 있다.

상표는 단순히 기호, 문자, 도형에 한정되지 않는다. 물건의 형상을

입체화한 상표는 말할 것도 없고 색깔, 냄새, 소리도 특허 또는 상표의 대상이 될 수 있다. 우리나라에서는 1996년부터 색채 상표를 인정했고 1998년 3월 1일부터 입체 상표를 보호하는 상표 제도를 도입했으며, 2007년 7월 1일부터 홀로그램, 동작 등도 상표로 보호하는 제도를 도입했다. 2012년 3월 15일부터는 냄새와 소리도 상표로 등록받을 수 있게 되었다.

코카콜라 병의 빨간 글자, 코닥칼라 필름통의 노란색, 대우 그룹 마크의 파란색, LG 그룹의 자주색 등도 색깔 상표에 해당한다. 반면에 단색(單色)은 곤란하지만 사용에 의한 식별력을 인정받아 독점권을 누릴 수도 있다. 또한, 우리나라에서도 코카콜라 병과 같은 입체적 형상이 출원 등록 대상이 된다. 오래 전에 널리 알려진 형상이어서 신규성 상실로 디자인 특허를 받지 못하는 것도 입체 상표로 등록하면 상표권으로서 독점권을 누릴 수 있다.

입체 상표는 상품이나 용기의 외형 등 입체물 자체가 상표로 등록된다. 미국에서는 이미 켄터키 프라이드 치킨의 할아버지 모습, 미키마우스의 형상, 배트맨 인형, 코카콜라 병, 맥도널드 햄버거의 금빛 M자, MGM 영화사의 사자 등 입체적 형상이 상표로 등록되어 있다. 1998년 이래, 우리나라에도 연간 200여건 이상의 입체상표가 등록되고 있다.

미국의 셀리아 클라크는 자수 바늘질용 실에 향료를 첨가하여 냄새 상표로 등록했고, 앞서 언급한 김벌래 선생의 병 따는 소리도 소리 상표로 미국 특허청에 등록되었다. 미국 MGM 영화사의 사자 울음소리, 미국 오토바이 제조업체의 엔진소리, NBC 방송의 차임벨 소리도 소리

상표로 등록된 사례의 하나이다.

  어쩔 수 없이 우리도 선진국을 따라가는 형편 같지만 결국 특허 전쟁의 대세는 그렇게 흘러갈 것이다. 일부 다른 나라에서 시행하고 있는 맛을 소재로 한 상표가 등장하는 날도 머지않았다.

003
이름을 함부로 짓지 마라

작가이자 중견 언론인이던 Y씨는 명예 퇴직에 앞서 월간지 창간을 서둘렀다. 그 동안 극작가와 콩트 작가로 이름을 날리던 그는 풍자 문학 잡지 창간이 평소의 꿈이었다.

창간 막바지에 이르러 Y씨가 서울시 공보과에 등록한 제호는 '위트 & 위트'였다. 이 정기 간행물 상표는 재치 넘치는 이름이어서 누가 들어도 찬사를 아끼지 않았다. 재치로 위기를 극복한 저명 인사들의 에피소드를 소개하는 것은 물론 우리 사회를 풍자하는 제호로는 그만한 브랜드가 없어 보였다. 편집이 마무리되고 제작에 들어가기 직전 Y씨는 저자에게 상표 검색을 부탁했다.

"동일 또는 유사한 상표가 등록됐을 가능성을 배제할 수 없습니다."

나는 늦게나마 상표 검색을 생각한 게 잘한 일이라고 말했다.

내 예상은 빗나가지 않았다. 그 상표는 함부로 사용할 수 없는 제호였다. 1년 6개월 전에 이미 비슷한 상표로 '위트(WIT)'가 등록되어 있었

던 것이다. 비록 동일 상표를 사용해 잡지를 발간한 사실이 없지만 상표권자는 적법한 권리를 취득하고 있었다. 이 상표권자로부터 실시권을 양도받지 않는 한 창간 잡지의 제호를 '위트 & 위트'라고 하는 것은 불가능한 일이었다. 그렇지 않고 상표를 사용한다면 상표권자가 민·형사상 책임을 물어도 대항할 방법이 없었다.

무심코 이름을 지은 Y씨는 그제서야 상표권의 위력을 깨닫고 후회하기 시작했다. 공보과에 정기 간행물로 등록했으니 안심해도 좋다고 판단한 게 오산이었으며, 설마 특허청에 등록되어 있으려니 생각한 게 착각이었다. 상표법은 정기 간행물 등록에 관한 법률이나 공보과의 '유사 제호 등록 기준'에 우선한다는 걸 몰랐던 것이다.

특허의 힘이 강력한 것처럼 등록 상표의 위력도 만만치 않다. 상표권의 존속 기간은 등록한 날부터 10년이다. 그러나 존속 기간을 몇 번이고 갱신할 수 있으므로 사실상 영구적인 권리나 다름없다.

상표가 권리로 등록되어 보호를 받으려면 식별력이 있어야 한다. 다시 말해 상품의 이름이나 마크라도 자기 상품과 타인의 상표를 구별할 수 없는 것은 등록이 되지 않는다. ●서울, 부산, 대구 등 분명한 지리적 명칭 ●연필, 책상, 호도과자, 나일론 등과 같은 보통 명칭을 그 해당 상품에 사용하는 경우 ●정종, 마이콤 등의 관용 상표 ●산지, 판매지, 품질, 원재료, 효능, 용도, 수량, 가격, 형상 등을 나타내는 말 ●김, 이, 박 등 흔히 있는 성이나 총장, 사장, 프레지던트 등 흔한 명칭 ●숫자, ○, ◆, 봉황 무늬 등 간단하고 흔한 상표 ●슈퍼, 베스트, 퍼스트, 톱 등 등급을 나타내는 말 ●공익과 사익을 해치는 상표는 등록할 수

없고 보호도 받지 못한다.

우리 나라 상표법 제7조에는 국기 · 국장 · 적십자 · 올림픽 등의 포장은 공익적 측면에서 존엄성의 정도가 높아 출원 주체에 상관없이 상표(서비스표)로 등록받을 수 없도록 규정되어 있다. 스위스 국제올림픽조직위원회가 지난 1993년 오륜 마크와 올림픽 표어 등을 텔레비전 방송업에 상대해 서비스표(호텔, 건축물 설계 등의 상표)로 출원했지만 대법원에서 최종 등록 불가 판정을 내렸다.

국제올림픽조직위원회는 이들 서비스표 출원에 대하여 특허청 심사국이 1995년 거절 결정을 하자 특허청 항고 심판소에 심판을 청구했다. 심판에서도 등록 불가로 판정이 나자 '올림픽 대회 주관 기관으로 올림픽 헌장에 따라 올림픽 표장, 올림픽기, 표어 등에 관한 권리는 위원회에 속한다' 며 대법원에 상고했지만 패소했다.

또 비슷한 이름 때문에 본의 아니게 피해를 보는 경우가 있다. IMF 한파로 금융 기관들이 영업 정지를 당하면서 이름이 비슷한 금융 기관들이 덩달아 피해를 입은 사례가 있었다. 비교적 재무 구조가 건전한 회사인데도 문을 닫은 금융 기관과 상호가 비슷하다는 이유로 예금 인출 사태가 빚어진 것이다.

예컨대, 대한종합금융과 대한투자신탁은 전혀 다른 회사다. 대한종금은 성원건설 계열 기업이고 대한투신은 우리 나라 3대 투신사 중의 하나다. 신한종금은 신한은행과 무관한 회사다. 신한은행 계열 종금사는 제일종금이다. 중앙종금과 대전의 중앙투신도 관련이 없다. 중앙종금은 동국제강 계열이고 중앙투신은 동양 그룹 계열이다. 동양 그룹 계

열 종금사는 동양종금이다. 부산에 근거를 둔 신세계종금과 인천에 근거를 둔 신세계투신도 전혀 관계가 없는 회사다.

　상표는 물론 서비스표를 특허청에 출원·등록하는 것은 이 같은 혼란을 미연에 방지하자는 뜻도 포함되어 있다.

004
톡톡 튀는 멋진 이름들

브랜드 네이밍(Brand-Naming) 산업이 급속도로 발전하는 추세이다. 최근 브랜드의 중요성과 가치에 대한 인식이 높아지면서 브랜드 네이밍 전문 회사가 속속 출현하고 있다. 일반적으로 신제품의 브랜드 네이밍 수수료는 건당 1,500만 원이며 이름 하나 짓는 데는 4~10주가 걸린다. 일부 대기업들이 로고 타입을 개발하는 데 몇십억 원을 투자하는 것에 비하면 저렴하다는 의견도 없지 않다.

수출 경쟁력의 확보와 밀접하게 관련된 것이 가격 경쟁력이라면 이에 못지 않게 상표 경쟁력도 갖추어야 한다. 영&뤼컴 조사에 따르면 기업의 상표 자산은 코카콜라 434억 달러, 코닥 133억 달러, 펩시콜라 89억 달러, 소니 88억 달러, 리바이스 73억 달러, 네슬레 36억 달러로 평가된다. 마이크로소프트와 IBM도 100억 달러에 이른다.

하루야마 시게오 박사는 그의 저서 《뇌내 혁명》에서 '뇌에서 모르핀을 많이 분비할수록 몸과 마음이 더욱 활기를 띤다'고 강조했다. 그는 또 '뇌에서 모르핀이 분비되려면 우뇌를 이용하여 영상을 떠올리는 이

미지 트레이닝과 플러스 발상법을 몸에 익혀야 한다'고 주장했다.

이런 논리대로라면 상표가 상상력을 자극하여 소비자들은 우뇌 활동으로 뇌에서 모르핀 분비가 촉진될 것이 확실하고, 상상력을 일으키는 상표가 곧 구매력을 자극할 게 틀림없다. 결국 소비자의 기분이 좋아질 경우 긍정적인 브랜드 이미지를 구축하는 데 도움이 될 것이다.

새로운 신세대 감각에 편승하여 아주 독특한 제품 이름이나 상호가 봇물 터지듯 등장하고 있다. 감성적인 어구와 서술적 문구로 긴 이름을 짓는가 하면 서구적이고 낯선 이미지를 내세우는 이름도 적지 않다. 상품 이름도 이젠 톡톡 튀지 않으면 살아남지 못한다는 생각이 지배적이어서 저마다 개성 넘치는 아이디어 경쟁을 벌이고 있다.

슈퍼마켓에서 팔리는 제품에 '한눈에 반한 쌀'과 '햇살 담은 조림 간장'처럼 이색적이고 긴 브랜드 이름이 속출한다. 세제 이름이 '아내의 향기', 보디 클렌저 이름은 '태양과 바다의 혜택', 섬유 린스는 '맑은 물 이야기', 가구는 '아낌없이 주는 나무', 피로 회복제는 '그 남자'라는 상표를 달고 팔린다. 물건을 살 때마다 마치 동화책의 제목이나 시 한 편을 접하는 느낌이다.

소주마저도 '참나무통 맑은 소주', '청산리 벽계수', '깊은 산속 옹달샘'처럼 긴 이름을 달지 않으면 명함을 내밀기 어렵다. 비록 긴 이름은 아니지만 독특한 이름으로 출시 때부터 관심을 모은 '곰바우'도 판매에 호조를 보였다. 요즘처럼 약삭빠르고 임기 응변이 뛰어난 사람이 대접받는 시대 상황을 고려할 때 좀 모자란 듯하지만 우직하고 정직한 사람을 비유하는 명칭이 불황 속의 서민 정서와 잘 접목됐다는 지적이다.

음료 앞에는 '사각사각'이나 '갈아 만든'이 들어가야 젊은이들로부터 브랜드의 센스를 인정받는다. 심지어 식당 메뉴판에서도 톡톡 튀는 이름이 등장하는 세상이다. 고등어 튀김에 달걀을 입힌 요리는 '노란 셔츠 입은 생선'이고, 살짝 익힌 쇠고기 요리는 '조로의 번개 검법'이다. 튀긴 돼지고기는 '뻐꾸기 둥지 위로 날아간 돼지'이며 돼지고기 장조림은 '우물에 빠진 돼지'로 메뉴판에 표시된다. 해물 샐러드는 '인어공주와 아이들'로 이름이 붙어 팔린다.

브랜드 이름은 우선 팔리는 데 주안점을 두고 개성미 넘치는 차별화 전략에 활용된다. 브랜드 네이밍 회사들은 재치가 뛰어나고 아이디어가 많은 프리랜서들을 다수 보유하고 새로 지은 이름의 반응 조사도 함께 벌여 브랜드의 성공 가능성을 검증한다.

브랜드 전략은 변덕스럽고 감성적인 소비자들의 심리를 철저히 읽지 못하면 성공하기 어렵다. 특히 신세대 취향을 정확히 감지할 수 있을 때 신선하고 이색적인 이름을 얻을 수 있다. 소비자는 언제나 품질에 앞서 일등 브랜드에 눈길을 준다. 책은 제목에 따라 팔리고 제품은 상표가 판세를 결정한다. 이러다 보니 기업이 제품 개발보다 상표 개발에 더 많은 투자를 할 때도 있다.

프랑스에서는 세계적인 유명 상표 564개를 일화 중심으로 설명한 《상표 사전》이 출간되었다. 이 책의 저자 장 와탱 오구아르는 서문에서 상표를 정할 때 그 발음이 세계 주요 언어로 '이상한 뜻'이 되는 일은 없는지 검증할 것을 당부한다. 예컨대 스위스의 유명 호텔 체인인 '뫼벤픽'이 네덜란드어로 '갈매기 ×'이란 뜻이 되기 때문이다.

005 성공 브랜드 전략 10계명

종전의 브랜드는 제품이나 기업의 특성을 직접적으로 설명하는 말이 대부분이었다. 하지만 최근에는 기업의 이미지나 제품의 특징을 우회적으로 표현하여 연상하게 하는 말이 주류를 이루고 있다. 소비자들이 고급 제품이나 격조 높은 기업 이미지가 부각된 세련된 브랜드를 선호하기 때문이다.

브랜드에는 그 시대적 흐름과 유행이 그대로 담겨 있다. 요즘 젊은이들은 상품과 품질을 소비한다기보다 브랜드 자체를 소비하는 경향이 있다. 비퍼(삐삐)나 휴대 전화의 보급으로 숫자가 생활 속에 깊숙이 자리잡게 되면서 숫자 브랜드가 유행하는 것도 특징적인 현상의 하나이다.

인터넷 통신을 통해 익명성의 커뮤니케이션 공간에 익숙한 10대들에게 언어 문법은 흔히 무시된다. 쉽게, 빠르게, 재미있게 인식될 수 있는 브랜드면 족하다. '어서 와'가 변형된 '어솨', '재미있다'가 축약된 '잼있다'가 그 대표적인 사례들이다. 의미를 살려 발음 나는 대로 표기

한 브랜드, 정확한 의미는 몰라도 발음이 쉽고 재미있으면 그 브랜드를 선호한다.

그러나 제품의 성격을 무시한 연상어 브랜드, 숫자 브랜드, 변형어 브랜드 등은 오히려 실패할 가능성이 있다. 브랜드는 시대의 요청이나 수요자층의 취향 등을 종합적으로 고려해야 한다.

1. 시대의 요구에 부응하라

대한펄프의 두루마리 화장지 '깨끗한 나라'는 오염되지 않은 환경을 염원하는 소비자들의 꿈을 담은 산뜻한 상표이다. 빙그레의 '매운콩라면'은 콩기름을 100퍼센트 사용했다는 광고로 라면 시장의 흐름을 바꿔 놓았다는 평가를 받고 있다. 사회적으로 건강에 대한 관심이 높아져 팜유를 새로운 식용유로 교체해야 한다는 인식이 확산되자 시대적 요구를 반영한 제품이 '건강' 브랜드로 연결된 것이다.

요즘의 브랜드 네이밍은 정갈한 생활 환경 유지와 무병 장수의 삶을 추구하는 현대인의 소망을 담아야 한다. 사이버 공간에서 거의 모든 일상을 해결하는 시대가 되었지만, 가상 공간에서도 도저히 누릴 수 없는 인류의 간절한 희망을 사실적으로 표현한 브랜드라면 성공 가능성이 높다.

2. 수요자의 취향을 겨냥하라

많은 젊은 여성이 몸매 관리를 위해 식사 요법 같은 각종 다이어트

프로그램을 찾는다. 더구나 피부에 탄력성이 줄어들어 얼굴형이 변하기 시작한 여성이라면 당연히 기능성 화장품을 찾을 수밖에 없다. 여성의 이런 취향을 포착한 태평양화학은 '피부를 탄력 있게 만들어 준다'는 의미를 암시하는 단어 '파워리프팅'을 사용한 브랜드 '아이오페 파워 리프팅 플루이드'를 개발해 히트했다. 태평양화학의 개발, 홍보팀은 고객 모니터를 통해 아이디어를 얻었고 품평, 디자인 결정, 상품 홍보에도 모니터들을 참여시켜 고객의 취향에 귀를 기울였다.

애주가들은 깨끗하고 뒷맛이 개운하며 맑은 물로 빚었다는 술에 솔깃하게 마련이다. 이 같은 취향을 존중하여 진로는 '참이슬'의 정갈한 이미지를 따온 '참眞이슬露'를 출시해 돌풍을 일으켰다.

이런 예들은 새로운 브랜드를 개발하기에 앞서 소비자들의 보편적인 욕구와 절실한 고민을 먼저 파악하는 자세가 얼마나 중요한가를 일깨운다. 브랜드 네이밍이 소비자들의 모든 관심 사항을 해결해 줄 수는 없더라도 이들의 욕구와 고민에 초점을 맞추는 일이 중요한 상표 전략의 하나가 될 수는 있을 것이다.

3. 강렬한 인상을 주어라

가정 주부들은 쌀벌레 바구미로 골머리를 앓고 있다. 식구들의 건강 관리에 치명적인 해충은 아니지만 보기에도 섬뜩해서 고민이 아닐 수 없다. 이 같은 현실에 착안한 애경산업은 '닥터 쌀벌레'를 선보였다.

붉은 고추와 쇠고기가 절묘하게 조화되어 매콤하고 개운한 맛을 선사하는 라면이라는 느낌을 주는 '신라면'도 강렬한 인상을 주는 대표적

인 브랜드이다. '매울 신(辛)' 자 하나로 소비자들의 눈길을 끌어 폭발적인 호응을 얻었다.

이처럼 성공률이 높은 브랜드는 한번 보기만 해도 소비자들의 뇌리에서 쉽게 사라지지 않는다. 강력하고 직설적인 느낌으로 소비자들을 끈끈하게 유혹할 수 있기 때문이다.

4. 톡톡 튀게 차별화하라

가상공간을 상징하는 '사이버'를 아파트의 브랜드로 채택하면 어떨까? 사무실에서는 물론 가정에서도 전자 상거래가 이루어지는 세상이다. 그렇다면 초고속 멀티미디어 통신 환경을 갖춘 선진국형 주거 공간이 바로 브랜드 네이밍의 핵심이 될 수 있다. 삼성물산 주택개발부는 그런 점에 착안하여 브랜드 '삼성 싸이버 아파트 21'을 내놓았다.

새로운 21세기가 사이버 세상의 정점으로 치닫고 있는 추세와 맞물려 성공한 아파트 브랜드로 평가받고 있다. 더욱이 사이버가 아닌 '싸이버'에서 사이버 세상을 여는 사람들의 독특한 사고 방식과 개성 있는 삶이 더 뚜렷이 느껴진다.

이제는 아파트 이름에 건설 회사의 상호를 사용하는 것으로는 차별화가 불가능해졌다. 톡톡 튀는 브랜드로 소비자들에게 선뜻 다가가려면 다른 기업들과는 다르게 최신형 아파트를 짓는다는 의미를 캐치프레이즈처럼 내세워야 한다.

5. 메시지를 실어라

언제부턴가 컴퓨터 사용법을 책으로 배우는 것이 번거롭게 느껴지기 시작했다. 컴퓨터의 초기 화면에서 아이콘만 한번 클릭하면 초보자도 쉽게 컴퓨터를 쓸 수 있기를 바란다. 인터넷이나 워드도 이렇게 단순한 방법으로 접근할 수 있어야 한다.

삼보컴퓨터가 의욕적으로 개발한 컴퓨터 브랜드는 '드림시스 EZ' 이다. 'EZ' 에는 '이로움(이)을 쉽게(EASY) 익힌다(지)' 는 메시지가 실려 있다. 특히 컴퓨터를 가까이 하기 어려운 골치 아픈 기계로 생각하는 기성 세대에게 자연스럽게 어필하는 브랜드여서 꾸준한 인기를 얻고 있다. 이처럼 제품의 특징과 차별화된 메시지를 극명한 부호나 간단 명료한 조어로 전달하는 브랜드가 성공할 수 있다.

6. 기존의 브랜드를 활용하라

해태제과는 1997년 말 그룹의 좌초로 한때 위기에 빠졌다. 그러나 이 회사는 20여 년 전에 선보였던 과자 '맛동산' 의 인기를 살려 기사회생할 수 있었다. 맛동산은 연간 매출이 600억 원을 넘음으로써 해태제과의 최고 효자 상품으로 자리잡았다. 새로운 브랜드를 개발하고 소비자들에게 널리 알리는 데는 그만한 비용이 들지만, 이미 사용하고 있던 상표를 적절히 활용하면 최소의 비용으로 최대의 효과를 거둘 수 있다.

앞에서 예로 든 '참眞이슬露' 도 널리 알려진 기존 브랜드를 새롭게 변용하여 성공한 사례로 꼽힌다. 브랜드를 무조건 새로 창안하려고 고

집하는 것도 낭비가 될수 있다. 소비자의 뇌리에 탄탄하게 자리잡고 있는 전통 브랜드를 재구성하거나 리바이벌하는 전략적 마케팅도 얼마든지 성공할 수 있다.

7. 공동 브랜드를 개발하라

이미 여러 분야에서 도입한 공동 브랜드가 속속 성공하고 있다. 불황이거나 중소 기업이 독자 브랜드를 개발하기에는 비용이 벅차고 위험도 크다. 이럴 때일수록 같은 업종끼리 전략적 제휴로 공동 브랜드를 도입하여 경비 절감을 꾀하는 게 유리하다. 수많은 제품에 두루 어울리는 공동 브랜드를 선택하는 것이다.

피혁 제품 위주의 '가파치'와 가구 제품 중심의 '가보로' 등은 중소 기업들이 함께 참여한 브랜드로 좋은 이미지를 얻었다. 가구 공동 브랜드인 '아낌없이주는나무', 부산 지역 신발 공동 브랜드인 '테즈락' 등도 마케팅으로 서로 협력하여 비용 절감은 물론 판로 개척에서 훌륭한 결과를 얻었다.

공동 브랜드 개발을 통한 수출도 활발하다. 양식기 업체들이 만든 '로자리온'과 가구업계의 '가보로'가 대표적인 공동 브랜드 수출품이다.

8. 품위를 지켜라

개성이 강한 이름이라도 면밀한 검토 없이는 채택하지 마라. 그런 브랜드일수록 소리 없는 아우성이 될 공산이 크다. 이름만 번지르르하면

더욱 곤란하다. 회사의 신용과 제품의 품질을 전달하는 메시지가 사실과 부합되어야 한다. 브랜드 관리는 결국 신용과 연결되지 않으면 성공하기 어렵기 때문이다.

폭넓은 소비자들의 신용을 얻으려면 무엇보다 브랜드 자체에 특징적인 힘과 함께 품위도 우러나야 한다. 기품 있는 브랜드는 신뢰감을 줄 수 있기 때문이다. 어느 고급 호텔 이름이 특정 외국어 발음으로 '갈매기X'여서 세계적인 웃음거리가 된 경우가 대표적인 실패 사례에 속한다. 외국어로 표기했을 때 저속하고 괴상한 의미가 연상되지 않나 살펴보고 발음이 비슷한 세계 각국의 외국어들을 검색할 필요가 있다.

9. 궁하면 빌려라

훌륭한 브랜드를 개발한답시고 의욕에 넘쳐 막대한 비용을 투자하거나 너무 고민하지 마라. 아무리 궁리해도 마땅한 이름이 떠오르지 않거나 자체적으로 신용을 쌓아 올릴 충분한 시간이 없을 때는 다른 사람의 브랜드를 빌려라.

라이선스료를 주고 널리 알려진 브랜드를 사용하는 것도 아주 경제적인 방법이 될수 있다. 등록 상표들을 검색하여 기발한 브랜드가 발견되면 그 상표권자와 적극 교섭하라. 상표 사용권을 허락받거나 아예 양도받는 것도 성공하는 브랜드 개발 전략의 하나이다.

10. 반드시 사전에 권리를 취득하라

아무리 멋진 브랜드를 개발해 두었더라도 성공이 보장되는 것은 아니다. 상표를 무심코 사용하다가 남의 상표권을 침해하게 되면 그 브랜드는 아예 태어나지 않은 것만 못하다. 권리 침해의 시비에 휘말리면 막대한 출혈을 감수해야 하기 때문이다.

상표가 등록되기 전에 대대적으로 광고하거나 제품을 출시하는 일은 위험을 자초할 우려가 높다. 개발 상표가 완전한 권리를 취득하려면 특허청 심사관의 심사를 거쳐야 한다. 사전 검색을 거친 결과 등록에 장애가 되는 유사 상표가 발견되지 않았더라도 안심하기에는 아직 이르다. 검색자의 판단과 심사관의 결정이 항상 일치하는 것도 아니고, 상표 검색의 절차나 결과가 언제나 완벽할 수는 없기 때문이다. 권리화가 끝난 브랜드를 사용하는 것만이 가장 안전한 방법이다. 특허청에 등록된 상표로 적기에 제품을 출시할 수 있도록 평소 훌륭한 브랜드를 개발하여 내일에 대비하라. 이른바 권리화한 '저장상표'를 많이 확보해 두는 사람만이 치열한 브랜드 전쟁에서 멋지게 승리할 수 있다.

이 10계명이 브랜드 네이밍으로 이어지려면 무엇보다도 그 브랜드가 상표법에 근거하여 상표나 서비스표로 등록되는 데 문제가 없어야 한다. 브랜드는 대부분 특허청 등록으로 완성된다. 아무리 훌륭한 이름이라도 등록이 거절되거나 취소되면 독점적인 상표권 행사가 어렵다. 따라서 브랜드 네이밍 전문 회사들은 변리사들과 제휴하여 상표 검색은 물론 법률적 자문을 하고 있다.

　우리 특허 사무소에서도 브랜드 네이밍과 상표 디자인을 전담하는 기능을 갖출 예정인데, 변리사, 카피라이터, 작가, 디자이너 등 전문가들이 팀을 이룬 부설기구로 가칭 '브랜드네이밍디자인센터'를 설립할 계획이다. 아무리 기발하고 신선한 아이디어로 이름을 짓고 디자인한다 할지라도 권리화에 실패하면 시간과 인력, 비용을 낭비하는 꼴이 되고 만다. 지식 재산권 관련 법률 정보에 어두우면 등록 거절이나 등록 취소로 낭패를 당하게 마련이다.

006 캐릭터 개발과 상표권 확보에 열 올리는 지방 자치 단체들

송파 산대놀이는 탈놀음 열두 마당이 그대로 전수되어 해학과 풍자를 통해 옛 조상들의 건강한 민중 의식을 충실하게 표현한다. 전통적인 원형이 잘 보존되어 있는 송파 산대놀이는 산대놀이 중에서도 예술적 가치가 높은 것으로 평가받고 있다.

송파구는 송파 산대놀이가 서울 송파구에서 유래된 점을 송파구가 튼튼한 뿌리와 미래에 대한 희망을 가지고 있다는 의미로 삼아 송파 산대놀이에 등장하는 탈을 소재로 지역을 상징하는 캐릭터를 개발했다. 이제는 개인과 단체, 기업뿐만 아니라 지방 자치 단체에서도 상표권의 존재 가치를 폭넓게 인식하였다는 뜻이다.

다른 예로 대전·충남 농협이 충남산 쌀 판촉 활동을 벌이면서 '청풍명월'이란 상표를 특허청에 출원해 사용하자 충북 도민들은 '청풍명월 상표권 되찾아 오기 도민 위원회'를 발족하고 법적 대응에 나섰다.

'온달과 평강공주', '홍길동', '임꺽정' 등 개발

'청풍 명월'을 두고 벌어진 상표권 논쟁은 농협 대전·충남 본부가 관내에서 생산된 품질 인증미(米)에 '청풍 명월'이란 상표를 붙여 판매하면서 불이 붙었다. 충북 도민들은 "청풍 명월은 1,300년이 넘는 역사를 지닌 제천시 청풍면 지명에서 비롯된 것으로 충북을 상징하는 대표적 용어이자 무형 문화 유산이다. 우리 고장의 고유 용어인 청풍 명월을 함부로 쓰지 말라"며 충남측에 상표권 포기를 권유했다. 이에 응하지 않으면 상표 등록 취소 청구를 할 수밖에 없다는 입장이다. 그러나 이러한 항의는 받아들여지지 않았다.

제주 상징물인 돌하루방이 상표권 분쟁에 휘말린 적이 있다. 제주와는 상관없는 외지인이 하루방을 상표로 등록하자 제주 도민들은 "제주의 얼과 혼이 담긴 하루방은 당연히 제주 상공인들에게 사용권이 돌아가야 한다"고 목소리를 높였다. 마침내 상표권 소유자가 상표 등록을 자진 철회함으로써 파문은 조용히 끝났다.

만사에 탈이 없이 느긋하고 온건한 충청도 사람들을 가리켜 옛 선인들은 '청풍 명월'이라고 불렀다. 충북 도민이 제천의 '청풍'을 충북의 문화 유산으로 지키고 싶어하는 마음도 충분히 이해가 된다. 돌하루방 사건처럼 슬기롭게 풀어 가는 방법을 모색하는 게 좋을 듯싶다.

그러나 상표 분쟁에 아랑곳없이 많은 지방 자치 단체가 여전히 자기 고장의 인물 캐릭터들을 속속 등장시키고 있다. 전설과 민화 속의 인물들을 경쟁적으로 살려 내어 자기 고장 홍보와 돈벌이에 활용하자는 아이디어 때문이다.

강원도 영월군은 방랑 시인 김삿갓과 동강의 아름다운 풍광을 상징하는 '동강이'를 개발했다. 캐릭터 개발에 6,500만 원이라는 적지 않은 돈을 들였지만 상품의 홍보 가치는 날로 커지고 있다. 캐릭터 상품 40여 종을 생산해 인기리에 팔고 있는 것이다.

경기도 수원시도 화성(華城)을 상징하는 '화성이'를 만들었다. 이 경우에도 역시 캐릭터 상품이 40여 종에 달하고 각종 행사를 통해 3,000만 원의 수익을 올렸다. 전남 장성군은 '홍길동'을, 충북 제천시는 '박달도령과 금봉낭자'를, 단양군은 '온달과 평강공주'를, 경남 고성군은 '고룡이'를, 충북 괴산군은 '임꺽정'을 캐릭터로 만들어 개성을 뽐내고 있다.

전문가들은 '캐릭터를 통해 외부에 자기 지역을 널리 알리는 것만으로도 절반은 성공'이라고 말한다. 특히 민간 기업체들에 캐릭터 상품의 제조 판매권을 주고 로열티를 받으면 큰돈을 벌 수 있다. 따라서 특정 지역의 상징물, 전통적인 인물, 전설의 주인공 등을 캐릭터로 개발해 상표권을 확보하는 일이 지자체의 재정 자립도를 높이는 지름길이 되고 있다.

007 신세대의 라이프 스타일에 주목하자

새 천년의 한국을 이끌 N세대(Network Generation, 네트워크 세대)는 1980년대 말 출생한 젊은이들이다. 이 N세대는 이미 사이버 공간에서 최대의 영향력을 행사하는 세력으로 자리 잡았다. 이들은 이제 통신, 교육, 취미, 오락 등 모든 분야에서 주도적으로 변화를 이끌고 있다.

N세대는 휴대전화, 노트북 또는 PC, MP3 플레이어 등을 기본 장비로 갖추고 하루 생활을 전자우편(e-mail)으로 시작하고 쇼핑도 사이버 공간에서 해결한다. 인터넷을 통해 오락을 즐기고 게임도 네트워크에서 진행한다. 사이버 공간 자체가 이들의 학교, 놀이터, 백화점, 카페로 변했다.

N세대가 창출하는 시장 규모는 연간 10조 원 이상으로 추정된다. 이에 따라 기업의 판촉 전략도 N세대를 중심으로 바뀌고 있다. 이들의 선호도가 기업의 운명을 좌우하기 때문이다.

신세대 고객을 잡기 위해서는 종전과 다른 경영 전략을 세우지 않으면 살아남기 어렵다. 결국 N세대의 이미지와 취향에 걸맞은 실용신안, 디자인, 상표, 서비스표 등 지식재산권을 서둘러 확보해야 생존할 수 있다.

　그렇다고 N세대에만 관심을 집중하라는 얘기는 아니다. N세대를 예로 들었을 뿐이다. 1960년대 출생한 386세대는 사회 인식을 대변하고, 1970년대 출생한 X세대는 소비문화를 대변하고, 1980년대 태어난 N세대는 라이프스타일의 변화를 대변하고, 그 이후 대두된 W세대(또는 R세대, P세대)는 공동체 인식을 대변함에 주목하고 각각 개성적인 접근을 시도해야 할 것이다.

　최근 들어 사용자 제작 콘텐츠(UCC : 손수제작물)가 폭발적 인기를 모으고 있다. UCC 천국이라 불리는 한국에서도 사이버 공간을 중심으로 남녀노소의 관심사가 되었다. 거의 매일 인터넷 카페와 블로그에서 동영상 UCC들이 경쟁하듯 선보이고 있다. 단순한 취미로 UCC를 만들어 올리는 사람을 비롯해 뉴스와 지식 전달 수단, 홍보 전략, 각종 정보 제공, 강의 매체 등으로 폭넓게 활용된다.

　이에 따라 대부분의 쇼핑몰이나 기업들도 UCC를 통한 홍보 전략과 정보 제공에 발빠르게 뛰어들었다. 이제는 386세대, X세대, N세대, W세대, R세대, P세대 등을 뛰어넘어 UCC세대(시대)에 적응하고 이를 지식 재산권으로 활용하려는 지혜와 전략이 필요할 때이다.

008 사람 이름도 상표로 등록되는 세상

현행 상표법에 따르면 제삼자가 타인의 이름을 상표로 등록할 수는 없지만 당사자는 등록할 수 있다. 자신의 이름을 상표로 등록한 대표적인 인물로 이찬진 씨를 꼽을 수 있다. '한국의 빌게이츠'로 일컬어지는 한글과컴퓨터 창업자 이찬진 씨는 국내 소프트웨어 업계에서 이미 성공 신화로 널리 알려져 있고, 지금 이 순간에도 수많은 젊은이가 제2의 이찬진을 꿈꾸면서 컴퓨터와 씨름하고 있다.

한글과컴퓨터사는 '이찬진' 이라는 자연인의 이름을 컴퓨터 관련 상품과 교육 등의 프로그램에 브랜드로 등록할 것이라고 밝히고 이 사장의 이름이 포함된 '이찬진의 컴퓨터 교실' 이라는 브랜드를 특허청에 상표 등록했다.

이와 더불어 이 사장은 자신의 이름인 '이찬진' 만으로도 상표 등록할 생각이다. 이 사장 이름의 상표 등록은 한글과컴퓨터가 최근 사업을 다각화하면서 브랜드 이미지를 높일 필요성이 커졌기 때문이다. 우선

회사측은 이 상표를 컴퓨터 교육 사업의 브랜드로 활용할 예정이라고 한다. 한편으로 한글과컴퓨터는 세계적인 경쟁 업체에 사용 허가권(라이선스)을 팔아 높은 수익을 올리고 있다. 제품 판매액의 일정 비율을 로열티로 받는 것은 물론이고, 제품에 저작권을 보유한 회사의 브랜드를 명시하도록 되어 있다. 우리의 기술과 브랜드를 외국에 알릴 수 있는 좋은 기회인 동시에 '이찬진'이라는 상표가 세계로 뻗어 간다면 본인과 나라에도 영광이 될 것이다. 그만큼 이찬진 상표는 몇 백억 원 이상의 가치 있는 브랜드로 성장할 가능성이 높다.

거액의 로열티를 챙기는 이름들

세계적인 유명 상표로 인정받아 지구촌 곳곳에서 거액의 로열티를 거둬들이고 있는 브랜드 중에는 사람의 이름으로 된 것이 적지 않다. 피에르 카르댕, 크리스찬 디오르, 구찌, 찰스 주르당, 조지스 마르시아노, 마리 끌레르, 아놀드 파머, 소피 마르소 등의 상표는 디자이너, 스포츠맨, 배우, 보통 사람들의 이름에서 따온 것들이다.

우리도 이제부터 발상을 바꿀 필요가 있다. 유명 가수, 스포츠맨, 보컬 그룹 등의 이름을 상표 등록하여 저명 브랜드로 가꾼다면 다른 사업에서도 성공을 거두지 말라는 법이 없다.

요즘 들어 자신의 이름을 상표나 서비스표로 출원하여 등록받는 사례가 두드러지고 있다. 실명 상표의 등록 성공률이 현저히 높은 이유는, 상표 또는 서비스표가 자신의 상품 또는 서비스업을 타인의 것과

식별하는 기능을 인정받았기 때문이다.

이 같은 상표, 서비스표는 강한 식별력과 함께 상표의 실명화에 따라 품질 보증으로 인식되어 소비자들의 신뢰를 얻을 수 있다. 특히 서비스업 분야에서는 소비자들의 선호도가 한층 높아지는 효과가 있다.

특허청 자료에 따르면 최근 8년 동안 상표 등록률은 전체 출원 상표의 59퍼센트에 이른다. 하지만 실명 상표의 평균 등록률은 73퍼센트여서 상대적으로 월등히 높은 것으로 분석되었다. 다시 말해 강한 식별력을 인정받아 등록이 비교적 쉽기 때문이다.

특히 미용실, 음식점, 의류업 분야에서 실명 상표가 많이 등록되어 흥미롭다. 박준 미용타운, 원조 박소선 할매집 곰탕, 앙드레김, 이경숙, 세리박 등이 대표적인 것들이다.

상표의 실명화 현상은 기업의 자기 얼굴을 알리는 경영 전략으로서도 각광받고 있다. 주식 시장에서도 '홈런왕 이승엽 펀드'를 운용하는 등 유명한 스포츠맨의 실명을 이용하여 마케팅 효과를 올리는 현실을 볼 때 실명 상표의 중요성이 더욱 커질 것으로 예상된다.

162 태양 아래 모든 것이 특허 대상이다

009 캐릭터 산업에 승부를 걸어라

한국의 프로 축구는 군사 정권에 의해 의도적으로 탄생했지만 일본의 J리그는 광고 회사의 치밀한 사전 준비 끝에 출범했다. 광고 회사들이 축구와 그 시장을 마케팅의 관점에서 분석하고 J리그 라이선스를 상품화하기로 한 것이다. 결과는 성공작이었다.

J리그 소속 열두 개 구단의 로고와 캐릭터를 사용한 제품 매출액은 1조 원대를 넘어선 지 오래이다. 캐릭터와 로고 사용권을 두고 700여 업체가 경쟁을 벌일 만큼 J리그는 단순한 스포츠가 아닌 일본 사회의 신조류를 만들었다. 21세기에 황금알을 낳는 산업으로 스포츠 마케팅과 캐릭터 산업이 한층 각광받게 될 것을 입증한 것이다.

상품 캐릭터는 상품에 대한 소비자들의 인지도를 높이는 동시에 제품에 대한 친밀감을 유발하는 효과가 있다. 이미지와 감성이 매출을 좌우하는 시대에 더 친근하게 다가서는 캐릭터의 중요성이 날로 증대되고 있다. 특히 광고에 캐릭터를 활용하면 모델 출연료를 절감할 수 있는 이점도 있다.

다국적 기업들이 세계 공통의 브랜드 이미지를 구축하는 데 캐릭터를 적극 활용하는 것도 흥미롭다. 펩시콜라의 펩시맨, 켈로그의 호랑이, 치토스의 치타 등이 대표적인 것들이다. 이처럼 상품 캐릭터가 성공을 거두자 최근 국내 기업들도 광고 등을 통해 캐릭터를 경쟁적으로 선보이고 있다.

LG화학의 '119힘슨', 모닝글로리의 '까미', 동서식품의 '덩키', 데이콤 천리안의 '카멜레온' 등이 그 캐릭터 산업의 주인공들이다. 캐릭터를 도입한 이들 업체는 하나같이 매출이 껑충 뛰어 소비자들의 반응이 좋다고 입을 모은다. 특히 참존화장품의 '청개구리'와 LG화학 바닥장식재 우드륨의 '딱따구리'가 폭발적인 성공을 거두자 많은 기업이 캐릭터 도입에 열을 올리고 있다.

국산 만화 주인공들이 모델로 출연하는 것도 신세대를 겨냥한 판촉 작전의 일환이다. 만화 영화, TV 등 영상물을 일상적으로 접하며 자란 신세대 소비자를 노려 다양한 만화 캐릭터를 모델로 활용하기 시작한 것이다. 문구류에만 한정되던 과거 관행을 깨고 이젠 음료수, 소형 카세트 녹음기, 의류 등에도 캐릭터가 무차별로 도입되고 있다.

미키마우스가 새겨진 옷, 박찬호 소속의 LA 다저스 팀 로고가 붙은 모자가 어린이들에게 인기를 끌고 있다. 캐릭터 사업은 미키마우스 같은 만화 영화 주인공이나 스포츠 스타, 연예계 스타 등을 식품, 문구, 전자 게임, 학습 교재, 의류 판매에 활용하는 새로운 비즈니스라고 할 수 있다. 국내 캐릭터 상품의 시장 규모는 1998년에 이미 5,000억 원을 넘어섰고, 2005년에는 1조8,000억원에 달하였다.

010 책, 신문, 잡지 제목을 둘러싼 분쟁

만화가 정운경 씨는 만화 제명인 '또복이'를 창안하여 15년 간 계속 사용했다. 그러던 중에 삼립식품이 빵을 제조 판매하면서 '또복이'라는 표시를 사용하자, 정운경 씨는 자신의 만화 제명에 대한 저작권 침해를 이유로 손해 배상 등을 청구했다.

대법원에 이르도록 법정 공방을 벌였지만 저작권자인 정운경이 패소했다. 원고의 만화 제명은 사상 또는 감정의 표현이라고 보기 어려워 저작물로서의 보호를 인정하기 어렵다는 판결 때문이었다. 차라리 만화 제명이나 책 제목을 어린이용 상품의 상표로 미리 등록했더라면 저작권자로선 충분히 승산 있는 싸움이었을 것이다.

서적의 제호는 저작물의 내용을 구성하지 않는다는 것이 통설과 판례의 입장이다. 따라서 그 제호가 식별력이 있는 것이라면 상표로 등록 받아 상표권화하는 게 바람직하다. 다른 책과 구별되는 기능이 인정되면 책 제목도 상표로 등록될 수 있다. 몇 해 전 히트한 유머집《YS는 못

말려》도 이미 상표 출원을 마쳤지만 등록은 되지 않았다. 독특한 식별력이 있음에도 김영삼 전 대통령을 암시하는 제목이라서 받아들여지지 않은 것으로 알려졌다.

공산품 분야에서 주로 빚어지던 상표권 분쟁이 책 제목에까지 번져 출판계의 촉각이 집중되고 있다. 잡지 이름을 둘러싸고 가끔 분란이 일어나기도 했지만, 책 제목 때문에 출판 시장에 폭넓게 소동이 빚어진 것은 1997년 4월에 있은 사건이 처음이었다.

어느 날 갑자기 동아일보를 비롯해 한울림, 예가출판사 등 여러 곳에 내용 증명서가 날아들었다. 일본어 교재 출판사인 일본어뱅크가 상표권 침해를 이유로 보상을 요구한 것이었다. 일본어뱅크측은 1993년《일본어 첫걸음 뛰어넘기》를 출간하면서 이듬해 '뛰어넘기'를 특허청에 등록했기 때문이다.

1992년 책 제목에 '뛰어넘기'를 사용한 한샘, 정보시대 등 출판사 세 곳으로부터 합의금을 받았던 일본어뱅크측이 다시 보상금을 요구하는 내용 증명서를 보내자 관련 출판사들은 '업계 관행을 무시한 횡포'라며 집단적으로 반발했다.

일부 출판사는 일본어뱅크가 법적으로 문제 삼을 경우 특허청에 상표권 무효 심판 청구도 불사하겠다고 나섰다. '뛰어넘기'가 흔한 단어여서 상표권으로 인정하기 어렵고 상표 등록 이전부터 여러 번 사용되었다는 점을 강조했다.

그러나 일본어뱅크측은 '상표법을 무시한 처사'라며 "국내 출판사들이 지금껏 상표권에 너무 무신경했다"고 반박했다. 상표권은 자기 상품

을 보호하는 자구책이며 출판 개방 시대를 맞아 외국에 대하여 우리의 권리를 확보하는 예방책이라는 것이었다.

비록 얼굴을 붉히는 등 감정 싸움으로 비화되다가 합의하는 방향으로 해결되긴 했지만, 이 상표권 분쟁은 출판사들이 지식 재산권에 눈을 뜨는 계기가 되었다. 저작권뿐만 아니라 상표권 분야도 면밀한 검토와 대응이 필요하다는 걸 절감했을 것이다.

상표로서의 식별력을 갖추고 타인의 선출원, 선등록과 저촉되지 않는 한 시나리오나 영화 제목도 얼마든지 등록이 가능하다. 이런 점에 유의하여 신문, 잡지, 단행본, 시나리오, 영화 제목도 상표로 등록해 두는 것이 유리하다.

011 상표를 팔아 짭짤한 수익을 올리는 기업들

부동산을 처분해 돈을 버는 것처럼 타인에게 특허를 팔아서 돈을 벌 수 있다. 특허를 상품화하거나 빌려 줘서 얻는 이익보다 파는 쪽이 경제적으로 유리하다면 특허권도 처분할 필요가 있다. 또 상표를 남에게 빌려 주어 부동산 임대업보다 많은 수익을 올리는 것도 얼마든지 가능하다.

상표를 팔아 짭짤한 수익을 올리는 대표적인 기업이 바로 (주)국제상사. 이 회사는 신발을 한 켤레도 만들지 않고 순전히 '프로스펙스'의 브랜드와 기술 로열티 수출로 벌어들이는 금액이 만만치 않다. 이 회사의 브랜드 라이선스 수출액은 1997년에 이미 200만 달러에 달하였다. 신발 7,000만 달러어치 이상을 수출해야 떨어지는 순이익이다.

국제상사가 나이키, 리복, LA기어 등 세계적인 스포츠 브랜드에 OEM(주문자 상표 부착 생산) 수출을 포기하고 라이선스 수출에 눈을 돌린 것은 1993년이었다. 고임금, 고금리, 고지가(高地價) 등으로 제조 비용을 감당할 수 없어 마케팅 전략을 바꿔야 했다. 40년간 축적된 노하우와 브랜드를 들고 해외로 뛰었다. 완제품을 해외로 내다 팔던 수출부의 업무를 브랜드 및 기술 수출로 전환한 것도 그때였다.

동남아, 중남미, 동유럽에 걸쳐 브라질, 말레이시아, 베트남, 터키, 멕시코 등 신발 후진국이 1차 공략 대상이었다. 매출액의 5~10퍼센트를 로열티로 받는 조건으로 계약을 체결했다. 나이지리아에도 1998년부터 브랜드 라이선스를 수출하기로 했다.

1994년 7~8개국에 불과했던 수출 대상국이 1997년에는 20개국으로 늘어났으며 그 뒤 30여 개국으로 확대되고 있다. 수출액도 매년 50억 달러씩 증가하고 있다. 국제상사측은 라이선스 수출을 통해서 프로스펙스를 세계적인 톱 브랜드로 만들 계획이다.

수출로 버는 돈 로열티로 나간다

우리 경제의 급격한 세계화, 개방화가 진전되면서 자기 상표 수출 비율이 저조하다는 게 우리의 커다란 약점이었다. 이제는 자기 상표의 수출 확대에 만족하지 않고 브랜드 로열티를 받는 추세로 나아가야 한다.

'수출로 버는 돈 로열티로 다 나간다'는 소리가 높다. 국내 기업이 해외로 지출한 로열티 지불액은 10년 동안 무려 11배가 늘었다는 통계도 있다. 기술 도입에 따른 불가피한 출혈도 있겠지만 상표의 사용권을 취득하는 데 들어간 비용도 무시 못 할 수준이다.

A사는 외국 유명 상표를 단 화장품을 100퍼센트 국내 기술로 만들고

있다. 이 화장품은 고급 이미지 상품으로 인식되어 폭발적으로 팔린다. 그러나 A사는 상표만을 사용하는 대가로 매출액의 3.5퍼센트를 프랑스 유명 패션 잡지에 지불해야 한다. 이처럼 한국에서 생산하는 의류와 잡화 부문에 이름만 빌려 온 외국 유명 브랜드가 홍수를 이루고 있다. 한마디로 '환상'을 팔아 떼돈을 벌기 위해 경쟁적으로 거액의 로열티를 주고 상표 사용권을 사오는 것이다.

100퍼센트 국산 원료와 기술 또는 약간의 기술 지원으로 제조되는 넥타이, 와이셔츠, 손수건, 양말, 신발 등에도 '크리스찬 디오르' '이브 생 로랑' '찰스 주르당' 등의 외국 상표를 붙여야 고급품으로 대접받는 풍토 때문에 귀중한 달러가 마구 새어 나가고 있다.

일부 외국 기업들은 제품 수출보다 상표권과 특허권 수입을 주된 수입원으로 삼으려는 움직임까지 보이고 있다. 심지어 로열티 수입만을 관리하는 현지 법인이 출현할 가능성도 높아지고 있는 실정이다. 부동산 매매 임대업을 전문으로 하는 회사처럼 특허권, 상표권 장사만 하는 법인들이 미국 등지에서 속속 출현하고 있다.

따라서 우리도 외국의 유명 상표를 도입하는 데 급급하지 말고 세계적인 브랜드를 개발하고 키우는 자세를 견지해야 한다. 그렇지 않으면 날로 치열해지는 브랜드 경쟁에서 패배할 수밖에 없다.

012 도용당하는 한국 상표들

해외로 수출하는 모든 품목이 그렇지만 자동차도 전 세계를 시장으로 판매하는 전략 상품이다. 하지만 자동차가 아무리 저렴하고 품질이 월등한 상품일지라도 해외 진출이 어려울 때가 있다. 아니 고유 브랜드를 내세워도 먹히지 않을 경우가 적지 않다. 판매 대상국에 일찌감치 등록된 상표 몇 가지 때문에 애를 먹기 때문이다.

수출 대상국 특허청에 이미 한국 자동차 메이커의 브랜드가 그 나라 업체의 상표로 등록되어 있다면 문제가 생길 수밖에 없다. 이쯤 되면 수출품을 선적하기도 전에 상표권을 둘러싸고 법적 효력을 다투어야 한다. 기나긴 시간을 낭비해야 하는 상표 싸움은 수출 포기로 이어질 수도 있다.

중도에 주저앉는 이유는 품질과 가격 경쟁력을 잃어서가 아니다. 수출 시장을 개척하는 단계에서 그 나라에 반드시 상표를 등록하는 것이 급선무임을 알지 못한 탓이다. 수출 상담에 들어가기 전에 최소한 상표

검색은 거쳐야 하는 것이 제대로 된 절차이다. 그보다는 세계화 전략의 일환으로 브랜드 관리를 모든 것에 앞세워야 한다.

세계화를 부르짖는 지금도 우리 기업의 국제 감각은 미약하다. 중소 기업은 물론 대기업조차 국제 특허나 국제 상표에 대한 감각은 여전히 후진국 수준이다. 일이 벌어지고 나서야 부랴부랴 대책을 세우지만 특허 분쟁은 의외로 힘겨운 싸움이 되곤 한다.

유명 상표 나이키가 스페인에 진출하기 위해서는 대수롭지 않은(?) 일로 진통을 겪어야 했다. 스페인 현지에서 같은 상표가 등록되어 있는 사실을 몰랐던 나이키는 불가피하게 자기 상표를 자기가 사들여야 했다. 이 과정에서 나이키가 거액의 대가를 지불한 것은 물론이다.

지구촌이 한 시장으로 통합되면서 상표가 곧 기업의 힘이 되고 있다. 따라서 전 세계 시장을 상대로 벌어지는 상표 전쟁은 하루가 다르게 치열해지고 있다. 하지만 우리 기업들은 상표를 제대로 관리하지 못해 위기를 맞는 경우가 많다. 코카콜라나 소니 같은 세계적인 상표가 없는 한국 기업들은 점점 세계 시장에서 설 자리를 잃어 가고 있는 것이다.

홍콩에는 중국인이 차린 무역 회사 삼성이 있고, 말레이시아에도 현지인이 세운 무역 업체 쌍룡이 등장했다. 대만에 가면 현지산 하이트 맥주를 마실 수 있고, 홍콩에선 국산으로 착각할 만한 신라면이 만들어져 팔린다. 사우디아라비아와 파키스탄에서는 골드 스타가 붙은 가전 제품이 수없이 눈에 띈다. 화승의 운동화 상표 르카프는 이집트와 중동 지역에서 집중적으로 도용당하고 있다. 값싼 운동화에 르카프 상표를 붙인 채로 대량 유통되어 우리 시장을 크게 잠식했다. 고려 용접봉의

상표 코끼리는 태국과 파키스탄에서 도용되는 것으로 알려졌다.

소비자들에게 알려진 한국 상표를 후진국들이 도용하는 사례는 비일비재하다. 상표를 도용당한 기업들은 대기업부터 중견 기업까지 다양하고 품목도 자동차부터 라면까지 줄줄이 발견된다. 스타킹, 운동화, 인삼, 화장품, 주방 기구 심지어 손톱깎이 등 수많은 제품이 가짜 한국 상표를 달고 있다. 우리 나라 기업들이 현지에 상표를 등록하지 않았거나 현지 기업들이 먼저 상표를 출원했기 때문이다.

지식 재산권의 판단 수준은 그 나라에 있다. 우리에게는 그다지 중요하지 않은 것도 다른 나라에선 새로운 정보가 될 수 있다. 김치를 만드는 재료의 배합 기술 등 김치 제조 관련 특허의 90 퍼센트가 일본에 있다는 사실이 우리를 슬프게 한다. 김치 종주국의 주권을 일본에게 무참히 빼앗긴 셈이다.

이처럼 지식 재산권에 대한 관심이 부족한데다 분쟁 대응력이 초보적이고 보유 기술도 낮은 한국을 '봉' 으로 여기는 외국인들이 있다. 특히 미국인들은 특허 관리 전문 회사를 차려 지식 재산권 정보에 어두운 나라들을 마구잡이로 공격한다. 특허 관리 전문 회사는 소수 인원으로 제조 설비 없이 오직 지식 재산권을 활용해 라이선스 수입을 올린다. 이들은 특허권을 매입한 뒤 어수룩한 기업에게 경고장을 보내고 반응이 신통찮으면 소송부터 벌인다.

외국인들의 지식 재산권 공세가 무차별적으로 진행된다고 가정하자. 경영 환경이 어려운데다가 선진국의 특허 소송에 말려들면 하루아침에 사세는 기울고 말 것이다.

우직하고 성실한 기업이면 얼마든지 살아남는다는 말은 옛말이다. 국제적인 감각이 없으면 노하우와 양심을 가슴에 품은 채 자멸해야 하는 세상이다. 최근 일본 대기업들도 지식 재산권에 관한 한 상당히 공격적으로 변해 특허권 상표권 클레임을 무기 삼아 후발 국가들을 무차별적으로 공격하고 있다.

013 공동 브랜드의 힘은 막강하다

세상을 떠나기 전에 아버지는 아들 삼형제를 불러모았다. 머리맡에 모인 아들들은 아버지가 시키는 대로 화살을 각자 손에 쥐었다.

"하나씩 부러뜨려 보거라."

노인의 지시가 떨어지자 자식들은 화살을 꺾었다. 화살은 손쉽게 부러졌다.

"이번에는 화살 여러 개를 한꺼번에 부러뜨려 보거라."

영문을 몰랐지만 자식들은 다시 아버지가 시키는 대로 화살 묶음을 꺾으려고 했다. 쉽지 않은 일이었다. 아무리 용을 써도 화살은 부러지지 않았다.

"얘들아, 이 아비의 뜻을 알아듣겠느냐?"

"……"

아버지의 유언을 알아들은 자식들은 침묵했다.

"아무리 강한 화살도 흩어지면 쉽게 부러진다. 그러나 여러 개가 뭉치면 아무리 강력한 힘도 화살을 꺾을 수 없다. 너희 삼형제도 이 화살처럼 뭉치면 살고 흩어지면 죽는다. 이것이 아비의 유언이다."

유치원 시절이나 초등학교 때 읽은 이 평범한 촌노의 유언은 현대의 경제 전쟁에서도 그대로 적용된다. 백지장도 맞들면 낫다.

14개 업체가 공동으로 만든 브랜드 '가파치'

1991년 기호상사 등 14개 중소 가죽 제품 업체가 모여 공동 브랜드 회사 가파치를 만들었다. 여러 업체가 한 브랜드로 제품을 생산하는 공동 브랜드는 그렇게 국내에서 처음 탄생했다. 비록 금융권의 갑작스런 지각 변동 때문에 1997년 12월 10일 부도가 났지만 가파치는 그 동안 미국 일본 등지에 500만 달러어치를 수출하면서 급성장했고 놀랍게도 흑자 경영을 달성했다.

가파치가 국제통화기금(IMF) 강풍에 휩쓸려 쓰러지는 것을 그냥 볼 수 없다는 움직임이 관련 업계와 소비자들 사이에 일고 있다. IMF 위기를 돌파할 선봉에 서야 마땅한 중소 기업의 모범 답안이 무너져서는 안 된다는 소리가 높았다.

근본적으로 브랜드의 가치는 품질에서 출발한다. 질 좋고 디자인이 아름다운 제품이 소비자들의 신뢰를 쌓아 가면서 브랜드는 완성된다고 봐야 한다. 하지만 자금력이 없는 중소 기업들은 품질과 디자인의 개선이 생각보다 쉽지 않다. 이름을 떨칠 수 있는 멋진 상표를 가지려면 개

발비는 물론 홍보비도 제법 투자해야 가능하다. 그런 상황에서 중소 업체들이 힘을 합쳐 선을 보인 것이 바로 공동 브랜드 가파치와 귀족이었다.

한 상표를 공동으로 등록하기 위해 중소 업체들은 힘을 합쳤다. 작은 자본이지만 여러 업체가 모여 출자했고 상표와 디자인을 함께 개발했다. 시장 개척부터 홍보에 이르기까지 공동 전략을 구사했고 국내외에 공동 매장 성격의 체인점도 오픈했다. 부도가 나고도 가파치 상품의 매출이 느는 기현상은 공동 브랜드의 저력 때문이다.

가파치를 선례로 경기 불황을 공동 브랜드 개발로 타개하자는 노력이 확산되고 있다. 밀려드는 외제품과 대기업의 공세에 맞서 많은 중소 기업들이 공동 브랜드를 개발하고 있다. 18개 신발 업체가 참여하여 결성한 '오파스', 52개 벽지 시공 업체들이 만든 '우리집 꾸미기', 15개 봉제 완구 업체가 개발한 '틴틴', 안경테·내의·장갑·우산을 생산하는 대구 지역 내 15개 업체가 개발한 '쉐메릭' 등이 대표적인 것들이다.

공동 브랜드로 전문 상가를 만드는 경우도 있다. 300여 개 중소 신발 제조 업체들이 서울 동대문 시장에 공동 브랜드 신발 전문 도매 상가를 열었다. 제조 업자들이 직접 경영하는 이 상가는 신발의 제작에서 판매까지 각 업체들이 자율적으로 운영하되 브랜드 '두발리에'만 공동 사용하는 방식이다.

공동 브랜드 '두발리에'는 브랜드 이미지 공동화를 위해 업체 대표들로 상가 운영 위원회를 구성했다. 상가에서 판매되는 신발을 모두 검사해 일정 수준의 품질과 공통된 이미지에 어긋나는 제품은 상표를 부

착하지 못하게 한다. 이 공동 브랜드는 앞으로 주요 도시에 대리점과 가맹점도 개설할 예정이다.

　이밖에 화장품공업협동조합, 한국모피공업협동조합, 한국라이터공업협동조합 등도 중소기업청의 지원을 받아 공동 브랜드 개발에 나섰다.

014 중소 기업에 발목 잡힌 '월마트' 상표

세계적으로 널리 알려진 해외 유통 업체들이 한국 시장에서 쓴맛을 보는 사례가 늘고 있다. 여러 원인이 있겠지만 상표권을 선점당해 직접 상륙하는 데 큰 애로가 생긴 탓이다.

국내에 진출하지 않은 해외 브랜드 이름을 국내 업체가 미리 상표로 출원해 놓았다면 원칙적으로 국내 업체의 기득권이 인정된다. 하지만 그 브랜드가 널리 알려진 것일 경우 다툼의 여지는 충분하다. 국내에 등록된 상표가 무효로 될 수 있고 부정한 목적이나 불순한 동기의 출원으로 의심받을 수도 있다.

상표법도 부정한 목적으로 출원된 상표는 등록된 이후에라도 권리를 박탈하는 방향으로 나아가고 있다.

세계 최대 할인점 유통 그룹인 월마트가 한국에 진출하려다가 장애물을 만났다. 1996년 2월 말 국내 유명 백화점을 통해 '월마트' 상표가 붙은 상품을 판매하던 중에 재고가 쌓이는 등 어려움을 겪어야 했다.

값은 국내 할인점보다 쌌지만 판매는 기대에 미치지 못했다.

월마트가 국내에서 '월마트'라는 이름을 쓰지 못해 상품을 적극 알리지 못한 사연도 매출 부진 요인 중의 하나였다. 국내에서 한 중소 업체가 특허청에 월마트 상표권을 이미 등록해 놓았기 때문이다. '월마트'란 상표를 광고할 수 없자 백화점측은 '미국 상품 직수입 상품전'이라는 군색한 안내문으로 대신하는 데 만족해야 했다.

매출액 기준 세계 1위 유통 업체인 월마트사는 한국 진출을 위해 중소 업체가 1991년 국내에 등록한 '월마트' 상표를 되찾느라 매우 고생하였다. 결국 1995년부터 상표권 매각 협상을 벌였으나 만족할 만한 결과를 얻지 못하자 월마트사는 그 중소 업체 대표를 상대로 상표 불사용 취소 심판을 청구하는 방법으로 대응했다.

1999년 5월 12일 특허청 특허 심판원은 경원엔터프라이즈사 대표인 김○○ 씨의 '월마트(WAL-MART)' 서비스표 등록을 무효라고 심결했다. 이는 미국 월마트사의 청구를 그대로 받아들인 것이어서 주목된다. 심판원의 등록 무효 이유를 살펴보면 아주 흥미롭다.

'김씨가 등록한 월마트 상표는 독창적으로 만들지 않고 미국 월마트사의 표장을 본떠 만든 모방 상표라고 할 수 있다. 이 서비스표의 등록과 사용은 법 정의에 반하며 상품 유통 질서 또는 상거래 질서의 확립을 통한 수요자 보호라는 상표법 취지에도 반한다. 따라서 국제적인 상거래 질서와 신뢰를 떨어뜨릴 수 있다. 상표의 모방 출원·등록은 궁극적으로 우리 나라 고유 상표 개발을 게을리하게 만드는 바람직하지 못한 경향을 조장하여 해외에서 우리 나라 상품의 국제 경쟁력을 약화시

킨다.'

 월마트사는 또한 1998년 6월 17일 김씨를 상대로 월마트 서비스표 등록 취소 심판에서 취소 심결을 받아 냈다. 한편 김씨는 이에 불복하여 특허 법원에 심결 취소 소송과 민사상 서비스표 사용 금지 등 가처분 신청을 낸 바 있다.

 위 사건은 대법원에서 김씨의 월마트 서비스표가 무효라고 확정됨으로써 일단락 되었지만, 나는 월마트사의 손을 들어 준 특허 심판원·특허 법원의 등록 취소 심결에 동의할 수 없는 입장이다. 실제 국내 월마트 서비스표는 3년 이상 계속하여 '불사용' 된 적이 없는데도 등록을 취소하라는 판결이 나왔기 때문이다.

 김씨는 지정 서비스업으로 백화점 관리업, 쇼핑센터 관리업, 생활필수품 판매점 관리업 등을 등록했고 그 동안 3년 이상 슈퍼마켓 운영을 계속해 왔다. 그러나 심판원은 '슈퍼마켓을 관리한다는 것은 두 개 이상의 체인점을 두고 운영한다는 취지이며, 단독 슈퍼마켓 운영은 관리업으로 보기 어렵다' 는 이유를 내세웠다. 결론적으로 지정 서비스업에 서비스표를 사용하지 않았다고 판단한 것이다.

 어쨌든 최종 판결의 내용을 떠나서 이 사건은 우리에게 귀중한 교훈을 던져 주고 있다. 세계적인 기업이라는 자부심만 믿고 상표권 관리에 소홀하거나 방심한 결과 월마트사는 사업에 큰 차질을 빚은 셈이다.

 확실히 월마트의 경우처럼 해외 유통 업체와 국내 업체간에 상표권을 둘러싸고 벌이는 분쟁이 잦아지고 있다. 프라이스사는 해태유통이 지난 1974년부터 사용하고 있던 '코스코' 라는 상표가 자신들의 고유

상표인 '프라이스 코스코'와 비슷하다는 이유로 상표 등록 무효 심판 소송을 청구했다.

1997년 3월 서울에 1호점을 내면서 한국에 진출한 영국의 화장품 업체인 '더 보디숍 인터내셔날'사는 '보디숍'이라는 상표가 이미 국내에 상표 출원된 것을 확인하고 상표 무효 심판 청구 소송을 통해 이를 되찾기도 했다.

보디숍은 세계 46개국에 1,400여 개 제휴사를 둔 세계적 화장품 브랜드이다. 해외에서 워낙 유명한 브랜드명이므로 한국 특허청에 상표 출원을 하지 않아도 기득권을 인정해 준다는 뜻이었다.

그러나 유명한 상표라는 이유로 절대 방심해서는 안 된다. 무엇보다도 반드시 상표 등록을 해두어야 한다. '저명성'을 인정받기 위해서는 '불확실성'과 싸우는 것은 물론 막대한 비용 부담과 귀중한 시간의 희생이 전제되어야 하기 때문이다.

015 다윗에 승리를 안겨준 비밀 병기

유명 상표는 설령 제삼자가 다른 품목에 같은 이름으로 상표 등록을 했더라도 함부로 쓸 수 없다는 대법원 판결이 나왔다. ㈜대현의 상표 '마르조'를 제삼자가 가방, 핸드백 등에 사용할 경우 소비자들의 제품에 하자가 있을 때 대현의 제품으로 오인하여 대현측에 피해를 줄 수 있다는 점을 인정한 것이다.

국내 문구 전문 업체 ㈜양지사와 미국 마이크로소프트(MS)사가 맞붙은 상표 분쟁도 성격은 다르지만 골리앗과 다윗의 싸움을 연상시킨다.

1981년 양지사는 다이어리에서 창문처럼 목차를 쉽게 볼 수 있다는 의미로 'Window' 상표를 특허청에 등록했다. 1992년에는 등록 갱신을 하고 Window라는 브랜드로 연간 20만 부의 다이어리를 제작, 판매해 왔다.

양지사의 제품을 목격한 MS가 상표 등록이 부당하다며 특허청 심판소에 갱신등록 무효 심판 소송을 제기했고 1996년 5월 1심에서 승소했

다. 심판소는 '상표 사용 실적에 관한 증거 자료가 부족하고 영문 상표와 한글 상표를 동시에 쓰지 않았다' 며 양지측에 패소 판결을 내렸다.

양지사는 상표를 출원한 1980년에는 윈도가 나오지도 않았고 영문·한글을 동시에 쓰지 않은 것은 디자인상의 문제라며 즉각 항고했다. 오히려 MS가 매뉴얼에 윈도 상표를 사용하고 있어 상표를 침해했으므로 100억 원대의 손해 배상 청구를 제기하였다.

MS측의 반박도 만만치 않았다. 양지사가 선등록을 이유로 부당하게 세계적인 상표를 침해하고 있다는 주장이 제기되었다. 1993년 한국 특허청에 컴퓨터 분야에만 출원한 게 사실이지만 매뉴얼에 사용하지 말라는 건 억지에 불과하다고 반박했다.

거인 마이크로소프트와 난쟁이 양지사의 싸움은 한때 점입가경으로 치달았으나, 10여년에 걸친 소송 끝에 결국 양지사의 Window 상표 등록은 무효가 아닌 것으로 확정되는 한편, MS가 Window 표장을 제품의 매뉴얼에 표시한 것은 상품의 내용을 안내·설명하기 위한 것일 뿐 양지사의 상표권을 침해한 것은 아닌 것으로 결론이 나왔다.

미 보잉사와 한국 손톱깎이 제조 회사의 대결

골리앗과 다윗의 싸움을 지켜보는 재미가 그만이다. 아니 다윗이 골리앗을 쓰러뜨리는 광경을 구경할 수만 있다면 그처럼 통쾌한 일도 없으리라. 실제로 지식 재산권을 사이에 두고 벌어지는 분쟁에서 난쟁이가 거인을 이기는 사례가 자주 연출된다.

연간 매출액 250억 원이 고작인 충남 천안의 대성금속은 미국 특허청에 상표 등록을 출원한 지 3년 만에 출원 공고 허가 통지를 받았다. 대성금속으로서는 매출액이 900배에 가까운 골리앗을 상대로 싸워 승리했기 때문에 기쁨이 두 배가 아니라 900배였다.

대성금속은 손톱깎이를 주력 상품으로 삼아 탄탄한 브랜드 이미지를 구축한 중소 기업이다. 이 회사가 고유 브랜드 '777(스리 세븐)'로 미국 시장을 공략했지만 공룡 기업 보잉사 때문에 제동이 걸렸다. 보잉이 지난 1990년 미국 특허청에 똑같이 '777' 상표를 등록했으므로 대성금속이 상표권을 침해했다는 주장이 제기되었다.

골리앗과 다윗의 싸움은 이때부터 시작되었다. 미국은 상표 등록을 하지 않고 먼저 사용만 해도 상표권을 인정하는 선사용주의를 채택하고 있다는 데 주목한 대성금속은 스스로 미국에서 먼저 '777' 상표를 사용한 사실을 들어 보잉을 공격했다. 대성이 만든 '777' 손톱깎이는 비록 미국 특허청에 상표 등록을 하지 않았으나 보잉이 1990년 상표 등록을 하기 6년 전부터 미국에 수출했음을 주장했고 미국 특허청은 이 주장을 받아들였다.

손톱깎이를 만드는 한국 중소 기업을 우습게 알았다가 보잉은 대성금속이 휘두른 주먹 한 방에 KO되는 수모를 당해야 했다. 거인 보잉은 항공기 안의 편의품에 '777' 상표를 붙이려면 상표권자인 대성과 타협해야 하는 딱한 처지가 된 것이다.

국제적인 관심을 끈 이 상표 분쟁은 결국 양쪽의 승리로 결말이 났다. 대성측은 미 보잉사와 777 상표를 공동 사용하기로 최종 합의한 것이다. 다만 대성의 경우 앞으로 777이란 상표 밑에 '대성'이라는 영문을 표기한다는 조건이 달렸다.

미국과는 달리 한국은 먼저 특허청에 출원·등록해야 권리를 인정받는 선출원·선등록주의 원칙을 채택하고 있다. 그렇지만 먼저 출원했다는 사실만으로 보호받는 것은 아니다.

016
향기 없는 향수 전쟁

프랑스 랑콤사는 향수를 시판할 목적으로 'TRESOR' 라는 향수 브랜드를 출원했다. 그러나 특허청에선 이 브랜드가 ○○화학의 상표 'TREASURE' 와 유사하다는 이유로 거절 통지서를 보내 왔다. 나는 도형을 추가한 디자인에 'LANCOME TRESOR' 라는 상표를 출원하도록 랑콤사에 권고했다. 마침내 새로운 상표를 출원했고 출원 등록 공고가 나가던 시기였다. ○○화학이 특허청에 이의 신청을 하면서 상표권 침해 소송도 제기했다. 이런 와중에서도 랑콤사는 이의 신청을 극복했고 새로운 상표를 등록하는 데 성공했다. 상표 등록증을 법원에 제출하여 침해 소송을 방어할 수 있었다.

  하지만 랑콤사는 선출원주의 원칙을 주장하는 ○○화학과 어려운 싸움을 계속해야 했다. ○○화학이 이 등록 상표에 무효 심판을 청구한것이다. 두 브랜드 모두 보물을 뜻하는 단어이긴 하지만 프랑스어 TRESOR는 '트레조르' 로 발음되고, 영어 TREASURE는 '트레저' 로 발

음되며 그 형상도 다르다는 이유를 들어 대항했으나 쉬운 일이 아니었다. 혹시라도 상표 등록이 무효로 된다면 랑콤사 매출의 상당 부분을 차지하는 이 제품의 판매 중단은 물론 막대한 손해 배상까지 해야 하는 등 사업상 위기에 다다를 것이 뻔했다.

○○화학은 랑콤사의 한국 에이전시인 한국화장품이 '트레저' 상표를 사용한 향수 홍보용 광고지를 제시하여 1심과 2심에서 모두 승소했다. 랑콤사와 나는 바짝 긴장하지 않을 수 없었다.

사건이 대법원에 계류중일 때였다. 나는 승산이 확실하지 않아 노심초사하다 화해를 주선하기로 했다. 해외 출장중 묵던 호텔에서 양쪽 회사 책임자와 번갈아 통화하면서 중매쟁이 역할을 했다. 마침내 랑콤사가 상당한 금액을 지불하고 ○○화학의 상표권을 취득하는 선에서 합의가 이루어졌다. 만약 분쟁이 해결되지 않았다면 랑콤사로선 향수 수입도 못 하고 거액의 비용만 부담해야 했을 것이다. 이처럼 상표권의 위력은 막강하다. 일단 먼저 등록만 했더라면 이렇게 막대한 희생을 치르지 않고도 마음놓고 사용할 수 있었을 것이다.

우여곡절 끝에 랑콤사는 상표 이전·등록으로 향수 판매 사업을 계속할 수 있게 되었다. 비록 금싸라기 같은 시간을 낭비하며 송사를 벌이긴 했지만, 화해를 주선하여 분쟁이 해피 엔딩으로 끝난 것에 보람을 느낀다.

017 돈 주고도 뺨 맞을 수 있다

각국 특허 독립 원칙이란 것이 있다. 외국인도 우리 나라 특허청에 등록하지 않으면 한국에서는 권리가 없고, 우리 역시 외국에서 특허 등록을 밟지 않으면 아무리 국내에 등록되었더라도 권리를 인정받지 못한다는 뜻이다. 세계적으로 저명한 상표일지라도 한국에 등록된 사실이 없으면 보호가 보장되지 않는다.

국내 기업 K스포츠사가 라이선스 계약을 완료한 상태에서 외국 상표를 도입하기로 하고 이른바 상표 사용권 계약을 체결했다. 평소 탐내던 티셔츠, 청바지 등 캐주얼의 유명 상표를 사용하는 대가로 K스포츠는 수억 원의 로열티를 지불했던 것이다.

하지만 정당한 사용권자의 자부심을 느끼기도 전에 다른 국내 업자 B로부터 내용 증명을 받았다. K스포츠가 B사의 상표권을 침해하고 있으니 민, 형사상 모든 법적 조치를 강구하겠다는 것이었다. 알고 보니 특허청에 이와 유사한 상표가 먼저 등록된 사실이 발견되었다. 발등에

불이 떨어진 K스포츠측은 그제서야 변리사를 찾았다.

"우린 돈 주고 뺨 맞은 격입니다. 정당하게 로열티를 주고 상표를 도입했는데 이게 웬 날벼락입니까?"

K스포츠가 M그룹과 체결한 계약서를 보고 저자는 놀라지 않을 수 없었다.

"말이 좋아 라이선스 계약이지 수입 대리점 수준의 약정에 불과합니다. 겨우 상품 배포권을 얻기 위해 거액의 로열티를 주었다니 한심스러운 일이군요."

"이를 어쩌면 좋습니까?"

K스포츠 책임자는 난감한 표정을 지었다.

"전문가의 도움 없이 상표권 사용 계약을 맺은 K스포츠도 잘못이지만, 저명한 브랜드란 자부심만 갖고 한국 특허청에 상표권을 등록하지 않은 상표 제공자 M그룹도 치명적인 실수를 저지르고 있습니다. K스포츠가 상표권 도입 의사가 있다면 국내에서 반드시 사전 검색을 거쳐야 했습니다. 아무리 세계적으로 알려진 상표라도 우리 나라에 등록하지 않으면 보호받지 못합니다. 상표 사용권 역시 우리 특허청에 등록돼야 효력이 발생합니다."

정보 부족으로 분쟁에 휘말린 K스포츠는 어쩔 수 없이 M그룹의 책임자를 국내로 불러들였다. 마라톤 회의를 거듭한 끝에 완벽한 라이선스 계약을 체결했고 M측이 분쟁 처리 비용을 부담하기로 약속했다. 하지만 그것으로 모든 문제점이 풀린 것은 아니었다. 잘못 대처하다간 손해 배상은 물론 형사 처벌까지 받아야 하는 위험 부담도 없지 않았다.

나중에 B사의 상표 등록이 무효화되는 것은 별개 문제였다. 당장 사업에 지장이 많은 만큼 K스포츠는 우선 급한 대로 B사와 협상을 시도했다. 목마른 사람이 샘을 판다는 말이 있잖은가. 결국은 B사에게 급한 대로 로열티를 주고 통상(비독점) 사용권을 얻어야 했다.

떳떳하게 상표 사용권을 취득했으면서도 K스포츠는 송사에 휘말렸고 검찰에 고발까지 당하는 신세가 됐다. 더구나 덤으로 로열티를 지불해야 했으니 가슴 아픈 일이었다. 비록 M사가 실수를 저지르긴 했으나 B사의 상표 등록을 무효로 만들 수 있다는 게 내 소신이었으므로 다음과 같이 주장했다.

"M사의 상표명은 하와이 군도의 유명한 섬이다. 명백한 지리적 명칭은 상표로 등록될 수 없다. 설사 등록되었더라도 상표권의 효력이 미치지 않는다."

검찰은 드디어 K스포츠의 손을 들어주었다. 오랜 다툼 끝에 무혐의 처분을 받은 것이다. 하지만 K스포츠와 M그룹이 분쟁에 휘말리면서 받은 타격은 엄청났다.

018 하늘이 무너져도 솟아날 구멍 있다

"아무리 큰 변을 당하더라도 그것을 벗어날 묘책은 있는 법입니다. 하늘이 무너져도 솟아날 구멍은 있습니다."

난생 처음 받아 보는 경고장 때문에 당황하여 달려오는 사람들을 나는 일단 그렇게 위로하곤 한다. 금방이라도 회사 문을 닫는다든지 당장 형사 처벌을 받을 것으로 알고 낙담하는 사람들이 워낙 많은 탓이다.

하지만 지레 겁부터 먹을 일이 아니다. 특허권이나 상표권 침해 경고가 있더라도 부정 경쟁 목적이 아니면 침착하게 대항할 필요가 있다. 변리사와 상담하고 침해 여부를 신중히 판단해야 한다. 침해하지 않은 사실이 명백할 경우 단호한 반론도 제기해야 한다. 혹시 침해가 인정된다면 손해를 줄일 수 있는 방법도 강구해야 한다.

예컨대 '서울식당'이라는 상호를 사용하다가 경고를 받았다면 얘기는 달라진다. 명백한 지리적 명칭을 사용하는 것은 침해가 아니고 무효 사유가 인정될 수 있기 때문이다. 이처럼 상대편의 흠을 찾아 합리적인 반격용 자료를 찾는 게 무엇보다도 중요하다. 때에 따라서는 경고장을

보낸 사람이 고소되어 거꾸로 피고가 되기도 한다.

상대편 특허의 무효를 입증하는 방법은 매우 다양하다. 출원 전에 이미 일반 문헌에 실린 상태였다거나, 특허권자 자신이 출원 전에 그 특허 발명을 공연히 실시하고 있다거나, 이미 알려진 기술을 이용해 쉽게 발명할 수 있다거나, 출원 당시 이미 존재하고 있었다거나, 특허를 도용 또는 모방당했다는 증거 등을 잡으면 특허의 효력을 없앨 수 있다. 이러한 '무효 심판' 청구도 한 방법이지만, 권리 범위에 속하지 않는다는 확인을 구하는 '권리 범위 확인 심판' 청구도 또 하나의 대안이 될 수 있다.

얼마 전 드링크제 '영지천'을 생산하는 업자가 내용 증명서를 받고 화들짝 놀랐다. 일양약품의 '영비천' 등록 상표와 유사하기 때문에 상표권을 침해했다는 요지의 경고장이 날아온 것이었다.

형사 처벌 위기에 몰리는 듯했지만 면밀한 감정을 통해 궁지를 벗어날 수 있었다. 나는 '영지버섯 그림은 원료인 영지버섯을 표시하는 그림이다. 또한 영지천이라는 이름 역시 원료를 표시하는 것이므로 자유롭게 사용할 수 있다'고 감정했다. 독점권 부여가 곤란한 상표이므로 권리 침해가 아니라는 결론이었다.

이처럼 위기를 극복할 기회는 많으니 주눅부터 들 일이 아니다. 경고장에 대한 회답서를 함부로 작성하면 상황을 그르칠 우려가 있으니 변리사와 상의한 뒤 현명하게 대응해야 한다. 타인의 권리를 침해한 사실이 인정된 쪽은 언제나 불리한 처지에 있다. 이럴 때일수록 침해 행위를 가능한 한 중지하고 진지하게 접근해야 한다.

019 새우깡과 모시메리의 운명

유명한 이름을 특정 개인이 독점하게 한다면 그 개인이야 좋겠지만 다른 사람들에게는 대단히 불공평한 일이다. 따라서 특별한 경우를 제외하고, 명백한 지리적 명칭이나 산지의 이름은 등록되지 않는다. 그밖에 상표의 효능, 용도, 제조 방법, 원료명, 수량, 형상, 품질 등을 나타낸 이름은 상표법에서 등록을 금하고 있다. 결론적으로 말해 상품의 의미를 직접적으로 표현하는 것은 등록되지 않는다는 뜻이다.

'새우깡'과 '모시메리'는 모두 상표로 인정되어 등록된 바 있지만 세월이 흐르면서 이들의 운명은 서로 엇갈렸다. 새우깡은 등록 상표로 계속 인정받은 반면, 모시메리는 무효 판결이 나는 바람에 상표권 행사를 할 수 없게 되었다.

주식회사 농심의 새우깡도 한때 위기를 맞은 적이 있다. 경쟁 업체인 삼양식품에서 무효 심판을 청구하는 순간 죽을 운명으로 취급되었다. '새우'는 지정 상품의 원재료 표시이고 '깡'은 건과자류에 사용하는 관

용화된 표장이므로 상표로 등록된 것이 부당하다는 게 청구의 요지였다. 마치 새우깡은 등록 상표로서의 수명이 다한 것처럼 보였다. 하지만 대법원은 새우깡의 편을 들어줌으로써 세상 사람들을 놀라게 했다.

상표법에서 규정한 장기간의 사용에 의한 특별 현저성이 형성된 상표, 이른바 사용에 의하여 후천적인 식별력이 생겼다는 판단이었다.

새우깡에 대한 선전, 광고 사실과 1973년이래 현재까지 등록 상표로 계속 사용되어 온 사실에 비추어 이 등록 상표는 그 전체를 하나의 상표로 보는 것이 타당하다. 현실적으로 우리 주위에서 이 등록 상표가 농심의 상표인지 쉽게 알 수 있을 만큼 널리 알려져 있기 때문이다.

이와 달리 '모시메리'의 운명은 순조롭지 못했다. 주식회사 백양과 주식회사 쌍방울은 '모시메리'라는 상표를 둘러싸고 지루한 싸움을 벌였다. '백양 모시메리'와 '쌍방울 모시메리'의 법정 공방은 대법원에서 그 승부가 가려졌지만 사실상 모시메리는 상표로서의 식별력을 인정받지 못한다는 결론을 얻었다. 다시 말해 이미 무효로 확정되었고 앞으로도 상표권 등록 대상이 될 수 없다는 것이었다.

'모시'는 모시풀 껍질의 섬유로 짠 피륙의 뜻으로, '메리'는 메리야스로 인식되고 있으며 모시메리는 곧 모시와 메리의 결합으로 인식될 수 있어서 식별력이 없다는 판결이었다. 여러 제조사에서 동시에 사용하더라도 모시메리 앞에 내세우는 상호에 의하여, 예컨대 '백양 모시메리', '쌍방울 모시메리' 등으로 충분히 구분이 가능하므로 혼동을 일으킬 염려도 없다는 것이었다.

020 누구나 **외국상품**을 **수입**할 수 있나?

세계 각국은 지식 재산권을 보호하기 위해 독립된 법률을 가지고 있으며 그 법률의 효력 범위도 각국 영토에 한정된다. 이른바 속지주의를 존중해 그 나라에서만 독점적, 배타적 권리가 보장된다. 세계적으로 뜨거운 논쟁의 씨앗은 이러한 특허 독립주의에서 잉태되고 있다.

예컨대, 외국인이 자기 나라에서 실시중인 특허권이나 상표권이라도 한국에 들여오려면 나름대로 다시 등록을 해야 한다. 외국인 자신이 소유하는 지식 재산권이 이미 다른 사람의 명의로 한국 특허청에 등록되어 있다면 상황은 복잡해진다. 어떤 한국인이 아예 자신의 상표가 부착된 상품을 수입해다가 팔고 있다면 상황은 더욱 꼬이게 마련이다.

속지주의 원칙에 따르면 제삼자의 진정(眞正) 상품 수입은 변명의 여지가 없는 위법이다. 진정 상품은 특허 상표권자가 적법하게 제조 판매한 제품을 말하며, 이 같은 진정 상품 수입 때문에 오래 전부터 논란이

일어나곤 했다.

　국내에서도 진정 상품 수입으로 말썽을 빚은 적이 있다. 신세계 프라이스 클럽이 기술 제휴 업체인 미국 프라이스 코스코사를 통해 미국산 유명 청바지와 골프채를 수입 판매하기 시작했다. 국내에서 일찌감치 유통중이던 라이선스 제품보다 70퍼센트 정도 저렴한 가격으로 판매한 것은 물론이다. 이를 보다 못해 국내의 상표 전용 사용권 매입 업체가 가처분을 신청했고, 신세계 프라이스 클럽의 수입 물품 전량이 세관에 억류되는 신세가 되기도 했다.

　라이선스는 물론 사업상 전혀 관련이 없는 제삼자가 해외에서 만든 진짜 물건(진정 상품)을 수입해다가 판매하는 행위는 과연 적법할까? 경직되게 해석하면 위법이고 타인의 지식 재산권을 침해한 결과가 될 수도 있다. 그러나 지금의 세계적인 조류는 진정 상품의 수입을 적법한 행위로 인식하는 방향으로 나아가고 있다.

　이 같은 진정 상품의 병행 수입을 막으면 결국 소비자만 골탕먹을 수밖에 없다. 외국으로 빠져나가는 로열티만 늘어날 것이고 소비자는 비싼 가격에 물품을 구입해야 하기 때문이다. 진정 상품의 병행 수입 허용은 최종 소비자의 피해를 줄이려는 데서 출발한다 해도 과언이 아니다.

　외국에서 제품을 만들기 위해 상표권과 특허권을 한 번 사용했다면 권리가 일단 소멸한 것으로 간주한다. 따라서 그러한 제품이 한국으로 수입되는 시점에서 지식 재산권은 없어진 것으로 판단해야 옳다. 관세청에서도 제삼자의 진정 상품은 수입을 허용하고 있다. 하지만 국내에서 진정 상품에 대한 광고 행위를 할 경우 이는 지식 재산권의 침해라는 판례도 있으므로 진정 상품의 수입과 취급에 유의해야 한다.

이와 달리 진정 상품을 수입하는 행위가 금지되는 사례도 있다. 외국 상표를 독점적으로 사용하는 자가 수입은 하지 않고 국내에서 전량을 제조, 판매할 경우 제삼자의 수입은 허용되지 않는다.

귀중한 외화를 낭비하고 광고를 못한다는 단점은 있지만, 진정 상품 수입 관행을 잘 활용하면 로열티 부담 없이도 장사를 할 수 있다. 양질의 상품을 싼값에 공급하기 때문에 소비자에게도 이익이다. 다만 등록 원부를 검색하여 국내에 다른 독점 사용권자가 있는지 반드시 확인해야 한다.

그렇다면 외국 상표권자와의 독점 수입 계약 없이 다른 유통 경로를 통해 같은 물건을 수입, 판매하는 수입 업체가 사용 가능한 상표권의 범위는 어디까지일까? 이 문제로 인한 분쟁의 와중에서 법원이 새로운 판결을 내려 주목된다.

영국 버버리사와 이 회사의 국내 대리점인 Y통상이 병행 수입 업체(정식 수입 배포 계약 없이 수입하는 회사)인 E사를 상대로 상표 사용 중지 소송을 내면서 비롯되었다. 1999년 8월 16일 서울 고법 민사5부는 '병행 수입 업체는 상표를 선전 광고물에 부착할 수 없다' 는 원심을 깨고 '일정한 범위에서 사용할 수 있다' 고 판결했다.

재판부는 판결문에서 '병행 수입이 허용되는 이상 영업상 필요한 범위에서 상표 사용을 허용해야 한다' 며 '그러나 국내 독점 판매 대리점과의 관계에서 영업 주체의 혼동을 초래할 염려가 있는 상표의 사용은 금지해야 한다' 고 밝혔다.

따라서 재판부는 '병행 수입 업체가 상표를 사무소, 영업소, 매장의 외부 간판, 명함 등에 사용하는 것은 외국 본사의 공인 대리점이나 그 대리점의 구성원으로 오인하게 할 염려가 있으므로 금지해야 한다'고 판결했다.

반면 '매장 안의 내부 간판이나 포장지, 쇼핑백, 잡지 등의 광고물에 상표를 사용하는 것은 병행 수입 업체의 상품 판매를 촉진하기 위한 필연적인 행위이므로 위법성이 없다'고 결론지었다.

위 판결은 의류, 골프채, 스키, 전자 제품 등을 중심으로 급증하는 병행 수입 업체에 해당 제품의 광고용 상표 사용을 부분적으로 허용하는 결과여서 병행 수입 업체의 정당한 범위의 상표 사용에 대한 기준을 제시하고 있다.

021 라이선스도 등록하라

오랜 협상 끝에 국내 의류업체 D사는 프랑스의 유명 의류 상표를 도입하기로 결정했다. 로열티로 순매출액의 5퍼센트를 지불하는 등 부담스럽고 까다로운 조건이었지만 계약서에 사인하고 말았다. 워낙 시일을 끌어 온 상담인데다가 상표 사용권만 얻으면 매출이 급신장할 것으로 확신했기 때문이다.

하지만 번거롭고 짜증스러운 일이 곧바로 이어졌다. 거액의 계약금을 지불하고 어렵사리 도입한 상표를 다른 업체들이 도용하는 게 아닌가. 즉시 내용 증명서를 통해 민·형사상 책임을 묻겠다고 경고했지만 통하지 않았다.

형사상의 구제 조치로 상표권 침해자에게 7년 이하의 징역 또는 1억 원 이하의 벌금이 부과될 수 있다고 알렸으나 마찬가지였다. 도리 없이 D사는 프랑스 상표권자와 함께 침해 소송을 제기했고 검찰에 고소까지 해야 했다.

그때부터 침해자들은 취소 심판 청구를 하는 등 조직적인 반격을 시작했다. D사가 상표 사용권을 얻어내고도 6개월 이내에 특허청에 등록하지 않았으므로 상표권 취소의 원인이 된다는 것이었다. 사용권 등록 미필 상태에서 6개월이 경과된 사실을 확인한 D사는 놀라지 않을 수 없었다. 결국 이 소동은 D사측의 무지가 낳은 화근임이 밝혀졌다.

그러자 갑자기 상황은 반전되기 시작했다. 고소와 고발을 서슴지 않던 D사와 프랑스 상표권자는 상표권을 잃을까봐 오히려 무마에 나서야 했다. 벌써부터 약점을 잡은 나머지 침해자들이 계속 늘어나도 속수 무책이었다. 방법이 없었다. 울며 겨자 먹기식으로 D사는 새로운 상표를 특허청에 등록하지 않으면 안 되었다.

D사처럼 상표권자에게 로열티를 지불하고도 미처 상표 사용권을 등록하지 않아 궁지에 몰리는 업체가 가끔 있다. 약정서에 사용권자를 명시해도 특허청의 상표 등록 원부에 등록되지 않으면 제대로 보호를 받을 수 없다.

더구나 계약 체결 후 6개월 이상 경과하도록 사용권을 등록하지 않으면 취소 대상이 되고 이해 관계인의 청구에 의해 취소가 될 수도 있었다. 다만, 1998년 3월 1일부터 제도가 개선되어, 이제는 이와 같은 사유로 취소 대상이 되지 않게 되었다.

취소 사유와는 별도로 전용(독점) 사용권을 등록하지 않으면 효력 자체가 발생하지 않으므로 반드시 등록을 해야 한다. 반면에 통상(비독점) 사용권은 등록하지 않아도 사용권의 효력이 발생한다. 그러나 통상 사용권을 등록하지 않으면 그 상표권 이전시 양수인이나 전용 사용권자

에 대하여 권리를 인정받지 못한다. 따라서 통상 사용권도 등록해 두는 게 바람직하다.

개발 특허는 반드시 상품으로 만들어 팔 이유는 없다. 특허 소유권자가 스스로 제품을 만들지 않더라도 부동산처럼 특허 실시권을 임대할 수도 있다. 역시 상표도 사용권을 빌려 줄 수 있다. 마치 보증금을 받고 집이나 방을 월세로 놓는 경우와 흡사하다. 일반적으로 착수금을 먼저 받고 순매출액의 2~5퍼센트를 로열티로 받는다.

부동산은 눈에 보이고 전세를 살아도 실상을 두 눈으로 확인할 수 있다. 그러나 지식 재산권은 보이지 않는다. 그러므로 설정 등기를 하듯 특허 실시권은 전용이든 통상이든 구별하지 않고 등록해야 한다. 비록 통상 실시권일지라도 등록하면 그 이후로 그 특허에 대한 특허권이나 전용 실시권을 취득한 자에게 승리할 수 있다.

한국발명진흥회에선 발명 특허품의 실시를 적극 알선한다. 우수 발명과 고안의 기업화 촉진을 위해 마련된 이 제도는 대단히 성공적인 것으로 평가받고 있다.

출원 또는 등록된 권리의 양도, 합작 투자를 원하는 사람은 이 단체의 특허기술사업화알선센터(02-3459-2846/2831)로 연락하면 된다.

022 다국적 기업의 상표 관리를 배우자

해외 경쟁 기업들은 대부분 사내에 지식 재산권 본부, 산업 재산권 센터, 상표부 등의 조직이나 기구들을 두고 있다. 이처럼 막강한 특허 또는 상표 관리 전담 조직은 첨단 설비와 전문가 집단을 통해 상표 등 산업 재산권을 효율적으로 관리하고 있다. 이들 부서의 책임자는 부사장, 이사, 부장 등이고 경영 수뇌부와 긴밀히 연결된다.

무엇보다도 외국 업체들은 완벽한 데이터베이스를 구축하고 있다. 자사의 상표권 등 산업 재산권의 현황, 각종 기일, 체크 포인트를 비롯해 모든 특허, 상표 정보를 컴퓨터에 데이터베이스로 구축해 빈틈없이 점검하고 관리한다.

장래에 사용할 상표의 개발과 등록 가능성의 사전 진단으로 상표권을 미리 확보하려는 경향도 아주 강하다. 특히 한국의 유통 시장 개방에 대비하여 자사 상표를 앞세운 전략이 강력히 추진되고 있다.

유사 상표 등록 방지를 위한 이들의 국제적 감시망은 완벽에 가깝다.

전 세계 각국을 대상으로 유사 상표의 출원 공고를 감시하기 위해 전문 회사에 정보를 제공한다. 유사 상표가 출현하면 해당국 변리사 사무소를 통해 즉각 대응한다. 이들 외국 기업은 지식 재산권 관련 국제 기구의 회원으로 가입해 정보 수집은 물론 막강한 영향력을 행사한다. 다국적 기업들의 상표권 등 산업 재산권은 모기업 본사에서 중앙 집중식으로 관리한다. 진출 국적의 회사에 맡기지 않고 모기업이 직접 상표 출원, 절차 진행, 사후 관리를 총괄한다. 경우에 따라선 조세 회피, 비용 절감 효과를 노려 관련 비용을 현지 자회사에 부담시키는 기업도 있다. 상표의 중요성에 따라 세계 각국을 등급으로 매겨 출원국을 결정한 뒤 국가별로 관리하는 기법도 활용한다.

이처럼 경쟁 업체나 다국적 기업의 상표 전략이 완벽하기 때문에 우리도 나름대로 대응 방안을 마련해야 한다. 상표 관리 전담 부서가 없는 기업은 신설을 검토하는 것이 바람직하다.

상표에 관한 정보, 즉 갱신 기간, 사용권 등록 기간, 불사용 기간, 등록료 납부 기간 등 기초 정보는 물론 유사 상표에 관한 정보 등 과학적인 분석 자료를 컴퓨터 데이터화한다. 필요하다면 국제 상표 검색 전문 회사를 활용하여 주요 관심국에서 유사 상표가 등록되지 않도록 빈틈없이 노력해야 한다.

한국의 투자 여건이 악화되면서 주문자 상표 부착 제조(OEM) 방식의 수요가 감소하고 유통 시장 개방이 본격화되면서 해외 유명 상표권자가 직접 한국에 진출하는 사례가 늘고 있다. 이에 따른 충격을 최대한 줄이는 데는 자체 브랜드를 개발하여 저명한 상표로 키워 가는 전략이

무엇보다도 중요하다. 특히 소리, 냄새 상표 등록에 대비한 전략도 조속히 수립되어야 한다.

023 상표 관리 체크 포인트

옛날과 달리 상표권 충돌이 잦아지면서 상표 관리는 절박한 이슈로 떠오르고 있다. 특정 상품의 개발에 앞서 상표 개발부터 서두르는 현상은 상표권 분쟁에 휘말리지 않겠다는 의지로 풀이된다. 이와 함께 장래에 대비하여 저장(貯藏) 상표를 미리 확보하려는 노력도 상표 관리의 주요 포인트로 자리잡고 있다.

하지만 상표 관리는 일반적인 제품과 상품에만 한정되어선 곤란하다. 저작물의 제호나 도형, 컴퓨터 게임 등 컴퓨터 프로그램의 제호, 캐릭터의 도형과 이름 등도 상표로 등록할 필요가 있다. 특히 저작물이나 저작물의 캐릭터는 저작권으로 보호되지만 상표권으로도 보완적인 보호를 받을 필요가 있다. 저작권의 보호 기간은 원칙적으로 저작자 사후 50년 동안인 데 비하여, 상표권은 10년마다 갱신하면 반영구적으로 보호받는 장점도 있다.

상법상 상호의 보호는 그 지역적 보호 범위가 해당 행정 구역의 관할

내이고, 그 침해에 대한 제재도 미약하다. 따라서 보호 범위가 전국적이고 침해에 대한 제재도 강력한 상표 등록으로 권리를 지켜야 한다.

상표 관리는 부대 서비스 분야에도 초점이 맞춰져야 한다. 예컨대 텔레비전을 제조·판매하는 자가 부수적으로 텔레비전 수선업까지 영위할 경우 관련 표장을 '텔레비전'이라는 지정 상품에 한정하면 곤란하다. 부대 서비스인 '텔레비전 수선업'을 지정 서비스로 하는 서비스표도 등록을 받아야 완벽한 상표권 확보가 가능하다.

상표 등록이 거절되었다고 소극적으로 대응한다면 그처럼 불행한 일도 없다. 이럴 때일수록 상표 또는 지정 상품의 보정, 출원 변경, 상표의 양수, 공유 등을 통해 거절 이유를 극복하고 해소해야 한다. 그렇지 않으면 새로운 형태의 신규 상표 출원, 충돌 인용 상표의 문제점을 찾아 취소 또는 무효화한 후 동일 상표의 신규 출원 등 다각적이고 적극적인 대응이 필요하다.

경험을 통해 볼 때 등록 거절은 가능한 한 대법원에서 확정해야 한다고 생각한다. 이를테면, A사는 어떤 상표를 출원했다가 성질 표시 상표라는 이유로 등록 거절 예고 통지를 받자 즉시 포기했다. 당해 상표는 누구도 등록받을 수 없는 상표, 공중의 자유로운 사용에 개방되어 있는 상표라고 속단했던 것이다.

그 뒤로 A사는 상표 등록 없이 상품을 계속 제조·판매했으며, 이 상품은 매출이 증대해 기업 경영에 크게 이바지하게 되었다. 그런데 B사가 제동을 걸어 왔다. A사가 사용하는 상표품의 제조, 판매 금지는 물론 출하된 상표품의 회수, 파기, 사과 광고 게재 등을 요구하는 경고장

이 날아왔던 것이다.

　진상을 알고 보니 뒤통수를 맞은 느낌이었다. B사도 동일 상표를 출원하여 심사관으로부터 A사의 사례와 같은 이유로 등록 거절을 당했다. 하지만 B사는 이에 불복했고 거절 결정 불복 항고 심판을 통해 결국 등록을 받아 낸 것이다.

　동일 상표를 먼저 출원한 A사는 성질 표시 상표로 거절당한 상표이므로 B사의 상표권은 A사의 상표에 미치지 않는다고 항변했다. 그러나 하급심의 판단을 가지고 항고심의 판단에 항변한다는 자체가 설득력이 없었다.

　비록 등록이 거절되었더라도 지속적으로 사용하여 식별력을 얻었다고 판단되면 다시 동일 상표를 재출원하여 등록을 시도해 볼 만하다. 때에 따라선 다른 사람의 유사 상표 출원을 막기 위해 동일 상표의 출원을 반복함으로써 선출원의 지위를 계속 확보할 필요도 있다.

　상표권자, 전용 사용권자, 통상 사용권자 중 어느 누구라도 정당한 이유 없이 등록 상표를 계속하여 3년 이상 국내에서 사용하지 않으면 취소 심판의 대상이 된다. 특히 계열사, 법인과 법인의 대표자는 서로 타인으로 취급되므로 사용권 설정 등록을 해두는 것이 안전하다. 이러한 방안은 상표의 사용 증거 확보를 위해서도 필요하다.

　사용하지 않는 상표에 대한 대책으로 상표권자는 다른 사람에게 라이선스를 주어 사용하게 하거나, 정기적 상업 광고, 유사 상표의 재출원, 지정 상품 추가 등록 출원 등을 고려해 볼 수 있다.

　상표권자(사용권자)가 고의로 자신의 등록 상표를 변형하여 사용하면

취소되는 수가 있으므로 유의해야 한다. 지정 상품에 등록 상표와 유사한 상표를 사용하거나 지정 상품과 유사한 상품에 등록 상표 또는 이와 유사한 상표를 사용하여 수요자가 상품의 품질 오인 또는 타인의 업무에 관련된 상품과의 혼동을 일으킨 경우에도 등록 상표가 취소된다. 예컨대 등록 상표 '엘지이-LGE'를 영문 표기 'LGE'로만 사용했다가, 다른 사람의 등록 상표 'LEE'와 관련해 출처의 혼동을 초래했다는 이유로 등록 상표 '엘지이-LGE'가 취소된 경우가 이에 해당한다.

등록 상표가 타인의 자유로운 사용에 방치됨으로써 결국 보통 명칭이나 관용 표장으로 변한다면 상표권의 구실을 제대로 할 수 없게 된다. 따라서 상표 사용시 등록 상표임을 반드시 표시하고 경고장 발송 등 제재 조치를 취해야 한다. 사전, 간행물 등에 등록 상표가 보통 명칭, 관용 표장인 것처럼 쓰이는 사례가 발견될 경우 그 편집 책임자에게 내용 증명으로 당해 상표는 누구의 등록 상표임을 표시해 달라고 요구해야 한다.

상표권은 갱신 출원에 의하여 10년마다 갱신된다. 상표권 존속 만료 기간 만료일 전 1년 이내의 기간 중에 갱신 출원해야 한다. 이 기간 중에 갱신 출원을 하지 못했을 경우에는 상표권 존속 기간 만료 후 6개월 이내에 추납료의 납부와 함께 갱신 출원하면 된다.

특히 2차 이상의 갱신 기간 계산에 유의해야 한다. 직전 갱신 등록일부터 10년이 아니고 최초 등록일부터 20년, 30년, 40년째 되는 날이 그 갱신 만료일이 된다.

홈페이지

특정 명사의 상표 등록 가능성 ● ● ● ●

Q 유명 제과 회사들간에 제품 이름 짓기 경쟁이 치열합니다. 이런 현상은 제품이 출시되기 전에 다수의 제품명을 출원·등록함으로써 경쟁사들에게 아름답고 훌륭한 이름을 뺏기지 않으려는 노력의 일환으로 압니다. 저 역시 특정 명사를 사용하여 현재 존재하지 않는 상품이나 무형물에 대한 특허 출원·등록을 추진중입니다. 예를 들어 슈퍼마켓을 개설하기 전에 '홍길동 슈퍼마켓'이라는 상호로 출원·등록이 가능한지, 그 비용은 얼마나 드는지 알고 싶습니다.

A 넓은 의미의 특허는 특허·실용신안·디자인·상표 등이 모두 포함됩니다. 질문 내용을 살펴보건대 상표 또는 서비스표 등록을 의미하는 것으로 해석됩니다. 과자류의 제품 이름은 상표로, 제과점 경영업과 슈퍼마켓 관리업 등은 서비스표로 등록받을 수 있으나 두 권리의 성질은 동일합니다.

현재 생산하지 않는 제품(상품), 경영하지 않는 서비스도 상표나 서비스표로 등록받을 수 있습니다. 하지만 등록 후 3년 이상 계속하여 사용하지 않으면 취소 심판에 따라 취소될 수도 있으니 유의해야 합니다.

보통 명사나 사람의 이름도 상표, 서비스표로 등록할 수 있습니다. 그러나 보통 명사의 경우 지정 상품이나 서비스를 가리키는 보통 명사, 지정 상품이나 서비스의 성질을 표시하는 것은 등록이 되지 않습니다. 예컨대 과자의 경우 과자·비스킷·쿠키 등은 등록이 불가능하지만 장미·백합·라일락 등과 같은 보통 명사는 등록이 가능합니다.

사람의 이름도 상표나 서비스표로 등록할 수 있지만 저명한 타인의 이름은 그 사람의

동의를 얻어야 등록할 수 있습니다. '홍길동' 처럼 실존 인물이 아닌 경우도 등록할 수 있고 고인의 이름을 사용할 때는 고인을 욕되게 할 염려가 없어야 합니다. 물론 해당 상품이나 서비스에 관하여 다른 사람이 먼저 출원, 등록한 유사 상표나 서비스표가 없어야 등록이 됩니다.

1개 상표에 관한 1개 상품, 서비스 구분을 출원할 때 5만 6,000원, 이를 등록할 때 215,560원을 특허청에 납부해야 합니다. 변리사에게 위임할 경우는 사안에 따라 차이가 날 수 있습니다. 출원할 때 보수금 15만~20만 원이, 등록할 때 보수금 15만~20만 원 가량이 추가로 소요됩니다.

유명 브랜드를 사용하고 싶을 때● ● ● ●

Q 중국 요녕성 판진시 우창경제개발구에 진출한 섬유 업체입니다. 이번 기회에 외국 유명 브랜드를 사용하여 중국 현지로 진출하려고 합니다. 상표를 사고 등록하는 절차를 알려 주십시오.

A 세계적으로 유명한 상표들은 대부분 중국에 등록되어 있을 것으로 추정됩니다. 유명 상표를 산다는 것은 현실적으로 쉬운 일이 아니므로 사용권을 얻는 방법을 고려하는 것이 더 합리적입니다.

하지만 유명 상표권자는 중국 현지에서 상표 사용권을 주는 조건으로 로열티를 받는 라이선싱 사업을 이미 진행하고 있을 것입니다. 따라서 기존 사용권자가 독점 사용권이나 비독점 사용권을 갖고 있을 수도 있습니다.

사용권을 획득하려면 상표권자와 협의한 다음 계약을 체결해야 합니다. 계약 조건은 독점·비독점 여부, 지역·기간·허락 품목 등에 따라 달라집니다. 일반적으로 계약금 몇십만 달러를 지급하고 순매출액의 3~8퍼센트를 경상 사용료(로열티)로 부담해야 합니다.

Part 4

저작 · 출판 · 초상권, 컴퓨터 프로그램 보호 · 인터넷
영업 비밀 · 프랜차이징 탐험 여행

이동갈비의 비법을
훔친 주방장

001 누드 사진 소동과 저작권 침해

1988년 6월이었다. 국내 유명 월간지 두 곳에 실린 누드 사진들이 뜨거운 화젯거리가 되었다. 비교적 격조 높은 잡지로 알려진 월간 〈직장인〉 6월호에 제목부터 독자들의 호기심을 자극하는 기사가 실렸다. '한국 여대생, 연예인 누드 사진이 포르노로 둔갑'이라는 제목이 바로 그것이었다.

월간 〈뷰티 라이프〉 역시 같은 소재를 다루면서 '사진 예술 작품들 일본으로 건너가 포르노성 기획으로 전락'이란 제목을 다는 바람에 한바탕 소동이 일어났다. 게재된 사진은 대부분 전라 또는 반라의 젊은 한국 여인들이었고, 일부 사진은 선정적인 포즈로 눈길을 끌었다.

이 누드 사진이 초여름을 더 뜨겁게 달군 이유는 누가 뭐래도 문제의 모델들이 한국 여성이고, 이 한국 여대생과 연예인들의 누드가 일본 대중 잡지에 먼저 실렸다는 데 있다.

국내 두 잡지는 비판적인 관점에서 이 사진과 기사를 게재했다고 내

세웠지만 감상용 화보 형식을 취함으로써 상업주의와 선정적 측면도 놓치지 않았다. 특히 외국 잡지의 사진 해설을 그대로 번역했다는 점에서 비평 기사가 아니라고 보는 시각도 있었다.

또 두 잡지는 예술성이 전혀 없는 일본 〈팬트하우스〉지에 수록된 알몸 사진을 함께 소개했다. 한국 여대생이라며 소개된 젊은 여인들의 누드 사진은 팬티만 입고 포즈를 취한 것으로 일본 〈플래쉬 FLASH〉에 게재된 사진과는 성격적으로 달랐다. 특히 국내 잡지 〈뷰티 라이프〉는 붉은 활자를 써서 밀봉 페이지라고 선전함으로써 독자들의 흥미를 돋우려고 애썼다.

화제 대상이 된 누드 사진의 작가는 한국인 이재길 씨였다. 그 당시 활발하게 활동하고 있던 상업 사진 작가 이재길 씨는 일본의 시사 주간지 〈플래쉬〉의 청탁을 받고 작품 11점을 게재했다. 이재길 씨는 자신의 창작물에 자부심도 있었고 일본 잡지에 게재된 자신의 사진들이 예술 작품이라고 생각하고 있었다. 이재길 씨는 수차례 개인전도 열었고 전매청 등에도 작품을 고가로 판매하는 등 국내외 상업 사진계에서 명성을 날리던 작가였다.

무엇보다도 이재길 씨는 국내 잡지에서 자신의 사진 저작물을 무단 게재하고 이를 상업적으로 이용하려는 움직임에 분노했다. 음란성을 앞세우는 것은 그렇다 치더라도 독자들의 호기심을 자극하려는 의도에서 대부분의 사진을 화보로 제작한 사실에 주목했다.

사진 작가 이재길 씨는 두 잡지사를 상대로 소송을 내기로 결심했고, 저작권 침해와 명예 훼손 등을 이유로 손해 배상 등을 청구했다. 비록

그 사진은 일본에서 출판되었더라도 그 복제, 배포 행위가 국내에서 이루어졌으므로 저작권 침해로 봐야 마땅하다는 것이었다.

두 잡지사의 반박도 만만치 않았다. 시사 보도를 위한 비평과 논평이 목적이었으므로 면책되어야 한다고 주장했다. 피고인들은 법정에서 '누드 사진이 게재된 〈플래쉬〉 잡지는 일본에서 비교적 질이 낮은 시사 주간지다. 젊은 한국 여성들의 누드 사진이 그런 잡지에 게재된 것은 한국 젊은 여성들에 대한 일본인들의 호기심만 충족시킬 뿐이며, 그들에게 한국 젊은 여성들에 대한 부정적 이미지만 심어 줄 가능성이 있다. 우리 민족 감정에 비추어 용납될 수 없었으므로 이를 보도, 비평하기 위해 사진을 인용했을 뿐이다'라고 항변했다.

하지만 오랜 법정 공방에서 이재길 씨가 승소했다. 대법원의 판결 요지를 살펴보면 '문제의 누드 사진은 음란물로 볼 수 없다. 저작권법의 보호 대상인 저작물이라 함은 사상 또는 감정을 창작적으로 표현한 것으로서 문학·학술·예술의 범위에 속하면 되고, 윤리성 여하는 문제 되지 않는다. 원고의 저작권은 인정된다. 피고가 게재한 사진의 질·크기·배치 등을 살펴볼 때 보도의 목적보다는 감상용으로 인용되었다고 보아 저작권법 제24조의 시사 보도를 위한 이용으로 인정될 수 없다'는 것이었다. 결국 두 잡지사측은 저작권 침해를 이유로 이재길 씨에게 손해 배상을 해야 했다.

002 저작권이란 무엇인가?

저작권은 크게 저작 인격권과 저작 재산권으로 나누어진다. 저작 인격권은 다시 공표권, 성명 표시권, 동일성 유지권으로 구분되고 저작자만이 가질 수 있는 다른 사람에게 줄 수 없는 권리이다. 이들 권리는 계약으로도 임의로 변경할 수 없도록 규정하고 있다.

- 공표권 : 저작자는 자기의 저작물을 세상에 공개할 것인지 여부를 결정할 수 있다. 저작자 본인이 공표를 원하지 않을 경우 다른 사람이 그 저작물을 공표하면 저작권 침해가 된다.
- 성명 표시권 : 저작자는 자기의 저작물에 자신의 성명을 표시할 수 있다. 저작자의 자유 의사에 따라 실명이나 예명을 사용할 수 있으며 성명을 표시하지 않을 수도 있다.
- 동일성 유지권 : 저작자는 자기 저작물의 내용·형식 및 제호를 원래 상태대로 유지할 권리, 즉 변경이나 삭제·수정을 당하지 않을 권리를 갖는다.

저작 재산권은 저작자 자신이 직접 권능을 행사하는 경우가 드물다. 보통 다른 사람이나 전문 사업가에게 실시권을 주고 그 대가를 취득한다. 또한 저작 인격권과 달리 양도가 가능하며 소멸시킬 수도 있다. 저작 재산권은 다시 복제권, 공연권, 공중송신권, 전시권, 배포권, 2차적 저작물 작성권으로 나뉜다.

- 복제권 : 저작자는 자신의 저작물을 인쇄·사진·복사·녹음·녹화 등의 방법으로 다시 제작할 수 있다. 예컨대 소설 원고의 출판, 논문의 복사, 강연 내용 등을 녹음 테이프에 수록하는 것, 음악을 음반에 수록하는 것 등이 복제권 행사에 속한다.
- 공연권 : 저작자는 저작물을 일반 공중에게 상연, 연주, 연극, 가창, 상영 등이나 그 밖의 방법으로 공개할 수 있다.
- 공중송신권 : 저작자는 자신의 저작물이 유선 또는 무선 통신의 방법으로 송신하거나 이용되는 것을 허락할 수 있다.
- 전시권 : 저작자는 미술 저작물 등의 원작품이나 그 복제품을 전시할 수 있다.
- 배포권 : 저작자는 원작품이나 복제물을 일반 공중에게 양도 또는 대여할 수 있다.
- 대여권 : 저작자는 판매용 음반을 영리를 목적으로 대여할 수 있다.
- 2차 저작물 작성권 : 저작자는 자신의 원저작물을 번역, 편곡, 변형, 각색, 영상 제작 등의 방법으로 다시 작성할 수 있다.

저작 재산권은 비영리 목적의 사적 이용을 위한 복제, 도서관 등에서 복제·인용하는 행위, 고등학교 이하의 교과서에 게재하는 등 교육 목적으로 복제하는 경우, 비영리 목적의 공연·방송 등 일정한 경우에는 정당한 범위 안에서 제한된다.

저작권 사용료를 챙겨라

저작 재산권은 저작자가 생존하는 동안은 물론 사망 후 50년간 존속한다. 저작자가 사망 후 40년이 경과하고 50년이 되기 전에 공표된 저작물의 저작 재산권은 공표된 때부터 10년간 존속한다.

상속, 기타 일반 승계의 경우를 제외한 저작 재산권의 양도 또는 처분, 질권의 설정·이전·변경·소멸·처분 제한 등은 등록을 하는 게 원칙이다. 이 사항들을 등록하지 않으면 제삼자에게 대항할 수 없다.

저작권자는 저작 재산권의 발생과 이전 등을 문화체육관광부 저작권 등록부에 등록한다. 1987년 이후 저작권 등록 건수는 날로 늘어나 한 해에 평균 15,000건 정도가 등록되고 있다. 이처럼 저작권 등록이 활발해지고 있어도 저작권에 대한 인식이 미흡해 저작권 사용료를 제대로 챙기는 저작권자가 별로 없다. 불법 사용에 법적 공방을 벌여서라도 저작권료를 받겠다는 저작권 보호 의지가 약하고 따라서 불법 사용하는 사람도 대수롭지 않게 생각하는 형편이다.

영국 런던에서는 행인을 상대로 음악을 연주하는 거리의 악사들이 귀가 전에 들르는 곳이 있다. 수입 금액의 일정액을 저작권 사용료로 지불하기 위해 음악저작권협회를 찾아가는 것이다. 사용료를 내지 않

고 남의 저작권을 사용하는 행위는 절도와 다름없다는 것이 이들의 관점이다.

　대중 가요 작사가 중에는 노래방 덕분에 넉넉한 저작권료 수입을 올리는 사람도 많다. 다양한 저작물이 자기도 모르는 사이에 도용되는 현실에서 자기 권리를 찾으려는 사람들의 노력이 조금씩 결실을 맺고 있는 것이다. 백화점에서 저작권자의 허락 없이 음반을 이용해 음악을 방송한다면 저작권법 위반일까? 대부분의 사람이 그럴 리가 없다고 생각하겠지만, 우리 저작권법에 따르면 당연히 저작 재산권 침해이다. 복제, 공연, 방송, 전시 등의 방법으로 저작 재산권을 침해할 경우 벌금을 무는 등 처벌을 받는다.

　1983년 방송 극작가 16명이 KBS를 상대로 저작권 사용료를 청구한 것은 저작권자의 권리를 스스로 보호한다는 측면에서 획기적인 사건이다. KBS측이 TV 드라마로 1차 방영된 작품을 VTR 테이프에 복사하여 판매하면서 2차 저작물 사용료를 지불하지 않자 저작권자들이 집단으로 소송을 제기한 것이다.

　대법원은 저작권자들의 승소를 선고하면서 'TV 드라마를 TV 방영이 아닌 VTR 테이프에 복사하여 판매한 행위는 원고들의 극본 사용 승낙의 범위를 넘는 2차 저작물 이용으로서 원고들의 TV 드라마에 대한 저작권을 침해하는 것'이라고 결정했다. KBS는 이 결정에 따라 녹화 테이프 판매 가격의 10퍼센트를 저작권자들에게 주는 것은 물론 손해도 배상했다.

003 저작자와 출판사의 갈등

일반적으로 저작자가 출판의 권능을 제삼자에게 맡길 경우 우리 저작권법상 출판권이 설정된 것으로 본다. 출판권 설정을 받은 출판권자는 설정 기간 동안 당해 저작물을 출판할 수 있는 독점적 권리를 가진다.

출판권자는 설정 계약에서 정한 대로 저작물을 원작 그대로 출판해야 한다. 원작 그대로 복제·배포할 수 있는 권리가 출판권이므로, 저작물의 내용을 변경하는 것은 허용되지 않으나 오자나 탈자를 수정하는 수준은 가능하다.

일단 출판권이 설정되면 저작권자라도 저작물을 원작대로 출판할 수 없게 됨은 물론, 그 저작물을 전집, 기타 편집물에 수록하는 행위가 허용되지 않는 게 원칙이다. 출판권의 존속 기간은 특약이 없는 한 맨 처음 출판한 날부터 3년이다.

출판권자는 저작물을 복제하는 데 필요한 원고 또는 이에 상당하는

물건을 받은 날부터 9개월 이내에 이를 출판하는 게 원칙이다. 즉 9개월 이내에 최초의 출판물을 유통 과정에 두어야 한다. 9개월의 기간은 원고 등의 인도가 완료된 날로부터 기산된다. 9개월 이내 출판 의무를 이행하지 않은 때는 6개월 이상의 기간을 정하여 그 이행을 최고하고, 그 기간 내에 이행하지 않을 경우 출판권의 소멸을 통고할 수 있다. 출판권자가 출판이 불가능하거나 출판할 의사가 없음이 명백한 경우에도 저작권자는 즉시 출판권의 소멸을 통고할 수 있다.

저작자와 출판사의 갈등은 대부분 양자 합의로 해소되지만 법정 다툼으로 비화되는 경우도 적지 않다. 특히 인세 지급액을 줄이기 위해 출판사가 저작자 몰래 책을 복제하다가 문제가 되는 사례나 저작권 양도 계약의 무효 여부를 놓고 분쟁을 벌이기도 한다.

번역 소설 한 권을 두고 도서출판 S와 C문화 사이에 야기된 저작권 양도 시비는 저작자와 출판사의 갈등을 잘 보여 준다. 중국 소설의 번역자 P씨는 1987년 C문화 앞으로 번역 저작권을 양도했다가, 1992년 다시 도서출판 S와 출판 계약을 맺었다. 그리고 얼마 뒤 도서 출판 S가 문제의 소설을 출간하자 당초 출판 계약 당사자인 C문화 측에서 판매 금지 가처분을 신청했다.

곧바로 판매 금지 가처분 결정이 내려지자 도서출판 S는 C문화를 상대로 가처분 결정 이의 신청을 냈다. 서울 민사지법 합의51부는 1994년 6월 1일 도서출판 S의 이의 신청을 받아들여 1994년 4월에 내린 가처분 결정을 취소했다. 저작권 양도 계약을 맺었더라도 이에 상응하는 충분한 원고료나 저작권료 지불 등의 대가가 없었다면 저작권 양도 계약은 무효라는 판결이었다.

　재판부는 판결문에서 '지난 1987년 C문화 측이 소설을 번역한 P씨와 번역 저작권의 C문화 귀속에 합의한 사실은 인정된다'며 '그러나 P씨가 원고지 한 장에 1,000원 정도의 대가를 받은 것에 비추어 볼 때 이는 정상적인 저작권 양도 계약으로 볼 수 없고 따라서 P씨가 1992년에 도서출판 S와 맺은 출판 계약은 정당하다'고 밝혔다.

　재판부는 또 '통상 저작자가 출판사에 비해 불리한 위치에 있는 만큼 저작자가 출판사측으로부터 적어도 인세 이상의 저작권료를 받았을 때만 적법한 저작권 양도 계약이 성립됐다고 볼 수 있다'고 판단한 것이다.

월북 작가의 저작권

　우리 헌법 제3조는 '대한민국의 영토는 한반도와 그 부속 도서로 한다'고 규정한다. 따라서 북한 지역은 한반도의 일부이므로 대한민국의 주권이 미치는 범위에 속하며, 대한민국의 주권과 부딪치는 어떠한 주권의 정치도 법리상 인정될 수 없다.

　다시 말해, 대한민국 헌법에 의거하여 제정 시행되는 모든 법령의 효력은 북한 지역에도 미친다. 이에 따라 현재 휴전선 북쪽 지역에 대한민국의 통치권이 사실상 미치지 않더라도 월북 작가의 저작권은 우리 저작권법의 적용을 받는다.

　소설가 박태원은 6·25 당시 월북하여 1986년 7월 10일 북한에서 사망했다. 박태원이 사망한 지 얼마 되지 않았을 때였다. 국내 출판사가 박태원의 저작물을 임의로 출판했고 저작권자의 유가족이 저작권법 위반을 이유로 출판업자를 고소했다.

출판업자는 "박태원이 월북한 뒤 북한에서 사망했으므로 박태원의 저작물에 관한 지식 재산권의 상속 관계는 북한 지역의 법률에 따라 규율되어야 한다"고 맞섰다. 따라서 "대한민국에 생존하는 유가족에겐 아무런 권리가 없다"고 항변했다.

결국 대법원에 이르도록 다툼을 벌여 월북 작가 유가족이 승소했다. 박태원이 북한에서 저술한 책자에 관한 저작권의 귀속 관계는 우리 저작권법에 따라 규율되어야 한다는 게 판결 요지였다. 더욱이 월북 작가의 상속인이 남한에 있는 경우 그 상속인이 우리 법령의 보호를 받는 게 당연하다는 것이다.

1988년 12월, 월북 작가 박태원의 역사 소설 《갑오농민전쟁》을 출판한 K씨도 형사 처벌을 받았다. 남한의 상속인과 출판 계약을 체결하거나 허락을 받지 않고 저작물을 복제·배포한 K씨는 저작권법 위반으로 기소되어 벌금형을 받았다.

2차 저작물을 둘러싼 논쟁

문학 작품을 영화, 드라마, CD-ROM, 연극, 번역 등 1차 출판 이외의 다른 매체로 제작하는 행위를 저작권 2차 사용이라고 한다. 이 2차 저작물 작성권을 행사할 수 있는 사람은 작가가 분명하지만 출판사에게

도 출판권이라는 고유 권리가 있다.

저작권법 개정, 출판 시장 개방 등으로 저자의 저작권 보호가 강화되는 가운데 출판사의 출판권 문제는 여전히 숙제로 남아 있다. 이런 상황에서 출판사들은 작품의 재수록 등 저작권의 2차 사용에 제동을 걸었다. 문학 작품의 2차 저작권에 대하여 출판사의 일정한 몫을 규정한 표준 계약서를 만들자는 것이었다.

우리 저작권법에는 작가와 출판사 간에 특약이 없는 한 출판권 보호 기간이 3년으로 보장되어 있다. 이 기간 동안 출판사는 독점적, 배타적 출판권을 행사할 수 있다. 하지만 출판권 소멸 후에도 저작물을 배포하는 행위는 재고가 있더라도 금지되는 게 원칙이다. 재고를 판매할 수 있다는 특약이 없는 한 저작물에 대가를 지급하고 그 대가에 상응하는 부수를 배포해야 한다. 우리와 달리 외국에서는 단행본의 일부를 발췌하여 다른 책에 수록하거나 작품을 요약하여 게재하는 경우에도 작가와 출판사 간의 로열티 배분을 계약서에 명시하고 있다. 하지만 우리 경우에는 저자가 단행본에서 임의로 일부 작품을 뽑아 선집과 전집을 만들어도 문제 삼는 출판사는 없었다.

2차 저작권이 남용되는 현실을 보다 못한 출판사들은 2차 사용권을 작가로부터 위임받아 업무 일체를 대행해 주는 대신 작가와 지분을 나누자고 주장했다. 출판권 보호를 위해 출판사들이 공동 대응에 나서자 젊은 작가들은 2차 사용권 위임이 작가의 권리를 침해하는 독소 조항이라고 입을 모았다. "저작권은 2차 사용을 포함하여 법적으로 작가에게 전적으로 속한 권리이므로 출판사의 일방적 계약 대상이 될 수 없다"는

것이었다.

출판사는 나름대로 출판권 보장을 거론하면서 "2차 사용이 출판권을 침해하지 않도록 개입할 권리도 있다"고 맞섰다. "출판사가 직접 나서서 영화화나 번역 등을 대행하고 높은 커미션을 따낸다면 일정 지분을 지급하는 것은 외국의 경우로 봐도 당연하다"고 주장했다.

반면에 작가들은 "저작권 관리 대행 회사나 작가 연합 에이전시를 구성하면 훨씬 효율적으로 저작권을 관리할 수 있다"고 반박했다. 저작권 업무와 작가 관리에 고도의 노하우를 축적한 외국과 달리 경험이 부족한 국내 출판사가 이를 담당하기는 무리라는 것이었다.

봉건적 인간 관계를 중시하던 우리 문화계가 이제 새롭게 눈을 뜨고 있다고 봐야 한다. 법적 권리를 앞세우기보다 인정을 중시하던 풍토가 급격히 탈바꿈하고 있는 현상은 세계적인 추세와 결코 무관하지 않다.

004 글꼴도 저작권 보호 대상이 될 수 있다

우리 저작권법에는 글꼴 도안의 저작물성이나 보호 내용에 대한 명시적 규정이 없다. 따라서 인쇄용 글꼴 도안처럼 실용적 기능을 주된 목적으로 창작된 응용 미술 작품의 글꼴 도안은 미적 요소가 가미되었더라도 그 자체만으로는 저작권법의 보호를 받기에 부족하다. 실용적인 기능 외에 독립적인 예술적 특성과 가치가 있어야 창작적인 저작물로 보호받을 수 있다.

컴퓨터용 글꼴은 글자를 화면에 출력하거나 인쇄 용지에 출력하는 데 필요한 컴퓨터 프로그램의 일종이다. 그러나 글꼴은 프로그램 내용보다 최종 출력물인 글자꼴의 모양을 중시하는 특성과 글꼴 출력물을 이용한 개작이 쉬워 저작권 보호 대상에서 제외되기도 했다.

그 동안 글꼴이 컴퓨터 프로그램 보호법의 보호 대상이 아니라는 인식 때문에 제작·판매하는 과정에서 무단 복제 사례가 많았다. 아울러 글꼴 개발자들은 재산권을 인정받지 못하다 보니 저작권 침해에도 법

적 구제 수단을 강구하지 못했다.

그러던 차에 1995년 6월 서울시스템 등 6개 컴퓨터용 글꼴 개발 업체가 소송을 제기했다. 원고들은 N사가 전자 출판 소프트웨어를 제작·판매하면서 6개사의 글꼴 100여 종을 무단 복제 및 개작함으로써 저작권을 침해했다고 주장했다. 이 주장이 받아들여져 6개사는 1심에서 승소할 수 있었고 N사에는 벌금형이 내려졌다.

글꼴이 컴퓨터 프로그램 보호법의 보호 대상이 된다는 법원의 판결은 국내에서 처음 있는 판례였다. 이로써 지식 재산권으로 인정받지 못하던 글꼴이 어떤 형태로든 법적 보호를 받을 수 있는 근거를 확보하게 되었다. 산업적인 측면에서도 고부가가치 소프트웨어 산업으로 꼽히는 글꼴이 안정적인 발전을 꾀할 수 있는 계기가 마련된 것이다.

태흥영화사와 서예가 여태명 교수 사이에 벌어진 글꼴 저작권 침해 싸움도 서예가의 승소로 마감되었다. 태흥영화사는 사전 허락 없이 영화 〈축제〉의 타이틀로 여태명 교수의 글씨를 도용했다가 글자 한 자당 1,000만 원씩 모두 2,000만 원을 배상하라는 법원의 판결을 받았다. 또 재판부는 책 표지의 소설 제목으로 '축제'의 서체를 도용한 출판사에도 '원고에게 500만 원을 배상하라'고 덧붙였다.

이 문제에서 글꼴 도용의 주범은 영화사측으로부터 포스터와 영화 타이틀 디자인을 의뢰받은 디자인 제작사였다. 마땅한 로고가 없어 고민하던 중 1994년 5월 서울 예술의 전당에서 열린 한국 청년 작가 초대전에 출품된 여 교수의 창작 서체를 도록(圖錄)에서 보고 글꼴이 독특해 컴퓨터로 뽑아 짜깁기했다고 한다. 이제는 서체에서도 작가의 창작권

과 저작 인격권이 저작권법의 보호를 받는다는 사실을 명심할 필요가 있다.

나아가, 신규성과 창작성이 있는 글꼴은 디자인 등록으로도 보호가 가능하게 되었다.

005 응용 미술품은 디자인 등록을 해야 한다

새로운 디자인으로 제품을 판매하던 대한방직은 어느 날 난데없이 형사 사건에 휘말렸다. 자신들이 언젠가 사용한 직물 디자인이 미국 기업의 응용 미술 작품을 모방했다는 것이었다. 사실 회사측은 남의 권리를 조금도 침해할 의사가 없었고 이에 대한 주의를 게을리 한 적도 없었으므로 즉시 항고했다.

'직물 판매 업체로부터 주문을 받고 주문 업체가 제시하는 도안지에 따라 직물을 제작했을 뿐이다. 이 도안이 타인에게 저작권이 귀속되는 저작물이란 사실을 인식한 것도 아니어서 저작권 침해의 고의가 없었다.'

알고 보니 문제의 도안은 미국 기업이 저작권을 갖고 있는 응용 미술 작품이었다. 단순히 거래처의 부탁을 받아 염직물에 도안을 집어넣었다는 이유로 피고인이 된 대한방직은 억울하기 짝이 없었다. 그래서 끝까지 무죄를 주장했지만 검찰은 대법원까지 상고를 포기하지 않았다.

결국 승리한 쪽은 대한방직이다. 근본적으로 염직에 사용하기 위한 염직 도안은 저작권법상의 저작물이 아니라고 본 것이다. 응용 미술 작품이 곧바로 저작권법상의 저작물로 보호된다고 할 수 없고, 그 중에서도 그 자체가 하나의 독립적인 예술적 특성이나 가치를 갖고 있어야 창작물로 보호된다고 판시했다.

'저작권법으로 보호되는 저작물은 문학, 학술 또는 예술의 범위에 속하는 창작물이어야 한다. 대량 생산을 위해 산업상의 목적으로 창작되는 응용 미술품은 디자인 보호법으로 보호되어야 한다'는 것이 판결 요지였다. 한마디로 저작권법과 디자인 보호법의 이중 보호를 인정하지 않은 것이다.

미국 기업은 문제의 직물 디자인을 디자인 등록하지 않은 채 저작권만 믿고 있다가 낭패를 당했다. 권리 침해 사실을 인정받고도 등록에 잘못이 있어 패소한 것이다. 응용 미술은 당연히 저작권법의 보호 대상이므로 직물 디자인도 전형적인 저작물로 오해한 나머지 디자인 등록을 하지 않은 게 실수라면 실수였다. 모든 법률이 마찬가지지만 이처럼 특허 관련 법률은 냉엄하다. 눈곱만큼의 방심과 실수를 인정하지 않는다.

저작권법에 따르면 회화, 서예, 도안, 조각, 공예, 응용 미술 작품 등의 저작물도 보호 대상이 된다. 미술 저작물이란 형상이나 색채를 통해 미적 감각을 표현한 것을 말한다. 그 중에서도 응용 미술이란 순수 미술에 대비되는 개념으로 실용품에 응용된 미술을 말한다. 문제의 도안 역시 직물 염색에 사용하기 위한 것으로 응용 미술품의 일종에 해당된다.

일반적으로 응용 미술품에는 ① 미술 공예품이나 장신구처럼 그 자체가 실용품인 경우 ② 가구에 부착된 조각같이 실용품에 결합된 경우 ③ 문진의 모형 등 양산될 실용품의 모형으로 사용될 목적으로 제작된 경우 ④ 직물의 염직 도안같이 실용품의 모양으로서 이용될 것을 목적으로 하는 경우 등이 포함된다.

위에서 소개한 대법원 판례에 따르면, 응용 미술이 산업 분야에 광범위하게 진출하는 최근에는 디자인권으로 충분히 보호될 수 있는 경우 저작권법으로까지 이중으로 보호할 필요가 없다는 것이다. 2000년 7월 1일부터 시행된 저작권법에서는 "응용미술저작물"이란 물품에 동일한 형상으로 복제될 수 있는 미술저작물로서 그 이용된 물품과 구분되어 독자성을 인정할 수 있는 것을 말하며, 디자인 등을 포함한다고 규정함으로써, 응용 미술 작품 중 저작권법상의 저작물로 보호되는 범위를 명시하였다.

006 가수와 탤런트의 권리 찾기

복제 · 전파 기술의 발달로 저작물을 대중에게 전달하는 가수, 배우, 탤런트, 음반 제작자, 방송사 및 유선 방송 사업자의 역할이 늘어나고 있다. 그러나 이들은 어디까지나 저작물 이용자이며 저작자라고 할 수 없다. 따라서 이들 실연자, 음반 제작자, 방송 사업자의 권리를 보호하자는 취지에서 저작 인접권이라는 용어가 탄생했다.

저작 인접권의 보호를 받는 대상자로 실연자, 음반 제작자, 방송 사업자 등 삼자를 꼽는다. 이 중 실연자는 저작물을 실연하는 배우 · 무용가 · 가수 등 실연을 하는 사람, 실연을 지휘 · 연출 또는 감독하는 사람을 말한다. 저작 인접권은 저작권에 준하는 권리로서 실연한 때, 음반에 수록한 때 또는 방송한 때로부터 50년간 보호된다.

실연자에게는 저작권자와 마찬가지로 성명표시권, 동일성 유지권 등 실연자만이 가질 수 있는 다른 사람에게 줄 수 없는 인격권이 있으며, 다음과 같은 재산권을 지닌다. ●자신의 실연을 녹음 · 녹화 · 사진 촬

영할 수 있는 권리 ●자신의 실연을 방송 및 전송할 수 있는 권리 ●실연이 녹음된 음반을 빌려줄 수 있는 권리 ●판매용 음반을 사용하는 사람에게 사용료를 청구할 수 있는 2차 사용료 청구권이 있다. 따라서 방송 사업자 또는 디지털 음성 송신 사업자가 실연자의 실연이 녹음된 음반을 방송 또는 송신할 경우에는 그 실연자에게 보상을 해야 한다.

음반 제작자에게는 ●스스로 제작한 음반을 복제하고 배포할 수 있는 권리 ●그 음반을 영리 목적으로 대여할 수 있는 권리 ●음반이 방송되거나 송신될 경우 사용료를 청구할 수 있는 2차 사용료 청구권이 있다.

방송 사업자에게는 ●그의 방송을 녹음·녹화하며 중계 방송할 권리 ●녹음·녹화물을 재방송할 수 있는 권리가 있다. 따라서 녹음·녹화된 비디오 테이프 등이 판매된 뒤라도 제삼자가 임의로 녹화하여 이용할 수 없다.

1989년 가수 패티 김은 K씨의 주관·기획 아래 가수 생활 30년 기념 특집 공연을 가졌다. 물론 그녀의 출연료는 K씨가 운영하는 S연예프로덕션에서 지불했다. 하지만 공연이 순조롭게 끝나고 출연 계약 이행이 종결되자 문제가 생겼다. 계약 당시 공연의 기획·제작 권한만을 위임 받은 K씨가 패티 김의 허락 없이 임의로 공연 실황 음반을 제작·판매하기 시작했던 것이다. '패티 김, 가요 생활 30년 기념 음반 라이브 콘서트'라는 제목의 레코드와 카세트 테이프를 제작·판매하면서 K씨는 인세를 받았다.

패티 김은 공연 음반 제작 등에 관한 저작 인접권 침해를 이유로 K씨와 레코드사를 고소했다. 결국 법원의 판결로 음반 제조와 판매가 금지되었고 K씨는 음반의 제품·반제품·원판을 폐기함은 물론 패티 김에게 거액의 위자료를 지급했다.

007 붉은 악마와 차범근과 정홍채의 얼굴값

초상권은 일종의 무체(無體) 재산권으로 인격권 보호 측면이 강하다. 자신의 초상이 촬영되는 것을 거부할 수 있는 권리, 촬영된 인물 사진의 이용 승인권 등이 초상권 시비의 대상이 된다. 특히 영리를 목적으로 다른 사람의 초상을 이용하는 것이 가장 문제가 되고 명예 훼손에 대한 문제도 집중적으로 다툼의 대상이 된다.

하지만 영리 목적이라 하더라도 초상권자의 사용 승낙을 반드시 받아야 하는 것은 아니다. 예컨대 유명인의 초상을 교과서, 일반 도서, 백과 사전 등에 게재하는 것이나 영화사 등이 영화의 한 장면인 출연자의 초상을 당해 영화의 선전 광고를 위해 사용하는 것은 허용된다. 다만, 다른 상품 광고에 사용하려면 승낙을 받아야 한다.

비록 초상권이 저작권 등 지식 재산권과 직접 관련은 없지만 수시로 저작 인접권 계약에서 파생되는 문제점이 발생한다. 배우들이 출연 계약을 맺은 뒤 배우의 초상이 다른 광고에 사용되거나 제삼자가 무단히

사용하는 사례가 많기 때문이다.

1997년 3월이었다. SBS 드라마 〈임꺽정〉으로 일약 스타가 된 탤런트 정흥채는 "내 얼굴값을 내놓으라"고 호통쳤다. 제약 회사 광고에 자신의 얼굴이 실림으로써 초상권을 침해당했다며 손해 배상을 청구했다. 중앙 일간지에 낸 모 제약 회사의 광고에서 수염이 텁수룩하고 머리에 두건을 쓴 남자의 인물 스케치가 실리자, 정흥채는 "사진을 쓰지 않았을 뿐이지 그 그림은 누가 봐도 임꺽정이고 정흥채"라고 주장했다.

소송을 담당한 변호사 역시 "드라마가 한창 인기를 끌고 있는 중에 임꺽정의 주인공과 똑같이 생긴 인물을 낸 것은 명백히 초상권 침해"라며 제약 회사에 2억 원의 손해 배상을 청구한 것으로 알려졌다.

1988년 광고 회사 S는 백화점의 신문 광고에 인기 탤런트 K의 사진을 싣는 조건으로 계약을 체결했다. 그 뒤로 S사가 탤런트 K의 사진을 토대로 일러스트를 만들어 신문 광고와 전단에 사용하자, 탤런트 K는 사전 승낙 없이 초상 사진을 사용하여 초상권을 침해했다는 이유로 정신적, 재산적 손해 배상을 청구했다. 그러나 법원은 S사의 손을 들어주었다. 사회 일반인이 보아 누구인가를 곧 알 수 있을 정도로 묘사된 경우에 한하여 초상권 침해가 인정된다는 것이었다. 사회 통념상 광고에 실린 그림이 K라고 곧바로 식별될 정도는 아니라고 보아 K의 청구를 기각했던 것이다.

비슷한 시기에 인기 탤런트 H는 대기업 L사를 상대로 초상권 침해에 대한 손해 배상을 청구했다. 의류 카탈로그 제작을 위한 사진 모델 계약을 체결하면서 카탈로그 이외의 잡지 광고에 사용한다는 별도의 계

약이 없었고 별도의 모델료도 지급하지 않았으므로 사진을 무단 게재한 것은 명백한 초상권 침해라는 주장이었다. 이 다툼에서 탤런트 K와 달리 탤런트 H는 승소했다. 승낙의 범위를 벗어났다는 이유로 L사는 H에게 손해를 배상해야 했다.

축구 국가 대표팀 차범근 감독과 응원팀 '붉은 악마'가 누리는 폭발적인 인기에 무임 승차하려던 기업들도 곤욕을 치렀다. 차 감독은 스포츠용품 메이커 나이키사가 자신의 얼굴과 대표팀의 경기 모습을 담은 광고를 임의로 만들어 방송하자 강력하게 항의했다. 본인도 모르는 사이에 광고가 만들어졌으니 초상권을 침해했다는 것이다.

한편 PC통신 축구 동호회 '붉은 악마'도 일부 기업에서 사전 허락 없이 회원들의 얼굴 사진을 상품 광고에 사용하자 법적 대응에 나서기로 했다. 이렇게 초상권 침해가 시비의 대상으로 떠오르자 10여 개 업체가 붉은 악마를 소재로 한 광고를 전면 중단하기도 했다.

인기 댄스 그룹 H.O.T도 자신들의 사진을 무단 게재한 연예 잡지사를 상대로 낸 손해 배상 청구 소송에서 법원으로부터 1억 5,700만 원의 배상 판결을 받았다. 무명 시절에 찍은 사진을 유명해진 다음에도 사용했다는 이유로 한 탤런트는 5,800만 원을 배상받기도 했다.

남의 초상을 사용하려면 반드시 사전 허락을 받고 정식 절차를 밟아야 한다. 남의 지식 재산권에 무임 승차하려다 큰코다치는 것처럼 초상권 침해도 엄청난 손실과 시비를 가져온다는 걸 명심하자.

008 영상 시대에 어울리는 저작권 관리

첨단 정보, 전자 기기의 눈부신 발전은 마침내 정보화 사회를 가져왔다. 새로운 커뮤니케이션 수단으로 출현한 멀티미디어는 기존의 법 체계를 뒤흔들고 있다. 현행 저작권법만으로는 새로운 사회 현상을 적절히 규율하기 어렵게 되었다는 얘기다.

멀티미디어 방식의 정보 송수신은 방송과 통신이 컴퓨터와 결합되어 간단한 기기 조작만으로 표현 양식이 다양하게 변형된다. 또한 유통 과정에서 순식간에 대량 복제되므로 2차 저작물의 관리가 더욱 어려워지고 있다.

멀티미디어 기술은 서비스업 특히 영상 게임, 음악, 문화, 오락 산업 등 소프트웨어 산업을 비약적으로 발전시킬 것이므로 이러한 변화에 대응할 수 있는 적극적인 대책이 강구되어야 한다. 따라서 선진국에서는 벌써부터 신지식 재산권에 관한 주도권 경쟁이 치열해지고 있다.

저작권 심의조정 위원회가 PC통신, 인터넷 등 온라인 서비스에서 유

통되는 데이터에 관한 저작권의 입법화를 정부에 건의하겠다고 나선 것도 같은 맥락에서 이해할 수 있다. 멀티미디어로 데이터화된 논문, 서적, 그림 등이 원저작자의 의지와 무관하게 온라인상에서 유통되는 것을 막고 원저작자의 경제적 권리를 보호하는 데 그 취지가 있다.

온라인 데이터의 저작권 침해와 이를 소송으로 끌고 간 예는 일일이 들기 어렵다. 미국에서는 온라인 데이터베이스의 저작권 침해 문제가 연일 신문 지면을 장식하고, 독일에서는 저작권 침해를 막기 위해 전자 서적의 소유권을 밝히는 새로운 시스템을 선보이기까지 했다.

국내 PC통신 업체와 소프트웨어 개발 업체 사이에 벌어진 저작권 침해 소송 사건, PC통신으로 MP3 음악 파일을 이용해 유행 가요를 무단으로 복제 배포한 것은 국내 상황도 예외가 아님을 입증한다. 온라인 서비스 사업자, 정보 제공자는 물론이고 통신을 애용하는 개인 모두가 관련된 사이버 저작물 지식 재산권 문제가 사회적으로 크게 부각되고 있다.

그뿐만이 아니다. 제작 콘텐츠(UCC : 손수제작물)를 신지식재산권(저작권)에 광범위하게 포함해야 할 상황까지 발전하고 있다. 사이버 공간을 휘젓는 동영상 UCC가 새로운 물결로 자리를 잡는 데 그치지 않고 저작권 시비를 불러올 가능성이 높아졌다.

아니나 다를까, 가장 먼저 UCC 저작권과 관련한 대형 분쟁이 미국에서 발생했다. MTV를 소유한 종합 미디어 업체 바이아컴이 '유튜브가 동영상 콘텐츠 10만 건을 무단 사용했다'며 삭제를 요구한 것이다. 유튜브는 '저작권 협상이 결렬돼 콘텐츠를 내릴 수밖에 없게 됐다'며 전

면 삭제로 맞대응했다.

    UCC 저작권 문제가 UCC 천국인 한국에서도 미국 못지않게 심각한 상황을 맞았다. 유명 포털사이트들은 지상파방송 3사로부터 '방송 저작권을 침해하는 UCC 동영상물을 삭제하라'는 주문을 받았다.

    이처럼 새로운 세대의 라이프스타일이나 새로 출현하는 지식재산권과 별개로 저작권 분쟁은 UCC 시대를 맞아 피할 수 없는 문제가 되고 있다. 저작권이 있는 음악 방송 프로그램의 일부를 인터넷 사이트에서 무단으로 잘라 사용하거나, 네티즌들이 콘텐츠를 변형해 올리기 때문이다.

    방송 저작권자들의 내용증명 위협에 동영상 사이트와 포털사이트들은 네티즌들이 저작물을 폭넓게 사용할 수 있도록 허용해야 한다는 입장을 밝힌다. 특히 방송 콘텐츠의 경우 프로그램의 일부를 편집할 수 있도록 해야 한다고 주장한다. 방송 콘텐츠의 일정 분량을 네티즌들이 이용(인용)해 제2의 창작물을 만들 수 있도록 인용권을 보장해야 한다는 것이다.

    동영상 UCC의 대부분이 기존의 방송·광고 등을 편집한 것이어서 '사용자 복제(Copied) 콘텐츠'라고 불릴 정도로 저작권 침해 문제가 심각하다. 한국 내 음악 방송사 등 저작권자들은 전담 모니터 요원을 고용해 인터넷 사이트의 위반 사례를 모으고 있다. 이처럼 국내에서도 UCC 저작권을 둘러싼 분쟁이 갈수록 확산될 것으로 보인다.

    사용자가 직접 제작한 창작물은 전체 UCC의 약 20%에 불과하고 약 80%는 저작권 침해물인 것으로 분류됐다. 이 같은 상황을 감안하여 개

별 UCC 제작자를 대신해 UCC 서비스 업체가 음악·방송 등 권리자나 단체와 저작권 계약을 체결토록 하여 합법적인 저작권 처리를 유도하고, 저작권 집중관리 단체 등을 통해 휴면 권리자들의 저작물을 효과적으로 처리할 수 있는 제도의 도입도 검토하고 있다.

아울러 창작 UCC의 이용 활성화를 위한 저작권 등록 유도, 등록된 UCC의 효율적인 검색·유통을 위한 디지털식별체계(COI) 부여, 저작권자가 자신의 저작물에 대한 이용 방법과 조건을 표시하는 '저작권 이용허락 표시' 제도 활성화, 불법 UCC에 대한 단속 강화 등도 추진된다.

어쨌든 저작권법을 영상 시대에 맞게 개편해야 한다는 목소리가 커지고 있다. 현재 우리나라는 디지털 기술을 바탕으로 한 소프트웨어 산업이 아직 초기 단계라서 주된 관심 대상이 표절과 사적 복제 등 복사 방지책에 머물러 있지만 이젠 상황이 달라졌다. 선진국들의 규제에 대응할 만한 신지식재산권의 법체계를 하루 빨리 갖추어야 한다.

2007년 한미FTA협상이 타결되면서 저작권법은 다시 한 번 전면 개정될 예정이다. 이미 문화관광부는 한미FTA협상 결과를 이행하기 위한 저작권법 개정안을 내놓은 상태인데, ●저작권 보호기간의 연장 ●기술적 보호조치에 대한 보호 강화 ●권리자에게 편향된 행정, 사법체계 구축 등 이미 기울대로 기운 '권리와 이용의 균형추'를 다시 한 번 심각하게 뒤흔들 수 있는 내용을 담고 있다.

인터넷과 디지털 기술의 발전은 지식의 확산과 사람들 사이의 소통, 문화 창작의 활성화에 커다란 기여를 하고 있다. 해외의 전문 자료들을 인터넷을 통해 쉽게 접할 수 있는가 하면, 육아 커뮤니티를 통해 육아 정보를 얻거나 고민을 나누기도 한다. 즐거웠던 여행의 기록을 디지털 캠코더로 남겨 아름다운 음악과 함께 미니 홈페이지를 장식할 수도 있다.

하지만 조심해야 한다. 인터넷이라는 바다에 '저작권'이라는 암초가 급속도로 확산되고 있다. 아무 생각 없이 저작물을 이용하다가는 저작권법 위반으로 고발되거나 손해배상으로 막대한 돈이 나갈 수도 있다.

009 컴퓨터 프로그램의 보호

21세기 경제 선진국은 바로 지식 재산권 강국을 의미한다. 모든 국제 교역에서 지식 재산권은 전혀 새로운 부가가치를 창조하는 강력한 수단이자 무기가 되고 있다. 특히 급속한 기술 발전과 정보화로 인터넷 가상 공간이나 음성과 냄새도 지식 재산권이 되는 세상이다.

자신에게 필요한 지식과 정보를 얻는 대가로 일정액을 지불하는 것은 소비자의 의무이다. 지식과 정보를 제공한 사람은 그만큼 자금과 노력을 투자했기 때문이다. 정보 제공자가 투자에 대한 반대 급부를 원하는 것은 당연한 권리이다. 책을 구입하는 행위가 종이값만 지불하는 것이 아니라 그 책 속에 담긴 지식과 정보를 사는 것과 같은 이치이다.

기계 제작 업체 사장인 L씨는 전자 부품 삽입기와 삽입 순서 제어기 생산을 하청받았다. L 사장은 그 기계들이 인기리에 판매되는 점을 중시하여 무단 복제품을 만들기로 결심했다. 마침내 L 사장은 자신이 만들어 납품하는 기계의 작동용 컴퓨터 프로그램 칩 30여 점을 복제하여

청계천 컴퓨터 상가에 판매하기 시작했다.

전자 기기 제조 업체를 운영하는 C 사장은 금성, 삼성, 대우, 인켈 등 국내 대기업을 상대로 전자 부품 삽입기와 삽입 순서 제어기 부품을 수입, 판매하고 있었다. 어느 날 C 사장은 수입 기계들을 무단 복제하기로 작정하고 컴퓨터 프로그램 칩 복제기인 롬 프로그래머를 구입했다. C 사장은 그때부터 위 기계 작동용 컴퓨터 프로그램 칩 열다섯 개를 복제하고 기계 사용 설명서를 복사하여 이들을 판매했다.

재미를 보던 L 사장과 C 사장은 몇 달 뒤 미국 회사 한국 대리점인 D 산업으로부터 고소를 당했다. 그 동안 몇 차례 경고를 받았고 이미 복제를 중단한 상태여서 놀라지 않을 수 없었다. 컴퓨터 프로그램 칩 복제는 컴퓨터 프로그램 보호법 위반, 사용 설명서 복사는 저작권법 위반이라는 것이었다. 하지만 두 사람은 민·형사상 책임을 져야 했던 처지임에도 재판에서 공소 기각 판결을 받는 행운을 누렸다.

외국인이 창작한 컴퓨터 프로그램은 한국이 가입한 세계저작권협약의 발효일인 1987년 10월 1일 이후에 창작된 것에 한하여 보호되는데, 무단 복제품은 1987년 10월 1일 이전에 창작된 것이기 때문이다. 또한 범인을 안 날부터 6개월이 지났다는 이유도 포함되었다. 1996년 7월 1일 발표한 개정 저작권법은 1987년 10월 1일 이전에 창작된 외국인의 저작물도 보호하므로 유의해야 한다.

이 밖에도 서체가 하드 디스크에 내장된 컴퓨터를 복제하거나 텔레비전 게임이나 물품 재고 관리 프로그램을 복제하다가 발각되어 애를 먹는 사람이 적지 않다. 컴퓨터 프로그램은 특허청에 등록되어야만 법

적 보호를 받는 것으로 착각하기 때문에 쉽게 무단 복제를 하고 다툼이 벌어져도 경솔하게 대처한다.

컴퓨터 프로그램(이하 '프로그램')은 저작물로서 1987년 제정된 컴퓨터 프로그램 보호법의 보호를 받는다. 관련 법률을 위반한 범인을 알게 된 날부터 6개월 이내에 고소해야 처벌할 수 있으며, 이 같은 범죄는 고소가 있어야 논할 수 있는 친고죄에 해당한다.

컴퓨터 프로그램 보호법은 프로그램 저작자의 권리를 보호하고, 프로그램의 공정한 이용을 도모하여 프로그램 관련 산업과 기술을 진흥시킴으로써 국민 경제의 건전한 발전에 이바지하는 것을 목적으로 한다.

법이 보호하는 프로그램은, 특정한 결과를 얻기 위해 컴퓨터 등 정보 처리 능력을 가진 장치 내에서 직접 또는 간접으로 사용되는 일련의 지시·명령으로 교환된 것을 말한다. 신지식 재산권의 일종인 프로그램 저작권은 프로그램이 창작된 때부터 발생하고 공표된 다음 연도부터 50년간 유지된다. 50년 이내에 공표되지 않은 경우에는 창작된 다음 연도부터 50년간 유지된다. 저작권을 취득하는 데는 어떠한 절차나 형식을 이행할 필요가 없다. 그렇더라도 제삼자 침해 등 분쟁이 발생했을 때 강력한 보호를 받으려면 등록하는 것이 바람직하다.

프로그램은 지식경제부 산하 기관인 한국소프트웨어진흥원(이하 진흥원)에 등록할 수 있다. 저작권자는 ●프로그램의 명칭 또는 제호 ●저작자의 국적, 성명, 소재지 ●프로그램의 창작 연월일, 공표 연월일 ●프로그램 등은 프로그램 창작 후 1년 이내에 등록할 수 있고 1년이 경과하면 등록할 수 없다.

사내에서 개발한 프로그램을 진흥원에 등록하는 대표적인 회사로 포항제철을 들 수 있다. 직원이 직무상 창작한 프로그램과 용역 계약으로 창작한 프로그램, 개인이 업무와 상관없이 창작해 회사 명의로 등록을 원하는 프로그램 중에서 상품화할 수 있는 것을 주로 등록한다. 등록된 프로그램의 창작자에게는 보상금도 지급한다. 특히 등록된 것 중에서 '일·한 자동 번역 프로그램'은 삼성전자에 이전되어 상품화되는 등 경영 수익 면에서도 효과를 거두었다.

진흥원은 프로그램 저작권 보호 업무를 총괄한다. 이 기관의 주요 사업은 소프트웨어 산업 발전의 기본 토대가 되는 프로그램 등록 사업을 비롯해 프로그램 분쟁 조정, 프로그램 불법 복제 단속, 프로그램 위탁 관리, 프로그램 저작권 보호와 관련된 법과 제도의 개선 건의, 대국민 홍보 사업 등이다.

특히 진흥원의 주력 사업인 프로그램 저작권 위탁 관리업무는 세계 어느 곳에서도 찾아볼 수 없는 전무후무한 사업으로 영세한 프로그램 개발자를 보호하고 소프트웨어 유통 시장을 활성화하는 데 목적이 있다. 이 제도는 우수한 프로그램을 개발했으나 자금 부족 등을 이유로 활로를 개척하지 못하는 저작권자에게 도움을 줄 수 있다. 이용자 역시 이 제도를 통해 원하는 프로그램을 쉽게 활용할 수 있다.

등록된 프로그램은 그 복제물에 등록 사실을 표시하거나 저작권(예: ⓒ남호현, 2008)을 표시할 수 있으며 당연히 그래야 한다. 특허법에서도 하드웨어와 결부된 프로그램은 법적 보호 대상이 된다. 프로그램 저작권을 침해하면 일반 저작권처럼 민·형사상 책임이 부과된다. 우리 나

라에서는 1993년 9월 1일부터 반도체 칩에 관한 아이디어도 반도체 집적 회로의 배치 설계에 관한 법률에 의하여 보호받을 수 있다.

010 가상 공간을 날아다니는 권리

일본의 세가 엔터프라이즈는 3차원 컴퓨터 그래픽(CG)을 응용하여 게임기를 개발했다. 예컨대 사용자가 게임 화면의 캐릭터를 공중이나 자신의 눈 높이에서 볼 수 있도록 하는 '시점 조정'이 기술의 핵심이다. 세가측은 이 게임기에 관한 특허를 출원했고 등록까지 마쳤다.

사건은 그 뒤에 벌어졌다. 세가측은 특허 취득을 근거로 대형 게임기 업체에 특허 사용료 청구 등 권리 행사에 나서기로 결정했다. 급성장하고 있는 게임기 업계에서 특허 취득을 이유로 그 사용료를 청구하는 것은 세가측이 처음이었다.

세가측은, 대부분의 업소용 게임기는 화면 배경 등이 수시로 바뀌는 것이어서 자사 특허에 저촉될 것으로 보고 있다. 또한 가정용 게임기 소프트웨어도 같은 기술을 응용하는 영상 처리가 늘어나는 추세라고 밝혔다. 그 동안 특허 문제의 사각 지대였던 일본 게임기 업계가 특허

분쟁에 휩싸일 조짐을 보이고 있는 것이다.

미국의 변리사(특허 변호사)들에 따르면 소프트웨어 관련 발명의 출원은 신규성 등 특허의 기본 요건을 충족할 경우 90퍼센트 이상이 특허화할 수 있는 것으로 평가된다. 따라서 빠른 성장을 거듭하고 있는 한국 소프트웨어 업체의 세계 무대 진출과 벤처기업 육성을 고려해서라도 이와 관련한 특허 제도의 정착이 시급하다.

컴퓨터 통신 공간, 더 이상 저작권 무풍 지대 아니다

1994년에 벌어진 두 차례의 특허 분쟁은 세계의 이목을 집중시켰다. 1994년 2월, 미국 마이크로소프트사와 스택일렉트로닉스사의 분쟁에서는 1억 2,000만 달러의 보상 판결이 내려졌다. 같은 해 8월, 알펙스컴퓨터사와 닌텐도사 간에 벌어진 비디오 게임에 관한 특허 분쟁에서는 2억 800만 달러의 보상 결정이 내려졌다. 특허권 침해 시비로 이어진 분쟁에서 패소한 회사는 하나같이 수억 달러를 보상해야만 했다.

국내 소프트웨어 개발 업체인 보광미디어는 2년 동안 5억 원을 들여 〈CD-블릿츠〉를 개발했다. 이 제품은 CD-ROM 드라이브의 속도를 높이는 소프트웨어로 국내 3개 통신사의 공개 정보망에 오르면서 수천여 카피가 불법 복제되었다. 보광미디어측은 즉시 세 회사를 검찰에 제소했고 합의가 이루어지지 않자 나우누리를 상대로 민사 소송까지 제기했다. 하지만 나우누리측은 "수만 개에 달하는 소프트웨어를 일일이 상용인지 비상용인지 구별한다는 것은 사실상 불가능하다"고 맞섰다.

이처럼 소프트웨어 불법 복제는 PC통신망을 이용해 이루어지는 것이 적지 않다. 따라서 PC통신 업체들은 보광미디어 사건과 유사한 사건이 일어나지 않도록 대책 마련에 부심하고 있다. 가장 유력한 대안은 소프트웨어의 상용, 비상용을 구분하는 데이터베이스(DB)구축이다.

그러나 DB 구축만으로 불법 복제를 근절하기는 어렵다. 가장 좋은 해결 방법은 PC통신을 이용하는 네티즌에게서 찾아야 한다. 무엇보다도 다른 사람들에게 피해를 주지 않는 네티켓(네티즌+에티켓)이 절실히 필요한 시점이다. 앞으로는 파일 복제나 배포로 자칫 저작권 침해라는 올가미에 걸리는 네티즌이 발생할 우려가 높다.

대검찰청 형사부는 한 해 동안 컴퓨터 프로그램 보호법 위반 사범으로 1,000여 명을 기소하고 50여 명을 구속했다. 최근 CD-ROM 레코더 등 컴퓨터 프로그램 복제기 값이 떨어짐에 따라 프로그램 복제가 쉬워져 입건자 수가 늘어난 것이다. 국내 산업의 경쟁력 강화와 대외 통상 마찰 해소를 위해 검찰은 지속적으로 특별 단속을 펴나가고 있다.

이런 사실들은 저작권의 무풍 지대였던 가상 공간에서 이제는 법률 적용 시비가 일기 시작했음을 잘 드러내는 것이다. 최근 스위스 제네바에서 열렸던 세계지식재산권기구(WIPO) 회의에서 120개국이 컴퓨터 통신망을 통한 예술, 문학, 영화, 음반, 뮤지컬 등 실연(實演) 내용의 무단 복제 및 전송을 금지하는 협정을 체결했다.

WIPO 회의에 참석한 미국, 독일, 일본 등 선진국들은 '컴퓨터 통신 공간상에서 영상이나 음반 도용이 시작된 것은 오래 전의 일'이라며 관련 법규의 신속한 개정을 촉구하고 나섰다. 메이저 음반·영화사를 다

수 보유하고 있는 이들 국가는 '심한 경우 무역 분쟁으로 발전할 수 있다'고 경고했다. 우리도 컴퓨터 통신 공간의 지식 재산권, 이른바 '디지털 저작권'을 보호하지 않으면 세계 시장에서 고립될 수밖에 없는 상황이 된 것이다.

한국에서는 아직 판례가 많이 축적되어 있지 않지만 미국에서는 인터넷과 관련한 저작권 침해 시비를 따지는 송사가 잇따르고 있다. 다른 사람의 저작물을 인터넷 사설 게시판에 무단 공개했다가 유죄 판결을 받은 사례도 있다.

국내에서도 사이버 공간의 지식 재산권 침해에 대한 법적 대응이 시작되었다. 통신 작가 유일한 씨가 자신의 작품 《슈퍼맨이었던 사나이》의 줄거리를 허락 없이 사용한 MBC를 상대로 소송을 검토하는 등 권리 의식에 불을 댕겼다. "게시판에 올린 글이라도 저작자의 허락 없이 사용하면 복제에 해당한다. 이 사건 이전에도 출판사들이 무단으로 PC통신 게시물을 표절하는 행위가 많았다"는 것이 유일한 씨를 포함한 하이텔 통신 작가들의 주장이다.

011 유명 상표 모방한 인터넷 주소 사용할 수 없다

인터넷 주소, 이른바 도메인 네임(Domain Name)의 상표 출원이 1998년 11월부터 크게 늘고 있다.

유엔 산하 기구로서 특허권을 비롯해 저작권과 상표권 보호 등을 관장하는 세계지식재산권기구(WIPO)는 사이버 시대를 맞아 1998년 12월 23일 '상표와 인터넷 주소 등록 간의 분쟁을 다루는 규범에 관한 보고서'를 공표한 바 있다.

이 규범에 따르면 앞으로 부정한 의도로 타인의 유명 상표를 미리 인터넷 주소로 등록한 후 대가를 요구하는 행위가 금지된다. 또한 이미 등록된 상표와 유사한 도메인은 일정한 분쟁 해결 절차를 거쳐야 한다.

따라서 타인이 도메인을 등록하더라도 상표권 주장을 통해 이를 배제할 수 있을 것으로 전망된다. 우리 나라 특허청도 현재 전자상거래의 급격한 발전과 함께 도메인 네임에 관한 분쟁이 증가할 것으로 보고 도메인 네임의 상표 등록을 서두르도록 당부했다.

이에 발맞추어 우리 법원도 도메인 네임과 관련된 판결을 내려 주목받았다. 유명 상표를 본뜬 도메인 네임을 등록하고 유명 상표와 비슷한 제품을 판매한 경우는 상표권 침해 금지를 명시하고 있는 부정 경쟁 방지법에 위배된다는 것이었다. 이는 도메인 네임 등록의 불문율인 '선접수 선처리' 원칙을 법원이 받아들이지 않고 도메인 네임에도 상표권이 있다고 인정한 첫 판결이다.

샤넬사는 김○○ 씨가 샤넬 상호가 들어간 도메인 네임을 이용해 향수 등을 파는 바람에 상표권을 침해당했다며 상표권 등 침해 금지 청구 소송을 냈다. 이에 따라 서울 지법 민사합의 12부는 1999년 10월 8일 '피고는 샤넬 상호를 인터넷 도메인 네임이나 홈페이지에 사용해서는 안 된다'고 하여 원고 승소 판결을 내렸다. 재판부는 또 '피고측이 한국 인터넷 정보센터에 등록한 chanel.co.kr이라는 도메인 네임 등록도 말소하라'고 판결했다.

샤넬은 이미 국내외에 널리 알려진 화장품과 패션 상표이다. 이 상표를 타인이 도메인 네임으로 등록해 사용하면 수요자가 영업 주체를 혼동할 가능성이 높다. 다시 말하자면 타인이 상표의 명성에 편승해 부당 이득을 얻을 수 있다는 것이다.

도메인 이름 등록의 말소·이전 등에 관한 분쟁은 법원보다는 .com, .org, .net 등 일반 최상위 도메인 이름(GTLD)의 경우에는 저자가 중재인 또는 패널로 활동하고 있는 세계지적재산권기구(WIPO), 미국국가중재원(NAF), 아시아도메인이름분쟁해결센터(ADNDRC) 등에서, .co.kr, .kr 등 우리나라 국가 최상위 도메인 이름(CTLD)의 경우에는 우리나라 인터넷 주소분쟁조정위원회(KIDRC)에서 비교적 저렴한 비용으로 신속하게 해결할 수 있다.

012 전자상거래도 특허의 길이 열렸다

불과 몇 년 사이에 인터넷이 지구촌의 경제권을 하나로 묶어 나가고 있다. 이제 재래식 종합상사는 점차 사라지고 21세기형 종합상사, 소위 인테넷상 존재하는 가상 종합상사가 속속 출현하는 세상이다.

그 동안 대부분의 인터넷 무역 알선 업체들은 본격적인 종합상사 기능을 갖추기보다는 단순히 바이어 알선, 해외 유명 업체의 웹사이트 연결, 중소 기업 해외 홍보 등에 주력해 왔다.

하지만 2000년대에 접어들면서 사이버 거래의 급증은 물론이고 세계가 한 무역권으로 통합되고 있다. 인터넷 가상 공간에서 새로운 사업을 열어 수출입 대행까지 전담하는 무역 회사가 줄줄이 생기기 때문에 기존 무역 거래 관행에 일대 혁신이 일어나고 있다.

한국무역협회가 기존 종합상사의 인터넷 사업 부문이나 인터넷 무역 알선 업체들을 묶어 가상 종합상사를 출범하는 산파역을 맡아 1999년 말부터 '사이버 무역 열린 장터' 행사를 여는 등 인터넷 무역의 저변을

넓히는 사업을 진행하고 있다. 인터넷 무역의 비중이 그만큼 높아 가고 있기 때문이다.

이 현상에 무관하지 않게 인터넷 회사들의 신입 사원 공개 채용은 날이 갈수록 높은 경쟁률을 보인다. 지원서를 인터넷으로만 받아도 상위권 대학의 석·박사 학위를 가진 고급 두뇌들이 몰려든다.

벤처기업들도 인터넷 사업 강화를 위해 인터넷 전문 인력을 수시로 공개 채용한다. 인터넷 비즈니스 사업을 대폭 확대하려면 무엇보다 전문 인력을 확보해야 하기 때문이다. 물론 입사 지원서도 인터넷을 통해 접수한다. 이처럼 개인이나 산업체의 전자상거래에 대한 관심이 높아질수록 사이버 공간에 관한 지식 재산권의 선점 경쟁이 뒤따르게 마련이다.

급증하는 인터넷 관련 특허 출원

인터넷 시대가 본격적으로 열리면서 인터넷 관련 특허 출원도 크게 늘어나고 있다. 전자상거래(EC) 관련 기술을 특허로 출원하는 개인과 기업체가 증가하고 있기 때문이다. 1996년 이전에는 국내 인터넷 특허 출원이 4건에 불과했지만 그 동안 지속적으로 증가하여, 2006년 인터넷 관련 특허 중 BM(Business Method · 사업모델)분야 특허 출원 건수만도 5,742건에 달하였다.

이처럼 인터넷 특허 출원이 증가한 것은 인터넷 기술의 발달과 함께 전자상거래 시장이 비약적으로 성장했고, 국가적으로 인터넷을 기반으

로 하는 벤처기업의 창업에 관심이 고조되었기 때문이다. 무엇보다 관련 기술에서 특허를 얻을 경우 경쟁 업체에 비해 유리한 고지를 점할 수 있다는 이유로 관심이 증폭되고 있다.

국내 전자상거래 특허 출원은 주로 전자 거래시 신분 확인을 위한 암호화, 인증 기술, 압축 기술, 웹사이트 관련 기술, 기타 컴퓨터 소프트웨어 관련 발명 등이다. 이러한 출원 추세가 지속되어 인터넷 시장을 확보하기 위한 특허권자와 인터넷 영업자 간의 경쟁이 더욱 치열해지고 있다.

특히 온라인을 통한 전자 쇼핑 카드, 경매 시스템, 보상·환불·정보·광고·배달 프로그램, 배달 방법 등 독특하고 다양한 기술을 개발해 특허 등록했다. 한편으로는 이런 추세를 반영이라도 하듯 전자상거래 소프트웨어 개발 업체들이 경쟁적으로 특허를 출원해 많은 기업을 긴장시키고 있다.

세계 최대 인터넷 서점인 아마존과 인터넷 경매 업자인 프라이스라인이 최근 잇달아 소송을 제기해 주목을 받은 바 있다. 아마존이 먼저 소송을 제기하며 문제로 삼은 특허권은 '원클릭' 이었다. 원클릭은 상품 배달 주소 등의 고객 정보를 저장해 고객이 물건을 구매할 때마다 새로 정보를 입력할 필요가 없게 해주는 기술이다.

앞으로 새로 인터넷 상거래를 시작하는 기업들은 속속 특허권 침해 시비에 휘말릴 것으로 전망되므로 기업들이 지불하는 특허권 침해 가능성에 관한 조사 비용이 과거보다 크게 늘어날 것이다. 따라서 특허 소송에 말려들지 않으려면 특허권 확보는 물론이고 특허 검색도 더 완벽해져야 한다.

특허청은 순수한 컴퓨터 프로그램은 자연 법칙을 이용한 기술적 사상의 창작이 아니라는 이유로 특허를 인정하지 않았으나 정보화 시대를 맞아 급속하게 발전하고 있는 컴퓨터·인터넷 기술 분야의 특허 보호를 위해 컴퓨터 관련 발명의 심사 기준을 개정하여 1998년 8월부터 특허를 인정하고 있다. 결국 전자상거래도 특허의 길이 열리게 된 셈이다. WTO, WIPO 등 국제 기구에서도 전자상거래 관련 신기술 보호와 특허·상표권 등 지식 재산권 제도의 조화를 위해 국가간의 논의가 활발히 진행되고 있다.

이에 따라서 전자상거래의 핵심 기술은 남보다 빨리 특허를 취득하지 않으면 아무리 훌륭한 사업 아이디어를 갖고 있더라도 심하게 위축될 수밖에 없을 것이다. 특히 선행 기술 특허의 철저한 검색 없이 안이하게 대처하다가는 특허권 시비로 엄청난 시간과 비용이 드는 송사에 휘말릴 가능성이 매우 높아졌다.

비즈니스모델 특허를 알아 두자

비즈니스모델 특허가 최근 들어 급증하고 있다. 하지만 실제로 비즈니스모델에 대한 특허가 나오는 특허 등록율은 대략 35% 정도로 일반 특허 등록율에 비해 크게 낮은 편이다.

BM(Business Method·사업모델)특허는 '비즈니스모델 특허' 또는 '인터넷 관련 발명'으로 불리며 인터넷도 돈이 될 수 있음을 알린 일등 공신

이다. 다시 말해 비즈니스모델 특허란 정보시스템에 의해 실현된 독창적인 비즈니스 방식이 특허로 인정받은 것을 말한다.

비즈니스모델 특허의 종류에는 인터넷 전자상거래, 금융자동화, 전자마켓, 인터넷상의 광고방법, 인터넷 쇼핑몰 등이 있다. 그 전까지만 해도 '사업상 아이디어'는 발명의 범주에서 제외됐지만, 컴퓨터 기술이 발전하여 이를 활용한 사업이 가능해지면서 그 아이디어까지 보호해야 할 필요성이 생겼다.

인터넷 관련 특허를 보호해 주는 것이 미국뿐만 아니라 세계적인 추세이기 때문에 한국 특허청도 인터넷 관련 기술에 관하여 기술적 진보성과 완성도가 있는 발명품에 대해서는 가급적 특허를 내주는 방향으로 나아가고 있다.

비즈니스모델 관련 발명이 특허를 받기 위해서는 비즈니스모델 관련 아이디어(영업 방식)뿐만 아니라 컴퓨터·통신·인터넷 기술을 기초로 하여 시계열적인 데이터 처리 과정, 데이터 구조와 속성이 특허출원명세서에 구체적으로 제시되어야 한다.

비즈니스모델 관련 발명이 특허를 받기 위해서는 특허출원명세서에 단순히 프로그램에 의해 수행되는 절차나 과정만 명시하지 말고 그 절차를 수행하는 데 필요한 하드웨어 자원을 적절히 한정 또는 연관시켜 기재하는 것이 바람직하다.

정보통신 기술을 이용한 사업이 확대되면서 비즈니스모델 특허의 비중이 점점 커지고 있다. 특별한 기술이 요구되는 특허와 달리 비즈니스모델 특허는 컴퓨터나 휴대전화처럼 이미 존재하는 하드웨어를 이용하

면 가능하다. 따라서 고도의 기술이 없는 개인이나 중소기업도 아이디어만 좋으면 특허를 낼 수 있다.

특허를 획득할 경우 아이디어 사업 모델에 대한 배타적 사용권을 바탕으로 대기업에 밀리지 않고 사업을 지속할 수 있다. 반대로 비즈니스 모델 특허에 대한 개념이 없을 경우 소송에 휘말리거나 자신의 아이디어를 활용할 기회조차 잃을 수 있다.

특허법에 따르면 기술적인 요소가 없는 영업 방법, 즉 아이디어 자체는 특허를 받을 수 없고 비즈니스 프로세스 상의 명확한 혁신과 기술적 방법론을 요구한다. 'BM' 이란 용어는 일반적으로 알려진 바와는 달리 '비즈니스모델(BM)'의 약자가 아닌 '영업 방법'을 강조하는 'Business Method'의 약자로 이해해야 할 것이다.

비즈니스모델 특허는 블루오션 전략이다. 새로운 산업의 핵심 아이디어를 보호하고 진입 장벽을 만드는 방법이 비즈니스모델 특허다. 이 제도가 없다면 아이디어보다 자본력과 영업력을 갖춘 업체가 일방적으로 유리하게 될 것이다. 글로벌 경쟁 시대에 지식재산권 보호가 화두로 자리 잡은 시대, BM 특허는 앞으로도 태풍의 눈으로 남을 것이라는 게 전문가들의 전망이다.

013 이동 갈비의 비법을 훔친 주방장

외식을 즐기는 사람들은 대체로 이동갈비의 감칠맛을 잊지 못한다. 궁금한 나머지 손님들이 맛의 비결을 물어 봐도 속시원히 말해 주는 주인은 없다. 그저 양념을 섞어 재두는 시간과 재료 비율이 맛을 좌우한다고 적당히 얼버무릴 뿐이다.

이런 업소일수록 주방장은 주인의 경계 대상이 된다. 주인이 잘못 관리하면 주방장이 어느 날 갑자기 자리를 박차고 나가 갈비집을 차린다. 영업 비밀을 알아내고 그만둔 주방장이 자기 업소보다 커다란 식당을 차려 손님을 끌기 시작한다. 불찰을 후회하면서 새로 채용한 주방장에게 단단히 다짐을 하지만 소 잃고 외양간 고치는 격이다.

영업 비밀을 훔친 주방장이 다른 업소로 옮기면서 특별 대우를 받는 경우도 많은 모양이다. 이렇게 되면 업소 주인은 안절부절못한다. 달아난 주방장을 처벌하기 위해 법에 호소하고 싶어도 마땅히 입증할 만한 증거나 방법이 없다. 부정경쟁방지법으로 구제받을 수도 있겠으나 송

263

사가 귀찮아 포기하고 만다.

영업 비밀 어떻게 보호할 수 있나?

이동갈비의 영업 비밀을 보호받으려면 특별한 사전 조치가 필요하다. 주방장과 고용 계약을 체결할 때 갈비 조리법이 영업 비밀임을 인정하는 사실을 계약서에 명시하여 두는 것이다. 종업원들에게도 영업 비밀을 다른 사람에게 알리지 못하도록 각서를 받아 둔다. 물론 특허권으로 보호받기 위해 특허청에 등록도 할 수 있지만 가능한 한 노하우를 공개하지 않는 것이 좋다.

특허권의 존속 기간은 길어 봐야 20년이므로 대를 이어 가업으로 물려주려면 영업 비밀로 간직하는 게 합리적이다. 특허를 받는 것이 언제나 좋은 방법은 아니다. 다만 영업 비밀로 인정받기 위해서는 영업 비밀로서 관리하는 노력이 필요하다. 다시 말해 사업자가 그 비밀을 엉성하게 간수했다면 법원은 구제 요청을 거절할 것이 분명하다.

비밀로 간수되고 그 소유자에게 영업 경쟁에서 이득을 가져오는 정보, 디자인, 장치, 방법, 조성물, 테크닉 또는 화학식을 영업 비밀이라고 한다. 고객 목록, 공급자, 가격 정보 등 사업 정보도 비밀로 유지되고 진실로 가치가 있는 것이라야 법의 보호를 받을 수 있다. 사업자가 경쟁자에 비하여 유리한 정보를 갖고 있을 때 사업상의 가치와 실제로 비밀로 유지하려는 노력에 따라 법적 보호 여부가 결판난다.

특허를 출원하여 공개되기 전까지는 발명이 영업 비밀로 보호될 수

있지만 일단 공개되면 영업 비밀로 남아 있을 수 없다. 따라서 필요하다면 오래도록 비법을 간직하다가 은퇴 시기에 로열티를 받고 그 사업을 팔아도 좋을 것이다.

영업 비밀에 대한 보호는 중대한 결점이 없지 않으므로 때에 따라서는 특허권으로 보호하는 조치도 고려해야 한다. 일반인들이 제품의 검사, 분해, 분석 등을 통하여 정보를 알 수 있다면 영업 비밀이 지켜지기 어렵다. 예컨대 일반인들에게 판매되는 기계나 전기 장치 등은 영업 비밀로 유지될 수 없다. 그러나 일반인들에게 판매되더라도 화장품 같은 화학 조성물과 컴퓨터 프로그램에 포함된 필수 정보는 분석이 쉽지 않으므로 영업 비밀로 간수될 수 있다.

코카콜라가 100년 동안 영화를 누릴 수 있었던 것은 특허로 기술을 공개하는 대신 영업 비밀을 지켜 왔기 때문이다. 그러나 현재 발명 기술은 종래와 달리 시스템화되어 있어 코카콜라 시대를 넘어섰다. 영업 비밀은 권리 보장이 어려우므로 특허로 보호받으면서 일정 기간 소득을 올리는 길을 선택하는 것도 중요하다.

(주)마이크로세라믹사가 (주)모나미 직원을 스카웃하면서 벌어진 법정 공방은 모나미의 승소로 막을 내렸다. 이 사건의 판례는 영업 비밀이 어떻게 법적으로 보호받아야 하는지를 널리 알린 계기가 되었다.

모나미측은 자사에서 14년 동안 일하여 유성 잉크 제조에 관한 기밀을 알고 있는 직원이 1993년 1월 마이크로세라믹사로 옮긴 지 1년 10개월 만에 성능이 유사한 제품을 생산하자 영업 비밀 침해 금지 처분 청구 소송을 냈다. 결과는 마이크로세라믹사의 패소였다. 이 회사의 인적, 물적 시설을 고려한다면 합법적인 기술 취득 기간은 3년으로 봐야 한다는 게 판결 요지였다. 영업 비밀 침해 행위의 금지 또는 예방을 청구할 수 있는 권리는 침해 사실이나 침해자를 안 날부터 1년이 경과하거나 침해 행위가 시작된 날부터 3년이 지나면 소용이 없다.

014
새로운 지식 재산권
프랜차이징

새로운 유통 문화로 등장한 프랜차이징은 신지식 재산권의 일종이다. 보유하고 있는 지식 재산권을 몽땅 털어서 다른 사람에게 제공한 다음, 상품과 서비스를 동시에 판매하는 종합적인 시스템을 프랜차이징이라고 한다.

이를테면 프랜차이즈 회사(franchiser)가 프랜차이즈를 사는 사람(franchisee)에게 프랜차이즈 회사의 상호, 상표, 서비스표, 로고, 캐릭터, 저작권, 기술 및 영업상의 노하우인 영업 비밀, 디자인권, 특허권 등을 제공하여 상품과 서비스를 파는 시스템을 프랜차이징(franchising)이라고 한다.

이때 프랜차이징을 원하는 사람이 프랜차이즈 회사로부터 받게 되는 권리와 면허 자격 등을 프랜차이즈라고 말한다.

다시 말해 프랜차이저는 프랜차이즈를 설정하고, 프랜차이지는 프랜차이즈를 이용한다. 프랜차이즈 설정자가 상표 등 지식 재산권을 뒷받

침하는 사업의 경영 기법을 프랜차이즈 이용자에게 라이선싱하고, 프랜차이즈 이용자는 실제로 자신의 재산으로 영업하지만 영업 계획, 서비스의 제조 및 판매 기법 등은 프랜차이즈 설정자의 통제를 받아 체인점 형태로 사업을 운영하는 것이다.

지난 10년간 프랜차이즈 실패율은 5% 이하

프랜차이즈를 이용하는 입장에서 보면, 시장이 실제로 존재하기 때문에 수익성이나 장래성을 과거 실적과 비교하여 본인이 쉽게 판단한다. 따라서 새로운 사업을 시작하는 데 따르는 위험 부담을 자영 사업일 경우에 비해 줄일 수 있다. 미 국무성의 자료에 의하면 과거 10년 간 프랜차이즈 실패율은 5퍼센트 이하였다. 그만큼 프랜차이즈가 안정성을 보장한다는 뜻이다.

프랜차이즈를 이용하는 입장에서 보면, 영업 전문가가 아니더라도 프랜차이즈 회사가 갖고 있는 각종 관리 기법, 교육, 마케팅 전략 등을 지속적으로 지원받을 수 있다. 일부 회사는 자금 지원도 해주고 있다.

프랜차이즈 회사 입장에서 보면, 사업 확장이나 시장 개척시 많은 자금을 투자하지 않아도 사업 확장이 가능해진다. 프랜차이징은 경험 미숙, 능력 및 자금 부족, 미래의 불확실성을 극복하려는 소규모 자영 업자의 체인점 영업에 어울린다.

우리 나라에서는 이러한 프랜차이즈 사업에 대한 권리를 신지식 재산권의 일종으로 보아 부정 경쟁 방지 및 영업 비밀 보호에 관한 법률

이나 상표법 등을 개정하여 보호하려는 움직임이 있다. 하지만 국내에서는 아직 판례가 축적되어 있지 않아서 시비의 여지가 많은 편이다. 하루 빨리 법과 제도를 정비해야만 권리 행사에 혼선이 빚어지지 않을 것이다.

이행웅 회장이 주도하는 미국 태권도연맹의 프랜차이즈 도장 운영은 태권도와 경영학이 결합된 스포츠 마케팅의 전형으로 꼽힌다. 맥도널드 햄버거, 버거킹, 피자헛 등 대표적인 패스트푸드 프랜차이즈의 경영 원리에 입각하여 도장을 운영하기 때문이다.

미국 태권도연맹에 소속된 사범이 도장을 열 경우 장소 선정, 자문, 도장 시설, 인테리어 등을 본부에서 처리하며, 자금이 부족한 사범에게는 연맹 부속 신용금고에서 낮은 금리로 대출해 준다. 도장 운영이 시작되면 교재를 비롯한 각종 교육 프로그램과 함께 ●경영 진단과 분석 ●세무 신고 대행 ●미국 본부와 연결되는 온라인 시스템과 컴퓨터 프로그램을 지원하는 등 완벽한 프랜차이즈 형식을 갖추고 있다.

프랜차이징은 단순한 체인점 영업과는 확연히 구분된다. 물건을 유통하는 데 그치지 않고 원료를 비롯해 메뉴, 조리법, 각종 조리 기구, 영업 기법 등을 중앙에서 공급한다. 농협 식품점, 페리카나, 미니스탑, GS 25, 롯데리아 등이 그 좋은 예에 속한다.

홈페이지

미국의 저작권 유효 기간 ● ● ● ●

Q 미국의 캐릭터 지식 재산권의 유효 기간을 알고 싶습니다. 많은 사이트를 찾아봐도 언급이 없더군요.

A 캐릭터가 어떤 형태의 지식 재산권으로 보호받느냐에 따라 답변이 달라질 수 있습니다. 그러나 캐릭터는 저작권으로 보호받는 경우가 일반적입니다. 미국에서의 저작권 보호 기간은 저작자의 생존 기간을 포함하여 사망 후 70년까지입니다.

미공개 원고의 저작권 보호 ● ● ● ●

Q 일반적으로 많은 사람의 아이디어가 유사하거나 동일한 경우가 많습니다. 집에서 혼자 쓴 글은 어떻게 해야 지식 재산권으로 인정되나요? 단행본은 반드시 출판되어야 지식 재산권으로 인정받을 수 있나요? 저작권 행사를 하려면 어떤 절차가 필요한가요? 시나리오는 어떤 절차를 거쳐야 저작권을 인정받나요?

A 저작권은 저작한 때 발생하고 어떠한 절차나 형식의 이행이 필요 없습니다. 즉 저작물은 창작한 시점부터 형식적 절차 없이 저작권을 누리게 됩니다. 그러나 예외적으로 ▶저작권 보호 기간의 산정 ▶저작물을 일반에게 공개할 당시 실제 이름이 아니거나 ▶이름을 표시하지 않은 경우 ▶저작권을 사고 파는 경우 거래의 안전을 위한

제삼자 대항 요건으로서 등록할 수 있습니다. 저작권 등록은 ▶실명 등록 ▶저작물의 맨 처음 발행 또는 공표 연월일 등록 ▶질권 설정, 처분 제한 등에 의한 저작권 양도로 나눌 수 있습니다.

미공개된 원고 형태의 저작물은 그 창작 시점과 저작자를 입증하는 방법에 의거 저작권으로서 보호받을 수 있습니다. 하지만 스스로 저작했다는 사실과 창작 시점을 입증하기가 쉽지 않습니다.

따라서 최소한의 공표 형식을 취하는 게 좋습니다. 적어도 20명 이상이 참석하는 시나리오 작가 동호 모임·시사회·낭독회·발표회 등에서 시나리오를 공표합니다. 그리고 참석자 3명 이상이 서명 날인한 공표 사실 확인서(육하 원칙에 따라 작성하고 확인자의 인감 증명서를 첨부한 인감 도장 날인)를 받은 뒤 기타 구비 서류를 갖추어 저작권 등록을 신청하면 등록이 가능할 것으로 생각됩니다. 물론 출판되지 않은 단행본도 비슷한 방법으로 하면 되겠지요.

음악 저작권을 이용한 MP3 사업

Q 저는 경북대학교 재학생으로서 팀 동료들과 함께 MP3 관련 사업을 준비하고 있습니다. 저작권을 소유한 작곡자, 음반 회사 등과 관련하여 어떤 절차를 거쳐야 하는지 알고 싶습니다. 저작권 사용료는 일시불인지, 아니면 판매 수입에 따라 달라지는지요?

A MP3로 사업을 하려면 음악 저작권 사용을 허락받아야 합니다. 특히 음반 제작사의 음원을 이용할 경우, 음원 사용권을 허락받아야 하는 것은 물론이고 음악 실연자의 실연 복제권 허락도 꼭 필요합니다. 다행히 관련 업체가 설립되어 있어 개인을 상대하지 않아도 절차를 쉽게 밟을 수 있습니다.

음악 저작권 상담은 한국음악저작권협회(전화: 02-3660-0900, MP3에 관한 것은 업무부 소관입니다)를 이용하기 바랍니다. 수록 대상이 외국곡이라면 주로 외국곡의 저작

출판권 사업을 추진하는 회사들의 모임인 KMPA음악저작권출판사협회를 통해 협상할 수도 있습니다. 음원 사용권은 해당 레코드 제작사와 직접 협상해야 하고, 실연 복제권은 Recording Musician(전화: 02-552-9651)을 통해 상담해야 합니다. 사용료는 수록할 곡 수, 사용 기간, 판매량 등에 따라 달라지며 일시불로 결정할 수도 있습니다. 따라서 사용료 수수 조건은 당사자들과 협상을 통해 결정하는 수밖에 없습니다.

저작권법 강화와 산업 디자인 이중 보호

Q 사이버 정보 시대가 발전하면서 저작권법이 날로 강화된다고 합니다. 심지어 응용 미술품도 저작권 보호 대상이 된다는 소식입니다. 사실인지 알고 싶습니다.

A 2000년부터 거의 매년 저작권법이 강화되고 있습니다. 컴퓨터 통신으로 영상, 소설 등 저작물을 전송하거나 공중이 사용할 목적으로 복사한 경우에도 저작권자의 사전 허락을 받아야 합니다. 다만, 전자 도서관 구축을 촉진하기 위해 도서관에는 전송을 제외한 디지털 복사를 허용하기로 했습니다.

저작권 침해자의 처벌도 현행 3년 이하 징역 또는 3,000만 원 이하 벌금에서, 5년 이하 징역 또는 5,000만 원 이하 벌금으로 강화되었습니다.

개정법에 의하면 고의성 없이 저작권, 출판권, 저작 인접권을 침해한 경우에도 과실이 있는 것으로 추정하여 저작권 소유자의 원활한 손해 배상 청구가 가능하도록 했습니다.

이 밖에 직물 디자인 등 산업용 응용 디자인도 저작권 보호 대상에 포함됩니다. 이와 같이 산업용 응용 디자인도 저작권법과 디자인 보호법에 의한 이중 보호를 인정할 수 있게 되었으니 권리 행사 범위가 더 강화된 셈입니다.

상용 BBS의 편집 저작물 보호

Q 천리안, 나우누리 등 상용 BBS에서는 중고품 판매란과 물물 교환란이 개설되어 있습니다. 이 페이지에 제가 물품을 팔거나 교환하겠다는 취지의 글을 올린다면 그 글에 대한 지식 재산권은 제게 있습니까? 아니면 상용 BBS에 귀속됩니까? (김세훈)

A 저작권법으로 보호받을 수 있는 저작물은 사상 또는 감정의 창작적 표현, 문학·학술·예술의 범위에 속한 것 등 두 가지 요건에 해당되어야 합니다. 따라서 중고품 판매란에 올린 단순한 거래 정보 등은 저작물이라고 보기 어렵습니다.

일정한 방침 또는 목적으로 소재를 수집, 분류, 선택, 배열하여 창작한 저작물을 편집 저작물이라고 합니다. 창작성이 미치는 범위는 소재의 선택과 배열에 독창성이 있는 부분이고, 소재의 수집이나 분류 작업에 아무리 많은 노력과 비용을 투자했더라도 그 부분은 보호 대상이 될 수 없습니다.

하지만 중고품 판매란이나 물물 교환란에 게재한 '가격 등 거래 조건에 관한 정보'의 배열, 내용, 색출의 양태, 본문 각면의 수록 소재와 비율 등에 창작성이 인정된다면 편집 저작물로서 보호될 수 있으며 그 창작적 노력을 누가 했느냐에 따라 저작권자가 정해집니다.

편집 저작물의 경우 정보의 창작적 편집을 누가 담당했느냐에 따라 저작권의 귀속이 결정됩니다. 귀하가 직접 정보의 창작적인 편집을 진행했다면 그 저작권은 귀하에게 귀속되지만, 이 같은 편집 저작물을 상용 BBS에 올렸을 경우 상황에 따라 그 이용 관계가 달라집니다.

귀하의 저작권을 상용 BBS에 양도한다거나 독점적 사용을 허락한다는 특약이 있을 경우, 특약이 없더라도 그러한 특약이 있는 것으로 간주되는 어떤 조건의 이행(예컨대 귀하가 해당 편집 저작물의 게재료를 저작권 사용료 조로 받았다면)이 있는 경우 당해 저작권의 사용권은 해당 상용 BBS에 귀속됩니다.

하지만 이 경우에도 공표권, 저작자로서의 성명 표시권, 동일성 유지권 등 저작 인격권은 저작자의 일신 전속적인 권리이므로 양도할 수 없습니다. 다만 복제, 공연, 방송, 전시, 배포권 등 저작 재산권만 양도할 수 있습니다.

어떤 특약이 있는 것으로 간주될 수 있는 특정 조건의 이행이 없는 한, 귀하가 정보의 창작적 편집을 담당했다면 그 저작권과 그 독점적 사용권은 귀하에게 귀속됩니다. 따라서 해당 상용 BBS는 귀하의 동의 없이 이를 추가적으로 또는 다른 용도로 전용할 수 없습니다.

초상권 침해의 법적 제재 ● ● ● ●

Q 인터넷 게시판에 연예인의 얼굴을 캐리커처로 만들어 올려놓으려고 합니다. 판매하는 것도 아닌데 초상권 침해를 이유로 법적 제재를 받게 되나요?

A 연예인의 얼굴을 캐리커처로 만든 사람에게 저작권이 귀속됩니다. 하지만 그 연예인의 동의를 받지 않은 채 게시판에 올리는 행위는 저작권법(제32조 제4항) 위배가 될 소지가 있고, 초상권 특히 그 연예인의 프라이버시권 침해 가능성이 높습니다.

인터넷 게시판의 지식 재산권

Q 상용 BBS(하이텔, 천리안, 나우누리 등) 게시판이나 벼룩신문 등에 비영리 목적으로 개인 정보를 올린 글들이 자주 눈에 띕니다. 만약 제가 BBS에 통보하지 않고 비영리 목적의 다른 게시판에 그 글을 다시 올린다면 지식 재산권을 침해하는 행위가 되는지 알고 싶습니다.

A 비록 비영리 목적이더라도 남의 글을 무단 전재하는 것은 그 글을 올린 사람이나 그 글에 저작권이 있는 사람의 권리를 침해할 가능성이 높습니다. 글을 올린 사람 외에 다른 저작권자가 있을 수도 있으므로 재확인을 거치는 등 신중을 기해야 합니다. 또 저작권자와 인터넷 게시판 운영자 사이에 전속·독점 계약도 있을 수 있으므로 저작권자의 서면 동의를 받는 것이 가장 안전합니다.

아이디어의 지식 재산권 보호 ● ● ● ● ●

Q 이동통신 관련 아이디어로 공모전에 참가하려고 합니다. 만약 당선된다면 그 지식 재산권은 누구에게 귀속되며, 본인이 그 권리를 직접 소유하려면 어떻게 대처해야 합니까? 공모전에 출품하지 않고 지식 재산권을 보호받을 수 있는 방법은 무엇입니까?

A 아이디어 공모의 조건과 규약이 따로 있다면 그에 따르게 됩니다. 일반적으로 응모 또는 당선 아이디어에 대한 소유권과 사후 처리 방법이 공모와 함께 언급되게 마련입니다. 하지만 공모 조건에 관하여 특별한 언급이 없더라도 당선 상금을 받는 등 대가를 수수하는 경우 소유권이나 실시권이 공모자측에 귀속된다고 보는 게 합리적입니다.

물론 출품하지 않고 권리를 보호받는 방법도 강구할 수 있습니다. 그러나 순수한 아이디어만으로는 특허 대상이 되지 않습니다. 자연 법칙을 이용한 기술적 사상이어야 하고, 해당 아이디어를 구체적으로 실현할 수 있는 기술적 수단이 뒷받침되어야 합니다. 구체적인 기술 수단을 제시하지 못하면 이른바 '미완성 발명'으로 취급되어 특허가 되지 않습니다.

예컨대 컴퓨터 프로그램은 순수한 수학적 알고리즘(algorism: 아라비아 숫자 계산법)으로 자연 법칙을 이용한 것이 아니라는 이유로 특허가 되지 않았습니다. 하지만 1998년 8월부터는 컴퓨터 관련 발명 심사 기준의 개정에 따라 특허 대상이 되었습니다.

따라서 귀하의 이동통신 관련 아이디어가 컴퓨터 프로그램이라는 기술적 수단으로 실현 가능한 것이고, 그것이 신규성, 진보성, 산업상 이용 가능성 등 특허의 일반 요건을 고루 갖추고 있다면 특허 대상이 된다고 생각합니다.

그 밖에 귀하의 아이디어가 제품의 디자인에 관한 것이라면 디자인 등록으로, 제품의 이름에 관련된 것이라면 상표 등록으로 보호받을 수 있습니다. 하지만 출원 전에 공개한다면 스스로 공개한 경우를 포함하여 신규성이 없다는 이유로 특허가 되지 않습니다.

도메인 네임의 상표권 등 침해

Q 얼마 전 xxx.com(org)이라는 도메인을 미국 internic사에서 발급받았습니다. 국내 지명을 샅샅이 뒤지다가 xxx를 발견하여 인터닉에 등록한 것입니다. 그러나 나중에 알고 보니 향수 'xxx'를 국내 업체가 생산하고 있을 뿐만 아니라 상표권 출원중에 있더군요. 이 같은 상황에서도 제 도메인명으로 국내산 향수와 야생화 등에 관련된 컨텐츠를 제공하거나 전자상거래 사이트를 개설하려고 합니다. 상표권과의 마찰 등 법률적인 문제가 없는지 궁금합니다.

A 이른바 '공업 소유권 보호에 관한 파리조약'에서 규정하고 있는 각국 특허 독립의 원칙에 따라 관할 국가에서 상표권을 독립적으로 갖고 있어야 해당 상표를 보호 받을 수 있습니다. 물론 상표권의 효력은 당해 국가에 미칠 뿐만 아니라, 동일 또는 유사한 상표를 동일 또는 유사한 상품에 사용하는 행위에도 미칩니다.

상표권의 효력은 출원일에 발생하는 것이 아니고 등록일부터 발생합니다. 우리 나라에서는 선등록자를 보호하는 제도를 채택하고 있기 때문입니다.

이런 관점에서 귀하의 도메인 네임은 타인의 선등록 상표권과 충돌할 수 있습니다. 귀하가 상표 등록에 앞서 도메인 네임을 발급받았더라도 타인의 상표 등록 이후에 해당 업종에서 계속 사용하면 상표권 침해가 될 수 있습니다. 비록 타인의 상표 등록이 없을지라도 그 상표가 수요자간에 널리 알려진 경우 그 상표를 도메인 네임으로 등록하여 사용하

면 부정경쟁방지법에 저촉될 수 있습니다.

　최근 서울 지법 민사합의12부의 판결을 주목할 필요가 있습니다. 샤넬사가 chanel.co.kr이라는 도메인 네임을 등록하여 사용하던 김○○ 씨를 상대로 낸 상표권 등 침해 금지 청구 소송에서 '피고는 샤넬 상호를 인터넷 도메인 네임이나 홈페이지에 사용해선 안 되며 도메인 네임 등록을 말소하라'는 판례를 이끌어냈기 때문입니다.

홈페이지에 월간지 기사 인용 ● ● ● ●

Q 인터넷 홈페이지의 일부분을 모 월간지 기사로 채우려고 합니다. 이 방법이 지식 재산권을 침해하는 것은 아닌지, 마찰을 일으키지 않고 추진하는 방법은 어떤 것인지 알고 싶습니다.

A 저작권 침해의 소지가 다분하니 월간지측과 협의한 다음 진행하십시오. 월간지 경영자의 입장에서는 홍보 효과를 볼 수 있어 쉽게 동의할 가능성도 있습니다. 하지만 반드시 서면 동의서를 받아 두셔야 합니다.

　순수한 연구 목적, 시사 보도를 위한 이용, 공표된 저작물의 인용(목적의 정당성, 범위의 합리성, 방법의 적정성, 출처 명시 의무), 영리를 목적으로 하지 않는 공연·방송(직접적으로 영리 목적이 없더라도 간접적으로 영리와 연계되어 있는지 유의), 사적 이용을 위한 복제(비영리·개인적·가정용으로 복제 혹은 이에 준하는 한정된 범위. 홈페이지는 많은 사람이 접근할 수 있으므로 순수한 사적 이용이라고 보기 어려움) 등의 경우 저작권 침해 문제 없이 저작물을 이용할 수 있으나, 구체적인 사안에 따라 침해 여부가 달라질 수 있으므로 유의해야 합니다.

개발된 소프트웨어의 등록 ● ● ● ● ●

Q 시험기 관련 소프트웨어를 개발한 기계공학부 대학원생입니다. 지식 재산권으로 보호받으려면 어떤 절차를 거쳐야 합니까?

A 시험기 관련 소프트웨어의 법적 보호는 컴퓨터 프로그램 보호법과 특허법을 검토해 볼 수 있습니다. 컴퓨터 프로그램은 별도의 등록 절차 없이도 창작한 때부터 권리가 발생합니다. 그러나 최초 공표일의 입증 등 권리를 객관화하는 수단으로 등록하는 것이 바람직합니다. 정보통신부의 위탁을 받은 한국소프트웨어진흥원에서 등록을 받고 있습니다. 저희 사무소에서 등록 업무를 도와 드릴 수도 있습니다.

산업에 이용할 수 있으면서 신규성·진보성 등 특허 요건을 갖추고, 구체적인 실현 수단을 가질 수 있다면 특허로도 등록됩니다. 종래의 프로그램과 비교하여 진보된 점, 구체적인 구성, 그에 대한 설명, 작용, 효과 등을 서면으로 제시해야 합니다.

Part 5

지식 재산권 확보 · 활용 · 구제 · 관리 등을 위한 탐험 여행

먼저 출발해야 이긴다

001 권리 위에서 잠자리 마라

특허를 갖고 있는 사람에게 특허 발명을 독점적으로 실시할 수 있는 막강한 권리가 있다. 반면에 특허권자로서 의무도 준수해야 한다. 특허료를 납부하고, 특허 발명을 실시해야 하며 권리를 남용하지 말아야 한다. 의무는 아니지만 발명 특허 실시품에 특허품 표시(예: 특허 제12345호)를 해야 완벽하게 보호받을 수 있다.

특허권자는 자기 발명을 직접 실시하거나 타인에게 실시하도록 해야 한다. 만약 발명의 실시가 산업상 또는 공익상 필요한데도 특허권자가 실시하지 않을 경우에 강제로 실시하게 만드는 제도가 있다. 권리를 방치하는 사람이 발견되면 제삼자가 특허청 앞으로 신청하여 사용할 수 있다.

특허청장은 특허권자와 협의하여 로열티 지급 조건 등을 확정하고 원하는 사람에게 실시권을 준다. 그래도 실시하지 않으면 특허권을 취소하기도 한다. 정당한 이유 없이 계속하여 3년 이상 국내에서 실시하지 않는다는 이유로 통상 실시권이 설정되었으나, 이러한 제재가 있은

날부터 계속하여 2년 이상 실시하지 않을 경우 직권 또는 이해 관계인의 신청으로 특허청장이 그 특허권을 취소한다. 답변서 제출, 의견 청취 등 신중한 절차가 있긴 하지만 권리를 방치할 경우 특허권이 날아갈 수도 있다. 특허 발명은 국내에서 실시해야 하며, 외국에서 특허품을 생산하여 현지에서만 판매하는 것은 실시로 보지 않는다. 특허권자는 천재 지변, 불가항력 등 정당한 이유가 없는 한 3년 이내에 실시해야 한다. 3년 이상 실시하지 않을 경우 특허 발명을 실시하고자 하는 사람은 특허권자 또는 전용 실시권자를 상대로 하여 특허청장의 중재로 통상 실시권을 청구할 수 있다.

권리를 남용하는 특허권자도 제재를 받는다.

예컨대 ●특허품의 제조에 필요한 원재료나 부품을 특허권자 또는 그가 지정하는 자로부터 구입할 것을 강제하거나 ●판매 지역을 국내에만 한정하거나 ●개량 발명의 특허권을 특허권자가 갖기로 하거나 ●특허권의 존속 기간이 만료되어 소멸되었는데도 기한을 연장하여 실시료를 받는 계약은 권리 남용에 해당된다.

이상과 같이 특허 발명을 불성실하게 실시할 경우에도 이해 관계인의 신청에 따라 특허청장이 통상 실시권을 타인에게 부여할 수 있다.

비록 사용하지 않는 상표의 상표권을 보유한 사람일지라도 침해 금지 청구 등 권리를 행사할 수 있다. 하지만 정당한 이유 없이 3년 이상 사용하고 있지 않은 상표는 권리가 소멸될 수도 있다. 제삼자가 불사용 취소 심판을 청구할 경우 상표 등록이 취소되어 상표권이 없어지는 사례가 생기기 때문이다.

002 갑자기 증발한 지식 재산권

특허권을 비롯해 디자인권 등 지식 재산권을 다수 보유한 K씨는 사실상 로열티 수입으로 살아가고 있었다. 그는 두뇌 회전도 빨랐고 워낙 꼼꼼한 성격이어서 좀처럼 실수하는 일이 없었다. 집을 이사할 때도 예외는 아니어서 가족을 믿지 못해 모든 걸 직접 챙겨야 안심할 수 있었다. 주민 등록과 전화 이전은 물론이고 부동산의 소유권 이전 등기조차 직접 해결했다.

그러던 어느 날이었다. K씨는 자신이 가장 아끼던 디자인권이 증발해 버렸음을 알고 절망감에 휩싸였다. 이삿짐을 알뜰살뜰 꾸리고 주소를 이전하면서도 특허청 등록 원부에 거주지 변경 사실을 신고하지 않아 생긴 사고였다.

경쟁 관계이자 유사한 디자인을 등록해 둔 L씨가 특허청에 무효 심판을 청구한 사실을 K씨는 미처 알지 못했다. 설사 자신의 디자인이 L씨의 디자인권을 침해한다는 주장이 있더라도 충분한 승산이 있어서

느긋하게 대응할 수도 있었다. 하지만 L씨는 K씨의 실수로 손쉽게 디자인권을 독점하는 행운을 누리게 되었다.

권리와 권리의 샅바 싸움은 의외로 간단치 않다. 처리하는 사람들의 실수로 거의 동일한 특허가 두 개 이상 등록되면 다툼은 매우 복잡하게 엉켜든다. 쌍방은 서로 하나같이 "저쪽 권리가 내 권리에 속한다"고 주장한다. 한쪽의 주장이 받아들여지면 상대방의 권리는 당연히 100퍼센트 부정되고 무효화된다. 그래서 이런 종류의 심판은 보통 인정되지 않고 "내 권리가 저쪽 권리에 속하지 않는다"식의 심판이 인정된다.

특허청에서 K씨 앞으로 무효 심판 청구에 대한 답변서와 자료 보완을 요청할 때는 K씨가 이미 거주지를 옮긴 뒤였다. 당연히 특허청의 우편물은 옛날 주소지로 날아갔고 수신인을 만나지 못한 우편물은 즉시 반송되었다.

한 차례 우편물이 반송되자 특허청측은 공시 송달 절차를 밟을 수밖에 없었다. 공시 송달이라고 해봐야 특허 공보에 게재하는 게 고작이었다. 특허 공보를 매일 찾아볼 수 없었던 K씨가 모르고 넘어간 것은 당연한 일이었다. 1개월이 지나도 K씨의 답변서가 도착하지 않자 특허청 심판소는 무효 심판 청구인의 주장을 그대로 받아들여 K씨의 디자인권을 무효로 처리했다.

K씨는 구제 받을 길이 없나 여기저기를 기웃거렸지만 버스 지나간 뒤 손 흔드는 격이었다. 이삿짐을 꾸릴 때 정작 중요한 재산을 챙기지 못한 게 한스러워서 통곡했으나 소용없었다. 따라서 주소가 바뀌면 반드시 출원 계류중인 사건에 대하여는 출원인 정보 변경 신고를, 이미

등록된 권리에 대하여는 특허(상표) 등록 원부에 주소 변경을 등록해야 한다.

003 몇 십 배로 바가지 쓰는 무임 승차

디자인권자 L씨는 어떤 가구 업체가 자신의 디자인을 도용하여 장사를 하고 있어도 반응이 없었다. 알고도 모르는 척하기로 했다. 날개 돋친 듯 팔리는 제품을 구경하면서 무려 2년 동안 기다렸다. 어느 정도 시간이 성숙했다고 판단되자 L씨는 가구 업체 앞으로 경고장을 보냈다. 그제서야 내용 증명서를 받은 가구 업체에서 비상이 걸렸다. 디자인권자 L씨가 손해 배상 액수를 늘리려고 일부러 시간을 끌었다는 심증이 들었지만 디자인권을 침해한 가구 업체로서는 특별한 대책이 없었다. L씨는 수사 기관에 고소하겠다며 수시로 위협했고 막대한 손해 배상을 요구하기 시작했다.

악질적인 L씨가 쳐놓은 그물에 걸려든 가구 업체는 디자인권 침해 사실을 부인하지 못했다. 디자인권자가 요구하는 조건을 모두 수용할 수밖에 없었다. 당장 생산을 중단해야 했고 사과문을 내는 것은 물론 손해를 배상하기로 했다. 2년간 벌어들인 소득을 넘어 거액을 물어주다

보니 회사는 파산하게 되었다.

이처럼 특허권이나 상표권을 침해하다가 걸려들면 몇 십 배로 바가지를 쓰는 경우가 보통이다. 특히 부정 출판과 부정 복제가 발각되면 치명적인 손실을 입기도 한다. 작가 K씨는 저작권법을 위반한 두 출판사를 골탕먹인 것으로 유명하다.

저작권자의 승낙 없이 저작물을 출판하거나 저작권자의 검인 없이 저작물을 출판한 때에 부정 출판물의 부수를 산정하기 어려우면 최소한 5,000부로 추정한다. 이러한 저작권법 규정을 알고 있던 K씨는 검인 없이 자신의 저작물을 출판한 B사를 송파 경찰서에 고소했다. 그 이듬해 N출판사가 자신도 모르게 다른 저작물을 몰래 찍은 사실이 발견되자 서울 서대문 경찰서에 다시 고소했다. 이 두 출판사는 졸지에 거액을 물어주는 선에서 K씨와 합의를 보아야 했다.

K씨는 경찰서의 지원을 받아 대형 서점을 돌며 판매된 책의 부수를 조사했다. 그리고 이 조사 자료를 근거로 부수를 추정했고 출판사와 다툼을 벌였다. 제대로 장부 정리를 하지 않았던 출판사는 궁지에 몰렸다. 1,000부를 몰래 찍고도 5,000부를 부정 복제한 것처럼 공격당했고, 겨우 2,000부를 몰래 판매했으면서도 5,000부를 판매한 것처럼 몰아붙여도 할 말이 없었다.

부정 출판물 산정의 입증이 어려운 저작자를 보호하기 위해 부정 출판물의 출현을 입증만 하면 적어도 5,000부가 부정 출판된 것으로 추정한다. 따라서 잘못한 대처한 출판사는 '배보다 배꼽이 큰' 손해를 볼 수도 있다.

저작권법을 위반하면 민·형사상 책임을 져야 하므로 형사 처벌은 물론 손해 배상 책임도 면치 못한다. 저작권 침해죄는 친고죄여서 저작자가 고소를 취하하면 형사 처벌을 면할 수 있지만 민사 소송까지 면제 받는 것은 아니다.

최근 지식 재산권 침해 사범이 날로 증가하고 있어 주의가 요망된다. 특히 컴퓨터 프로그램법 위반 사범은 더더욱 기승을 부리고 있다.

지식 재산권을 침해한 자가 발견되면 권리 소유자는 재빠르게 대응해야 한다. 범죄자는 누구나 증거를 없애려 하게 마련이므로 맨 먼저 증거 확보에 주력하고, 증거가 확보되는 순간 지체 없이 침해자에게 경고장을 발송해야 한다.

경고장을 보냈다고 방심해서는 안 된다. 범인을 안 날부터 6개월 이내에 반드시 형사상 고소 여부를 결정하여 법적 조치를 취해야 한다. 머뭇거리다간 법적 시효에 걸려 피해자를 처벌할 기회마저 없어진다. 피해자가 차일피일 시간을 끄는 데 말려들면 합의는커녕 권리 소유자가 오히려 더 큰 피해를 입을 수도 있다.

경고장을 반드시 보낼 필요는 없다. 그러나 변리사의 의견으로는 내용 증명을 보내는 것이 가장 현명한 일이라고 생각된다. 막대한 비용과 시간을 소비하지 않고도 원만한 합의를 볼 수 있고, 침해자가 경고장을 받고도 불법적인 실시를 계속할 때 고의성을 판단하거나 입증하는 데 결정적인 도움이 되기 때문이다.

서구인들과 달리 동양인들은 송사에 약하고 전통적으로 법에 호소하는 일을 기피한다. 서류를 꾸미고 법적으로 대응하고 법정에 서는 일조

차 두려워한다. 그러나 초기의 법적 조치를 순발력 있게 완벽히 해두는 것이 장래를 위해서도 바람직하다.

일단 고소를 했더라도 가능한 한 최종심까지 올라가지 않는 것이 좋다. 피해자의 요청이 있으면 합의를 유도하는 방안이 가장 경제적이다. 화해를 거쳐 손해 배상을 받고 적법하게 라이선스 계약을 체결하는 방향으로 추진하는 것이 합리적이다.

합의를 이루지 못한 지식 재산권자는 물품의 제조·판매 금지 가처분 신청, 손해 배상 청구, 부당 이득 반환 요구 등 민사상 절차를 밟거나 침해자를 형사상 고소할 수도 있다. 귀찮다고 침해 사실을 외면할 수는 없겠지만 그렇다고 무조건 법에만 호소하는 일은 옳지 않다. 적절한 배상이 이루어졌다고 판단되면 즉시 소를 취하하는 지혜도 필요하다.

004 특허권도 담보로 쓴다

특허 기술을 담보로 제공하고 은행에서 대출을 받을 수 있는 제도가 있다. 이 대출금은 일반 대출보다 금리가 상당히 낮다. 우수한 특허 기술의 조기 사업화를 촉진하기 위해 만들어진 이 제도는 특허청 산하 기관인 한국발명진흥회의 지원과 알선으로 실시되고 있다.

금융 기관에 담보로 제공되려면 담보 물건이 감정 평가를 거치는 관례에 따라 특허 기술도 먼저 평가를 받아야 한다. 부동산을 한국감정원에서 감정하는 것처럼 특허 기술은 전문 연구 기관, 시험 기관 등이 발명의 기술성 및 사업성 평가를 대행한다.

발명진흥법에 따르면 산업 재산권으로 등록된 발명의 조속한 사업화를 위하여 국·공립 연구 기관, 정부 출연 연구소 등 기술성과 사업성 평가를 전문으로 수행하는 기관을 해당 발명의 평가 기관으로 지정한다. 평가를 통해 기술성과 사업성이 우수하다고 인정된 발명(고안)은 금융 기관에 사업화 자금을 우선 지원 요청할 수 있다. 때에 따라선 시제품을 제작하는 데 필요한 자금도 지원받을 수가 있다.

특허 기술 평가를 받고자 하는 신청인은 한국발명진흥회 특허기술 사업화 알선 센터의 도움을 받아 신청한다. 이때 평가 수수료 일부를 보조받을 수 있다. 발명 평가 신청 자격자는 내국인으로서 신청일 현재 특허·실용신안법에 의하여 등록된 권리자와 그 승계인 또는 전용 실시(사용)권을 소유한 자로 한정한다.

평가 기관은 기술성의 수준, 기술의 활용성, 기술의 파급성, 제품 생산의 가능성 등 종합적인 기술성을 비롯해 시장성, 경쟁력, 사업 추진 능력 등을 평가한다. 기술성 평가는 국립 공업기술원, 생산기술 연구원, 한국 화학시험연구원, 한국 인삼초연구원, 한국 해양연구소, 한국 전기전자시험연구원, 한국 원자력연구소, 한국 에너지기술연구소, 한국 자원연구소, 한국 화학연구소, 한국 전기연구소, 생산기술연구원 부설 산업기술시험평가연구소 등에서 담당하고 중소기업진흥공단, 기술신용보증기금에서 사업성을 평가한다.

평가가 끝난 기술 특허는 특허기술 사업화 알선 센터가 권리 양도, 실시권 허락, 합작 투자 등 실시를 알선한다. 평가 결과 우수한 발명은 특허권을 담보로 하여 은행에서 자금을 지원받을 수 있고 기술신용보증기금 기술 우대 보증 지원을 받을 수도 있다. 자세한 내용은 특허기술 사업화 알선 센터(02-3459-2845~2851)로 문의하기 바란다.

이처럼 최첨단 정보화 시대에서는 가상 공간을 날아다니는 권리만으로 재산 증식과 담보 활용의 기회를 얻을 수 있다. 이 같은 사례를 통해 우리는 작은 발상 하나가 개인과 기업의 운명을 바꾼다는 사실, 미래의 도전 영역이 그만큼 무궁무진하다는 점을 깨닫게 된다.

005 특허 기술 담보 대출과 채권 확보

기술 담보 대출은 기업이 보유하고 있는 기술 자체의 가치를 금액으로 환산, 이를 담보로 자금을 빌려주는 제도이다. 기술력은 있으나 물적 담보가 부족한 중소 기업이나, 설립된 지 얼마 안 되고 매출액이 적은 창업 회사나 벤처기업 등에는 기술 담보 대출이 큰 힘이 될 수도 있다.

담보 제공이 가능한 기술은 지식 재산권뿐만 아니라 기업이 보유하고 있는 총체적인 기술력인 연구 개발 인력과 조직, 기술 제품과 판매력, 지식 재산권의 사업화 능력도 포함된다.

담보 기술의 범위는 특허법, 실용신안법, 컴퓨터 프로그램 보호법 등이 규정하는 지식 재산권, 소프트웨어 기술 등 현행 민법에 따라 담보로 활용할 수 있는 기술이 해당된다. 한국산업기술평가원(02-6009-8124~8134)이 이 사업의 시행 기관으로 기술 가치를 평가하여 금액으로 환산하는 기능을 담당하고 있다.

기술 가치를 평가받은 기업은 중소기업은행에 해당 기술을 담보로 제공하고 평가액만큼 산업자원부의 정책 자금인 산업 기금을 대출할 수 있다. 산업자원부는 1998년부터 기술 담보 대상 자금을 첨단 기술 및 시제품 개발 자금 등으로 대폭 확대했다. 또 평가 전문 인력을 늘리고 평가 기법도 고도화하고 있다.

지식 재산권을 채권 확보 수단으로

앞으로 우리 나라에서도 기술력만으로 벤처기업을 일으킬 수 있는 길이 열릴 전망이다. 1999년 6월 중소기업진흥공단이 기술을 담보로 중소 기업체에 자금을 처음 지원했기 때문이다.

중소기업진흥공단은 주식회사 세라텍에 물적 담보 없이 특허권 등 기술력을 담보로 구조 개선 자금 13억 4,000만 원을 지원하기로 결정했다. 이로써 중소기업진흥공단 정책 자금도 보유 기술을 담보로 취급하는 대출 시대가 열린 것이다.

중소 기업 구조 개선 자금은, 우수한 기술력을 보유하고도 현물 담보가 부족한 중소 기업을 위해 특허권, 실용신안권, 프로그램 저작권 등 지식 재산권의 가치를 한국 산업기술평가원이 평가하여 발급한 '기술 담보 가치평가 증서'를 담보로 중소기업진흥공단이 해당 금액을 대출하는 제도이다.

기술 담보 대출의 첫 사례가 된 세라텍은 컴퓨터 주변 기기와 통신 기기에 사용되는 전자파 차단용 기본 소자인 칩, 비드, 인덕터 등을 생

산하여 70퍼센트 이상을 수출하는 벤처기업 지정 업체이다. 이 회사는 자사가 보유한 특허권, 실용신안권 등 11건의 산업 재산권을 담보로 제공했다.

이 회사의 자금 조달 사례가 성공하면서 부동산 등 물적 담보에만 의존하던 과거의 금융 거래 관행을 탈피한 기술 담보 대출의 토대가 마련될 것으로 기대된다.

한국산업기술평가원이나 기술신용보증기금 등 주요 기관과 중소기업진흥공단에서 개발·특허 기술 사업화를 위해 자금을 지원하는 것도 특허 기술 담보의 전형적인 사례들이다.

이에 그치지 않고 산업 재산권을 가압류, 가처분 등의 채권 확보 수단으로 활용하는 사례도 대폭 늘어나고 있다. 부동산이나 기계 설비뿐만 아니라 특허권, 실용신안권 등 산업 재산권인 무체 재산권에도 채권 확보 수단인 가압류, 처분 금지 가처분 등의 방법을 동원하는 것이다.

이런 추세는 채권자들이 산업 재산권을 담보로 채권을 확보하는 것이 부동산을 담보로 하는 것보다 재산 가치를 높게 인정하기 때문이다. 특히 기술 개발의 핵심 전략 수단인 특허권이 채권 확보에 가장 많이 활용되고 있는 실정이다.

따라서 거래 기업의 부실화에 대비하여 그 회사 소유의 지식 재산권을 사전에 파악해 두는 일도 중요하다. 이처럼 가압류, 처분 금지 가처분 등의 방법을 동원하려면 법원 등을 통해 특허청의 촉탁 등록이 이루어져야 한다.

006 휴면 특허를 깨워야 돈이 된다

미국, 일본 등에 이어 세계 4위의 특허(실용신안 포함) 출원국인 한국에서 우수한데도 방치된 특허가 많다면 안타까운 일이다. 활용가치가 크지만 잠자고 있는 '휴면(休眠) 특허'가 양산된다면 문제는 심각해진다.

하지만 최근 들어 특허기술 가치평가에 의한 사업자금 대출이 활성화되고 있어 이를 활용하는 지혜가 필요하다. 과거 금융기관이 사업자금 대출 과정에서 우수기술이라 하더라도 부동산 등 현물 담보를 요구한 것은 사실이고 지금도 이러한 대출 관행은 지속된다.

특허청은 이러한 문제점을 해소하고 우수기술의 사업화를 지원하기 위해, 기술력이 우수한 경우 현물 담보 없이 기술 담보만으로 자금을 지원받을 수 있도록 한다. 산업은행과 기술보증기금으로부터 특허기술 가치평가에 의해 보증서를 발급받을 수 있게 함으로써, 기존 현물 담보 위주의 금융 관행에서 탈피하여 기술력만으로 사업자금 조달이 가능토

록 했다.

특허청은 ●초기단계(early-stage)에 있는 기업의 사업화를 지원하기 위해 모태펀드를 활용하여 특허기술 사업화 자금을 지원한다. ●시작품 제작 지원 사업은 개인과 중소기업 보유 특허기술의 사업화를 위한 기초적 지원 사업이다. 신청한 것들 중에 사업화 가능성이 높은 특허기술을 선정하여 시작품 제작을 지원하고 있다. ●우수발명품의 우선구매 추천 제도는 중소기업의 우수 발명 제품에 대한 우선 구매 추천을 통해 정부와 공공단체 등 우선 구매 수요 대상 기관에의 납품을 지원하기 위해 실시하고 있는 제도이다.

특허청은 ●우수기술의 사업화를 지원하기 위해 특허기술 평가비용의 최대 80%, 연간 5000만 원까지 지원한다. ●기술개발 사업화 자금이란 중소기업이 보유한 우수 기술이 사장되는 것을 방지하고 개발기술의 제품화와 사업화를 촉진하여 기술력 중심의 중소기업 육성하는 사업이다. 중소기업진흥공단이 자금 신청·접수와 함께 현장실사를 통하여 평가 후 순수 신용, 보증서부(기술신용보증기금)와 담보부로 직접 대출한다.

보다 자세한 내용은 한국발명진흥회 특허기술평가팀(02-3459-2884, 2885, 2890, 2891)에서 안내받거나, 한국발명진흥회 홈페이지(www.kipa.org)를 통해서도 확인할 수 있다.

현재 기술담보대출을 시행하고 있는 대표적인 기관은 기술보증기금이다. 기술담보대출의 종류로는 과학기술진흥기금 기술담보대출, 정보통신진흥기금 기술담보대출, 문화산업진흥기금 기술담보대출이 있다.

기술담보대출에 대한 신청 서식 등 좀 더 상세한 사항을 알고 싶다면 기술보증기금 홈페이지(www.kibo.or.kr)의 기술평가보증 메뉴에서 해당 항목을 검색해야 한다.

이 밖에 국내에서 기술가치 평가를 수행하는 평가기관들을 소개한다. 각 기관에서는 중소기업의 기술가치 평가를 지원하기 위한 사업을 실시하고 있다. 해당 기관의 사이트를 방문하면 매우 유용한 정보를 얻을 수 있다.

[표] 국내 기술평가 제도와 평가 기관

평가제도	근거법령	평가기관
기술평가 (벤처기업지정)	벤처기업육성에관한 특별조치법시행령 (제2조의2)	기술신용보증기금 정보통신연구진흥원 중소기업진흥공단 한국과학기술원 한국과학기술기획평가원 한국디자인진흥원 한국산업기술평가원 한국보건산업진흥원 한국과학기술연구원 한국과학기술정보원 한국관광연구원 한국게임산업개발원 한국문화콘텐츠진흥원 한국식품개발연구원 한국전자거래진흥원 국방품질관리소
기술가치평가 (현물출자)	벤처기업육성에관한 특별조치법(제6조) 및 외국인투자촉진 법(제30조)	한국산업기술평가원 기술신용보증기금 한국기술거래소 환경관리공단 기술표준원 한국과학기술정보연구원 한국과학기술연구원

평가제도	근거법령	평가기관
기술평가 (발명의사업화)	발명진흥법 (제21조)	기술신용보증기금 기술표준원 산업기술시험원 요업기술원 자동차부품연구원 한국과학기술연구원 한국과학기술정보연구원 한국건설기술연구원 한국건자재연구원 한국기기유화시험연구원 한국기술거래소 한국담배인삼공사 한국산업기술평가원 한국산업은행
기술평가 (발명의사업화)	발명진흥법 (제21조)	한국생산기술연구원 한국생활용품시험연구원 한국식품개발연구원 한국에너지기술연구원 한국원사직물시험연구원 한국원자력연구소 한국전기연구원 한국전자전기시험연구원 한국지질자원연구소 한국해양연구원 한국화학시험연구원 한국화학연구원
기술가치평가 (기술이전거래)	기술이전촉진법 (제8조)	기술신용보증기금 전자부품연구원 한국과학기술정보연구원 한국발명진흥회 한국보건산업진흥원 한국산업은행 한국에너지기술연구원 한국전자통신연구원
기술담보 가치평가	산업기술기반 조성에관한법률 (제14조)	산업기술평가원 한시적으로 시행
기술평가 (여신, 담보심사용)	기술개발촉진법 시행령(제2조)	기술신용보증기금 한국과학기술기획평가원 한국과학기술원 한국산업기술진흥협회 한국산업은행 KTB네트워크㈜ 산은캐피탈㈜
기술영향 및 기술평가	과학기술 기본법시행령 (제23, 24조)	한국과학기술기획평가원

007 지식 재산권의 상속

지식 재산권도 부동산이나 동산처럼 상속할 수 있다. 특허권 등 산업 재산권도 말 그대로 재산권이므로 얼마든지 이전할 수 있다. 그리고 특허권·실용신안권·디자인권·상표권과 이들에 대한 전용 실시(사용)권의 이전은 상속 기타 일반 승계의 경우를 제외하고는 등록하지 않으면 효력이 발생하지 않는다.

지식 재산권은 권리자가 사망하면 당연히 상속인에게 포괄적으로 이전된다. 그러나 새로 권리를 취득한 상속인이 특허청에 이를 신고하지 않으면 임자 없는 산이 되기 쉽다.

일반적으로 부동산 상속에 관한 한 이전 등기 절차를 철저히 밟으면서도 눈에 보이지 않는 지식 재산권은 너무나 소홀히 취급하는 경향이 있다. 결국 귀중한 재산을 제대로 상속받지 못해 다른 사람이 몰래 가져가도 알지 못한다.

실제로 국내에서 있었던 일이다. 디자이너 P씨는 자신의 명의로 상

표권을 등록한 상태였으나 갑자기 사망하는 바람에 이 사실을 자식에게 알리지 못했다. 그래서 상표권을 상속받아야 할 자식조차 관심을 두지 못했다. 이때 제삼자가 P씨와 동일한 상표를 등록하여 P씨 가족은 가업 중단은 물론 상표권조차 잃고 말았다.

이 같은 사례는 우리 나라에서 자주 벌어지는 현상이다. 동산과 부동산 같은 재산은 빈틈없이 상속받으면서도 정작 가업으로 경영하는 업체의 상호를 상속받지 못해 돌이킬 수 없는 타격을 입었다. 특허청에 신고만 했어도 다른 사람에게 상호를 빼앗기지 않았을 텐데 말이다.

특허권은 상속이 개시된 때에 상속인이 없으면 소멸된다. 그리고 상표권자가 사망한 날부터 3년 이내에 상속인이 상표권의 이전 등록을 하지 않으면 상표권자가 사망한 날부터 3년이 되는 다음 날에 상표권이 소멸된다.

홈페이지 Q&A

이미 존재하는 제품의 특허 출원

Q 이미 3년 전부터 특정 스틸 제품을 개발하여 여러 업체를 상대로 판매하고 있었습니다. 실용신안이나 디자인 등록 신청 등은 미처 생각하지 못했습니다. 그러던 중에 우리 회사의 거래처 A사가 실용신안과 디자인 등록을 먼저 신청하고 말았습니다.

그 뒤로 A사는 물론 수많은 업체가 우리 회사의 제품과 동일한 물품을 생산, 판매해 왔습니다. 이 사실을 확인한 A사가 우리 회사만 제외하고 모든 업체 앞으로 생산을 중지하라는 문서를 보냈습니다. A사는 조만간 우리 회사에도 법적 조치를 취하겠다고 벼른답니다.

법치 국가에서 과연 이런 일이 가능할까요? 특허를 출원한 업체보다 먼저 제품을 개발, 생산, 판매했다는 인적, 물적 증거가 있습니다. 어떻게 대처해야 합니까? (대흥스틸)

A 특허 출원 당시 국내에 존재하던 물건에는 특허권(실용신안권과 디자인권도 동일)의 효력이 미치지 않습니다. 따라서 귀사의 경우 상대방의 특허권 등을 침해하지 않은 것으로 판단됩니다. 이런 내용을 중심으로 증거와 법적 근거 규정 등을 명시하여 내용 증명 답변서를 보내십시오.

특허 출원하기 전에 제조, 판매된 물품과 동일한 것에 특허, 실용신안, 디자인이 등록된 경우에 해당 특허는 무효 심판에 따라 무효가 될 수 있습니다. 무효가 되면 해당 특허 등록 등은 처음부터 없었던 것으로 봅니다.

특허 출원 당시의 사정에 따라 다르겠지만 일단 상대방은 귀사의 발명, 고안을 몰래 훔쳐서 출원한 것이 됩니다. 귀사가 특허를 취득하는 방법이 있으나 상대방이 출원하기 전에 이미 공개된 것으로 보이므로 그 가능성은 크지 않다고 생각됩니다.

특허권 침해에 대한 조치 ● ● ● ●

Q 실용신안 등록 사정이 끝난 뒤 특허청에 등록료를 납부하고 등록증 발급을 기다리는 중입니다. 이 상황에서 우리 회사가 개발한 기계와 유사한 제품을 만드는 업체가 나타났습니다. 그 업체는 전단지를 시중에 유포하면서 신문 지상에 광고까지 하고 있는 실정입니다. 구체적인 법적 대응 절차와 방법을 알려주십시오. 단순히 전단지나 신문 광고지만으로 우리 회사 제품과 유사하다고 판단하여 법적 제재를 취하는 게 가능한지요? 잘못하다간 우리 회사가 무고죄로 걸리진 않을까요?

A 특허권, 실용신안권 침해에 대한 구제 방법으로 ▶민사상 침해의 중지 ▶예방의 청구 ▶손해 배상 청구 ▶신용 회복의 청구 등이 있으며, 모든 내용의 중복 청구도 가능합니다. 특허권 내지 실용신안권을 침해한 자는 7년 이하의 징역 또는 1억원 이하의 벌금에 처하도록 되어 있습니다.

일반적으로 권리 침해시 민·형사상 구제를 받으려면 이를 청구하는 자가 침해자의 고의 또는 과실을 입증해야 합니다. 하지만 특허법 실용신안권 침해의 경우에는 침해한 자의 과실이 있었던 것으로 추정하기 때문에 침해자의 고의 또는 과실을 입증하지 않아도 됩니다.

많은 시간과 비용이 소요되는 소송을 피하려면 소송 제기 전에 화해를 모색하는 것이 바람직합니다. 침해의 증거를 확보한 뒤 내용 증명 경고장을 보내 침해 중단을 요구하면서 화해를 유도합니다. 손해 배상금이나 실시료를 받고 실시권을 허락하는 조건으로 화해를 시도하는 방법도 있습니다.

경고장 발송이 법적 제재의 필수적인 전제는 아니지만 경제적인 방법입니다. 그러나 상대방의 증거 인멸 가능성이 높으므로 침해의 증거를 사전에 확보하는 게 중요합니다.

광고물만으로 침해 여부를 판단하기란 쉽지 않습니다. 그러나 광고물의 기재 내용으로 보아 해당 실시품이 귀하의 실용신안권의 범위에 속하는 것이 명백하다고 여겨지면 그것만으로도 침해의 증거가 될 수 있을 것입니다.

특허권이나 실용신안권 침해죄는 친고죄로서, 침해자를 안 날부터 6개월이 지나면 형사 고소가 불가능함을 유념해야 합니다. 특허권자가 법적 제재를 시작하면 상대방은 일반적으로 해당 권리에 대한 무효 심판 청구, 권리 범위 확인 심판의 청구 등으로 대응합니다. 따라서 법적인 조치를 개시하기 전에 충분한 검토가 필요합니다.

권리를 침해당했을 때의 경고장 ● ● ● ●

Q 실용신안 특허 전용 실시권자입니다. 권리 침해를 당했을 때 어떤 문서를 어떻게 작성해야 합니까? 제가 실시권을 갖고 있는 제품과 유사한 황토 불판을 다른 사람이 만들어 어떤 식당에 납품하고 있습니다. 그 식당 앞으로도 경고는 물론이고 권리 침해에 대한 법적 제재를 가할 수 있습니까?

A 권리 침해자에게 보내는 경고장에는 일반적으로 ▶침해자의 성명과 주소 ▶특허권의 표시(특허 등록 원부, 특허 공개 공보 또는 공고 공보 첨부) ▶귀하가 전용 실시권자로서 경고장을 보낼 경우 전용 실시권의 확인(특허 등록 원부 사본 첨부) ▶침해자의 권리 침해에 대한 기술(무엇을 언제, 어디서, 어떻게 등) ▶침해에 따라 어떠한 제재를 받는지에 대한 기술 ▶시정 요구(물건의 회수 폐기, 현재까지의 판매량·재고량의 통지 요구 등) ▶회신의 기한 명시 ▶발신인의 성명, 주소, 연락처 등이 포함되어야 할 것입니다.

특허 제품을 이용하여 영업하는 사람도 '특허품을 업으로 실시하는 자'라고 할 수 있으므로 원칙적으로 특허권을 침해한다고 봐야 합니다. 하지만 침해의 고의 또는 과실 등

사정에 따라 구체적인 판단이 달라질 수도 있습니다. 우선 그 식당 앞으로 경고장을 발송하여 반응을 살펴볼 필요도 있습니다.

특허권 침해에 따른 손해 배상금의 귀속

Q 우리 회사는 특허 제품에 관한 총판 계약을 맺고 출발한 유통 회사입니다. 그러던 중에 판매량이 급격히 하락하는 것을 이상하게 여기고 진상을 추적한 결과, 특정 지역에서 우리 회사가 취급하는 특허 제품과 유사한 제품이 유통되고 있는 것을 발견했습니다.
만약 특허권을 가지고 있는 회사에서 특허권 침해자를 상대로 손해 배상을 청구하여 손해 배상금을 수령했다면 그 수령금은 누구에게 귀속되는지, 특허권자가 총판권을 쥐고 있는 당사와 협의 없이 일방적으로 배상액을 청구할 수 있는지 알고 싶습니다. 특허권 침해로 인한 직접적인 피해자는 우리 회사라고 생각합니다.

A 특허법상 특허권의 실시권자는 전용 실시권자(독점 실시권자)와 통상 실시권자(비독점 실시권자)로 나뉩니다. 전용 실시권은 반드시 특허청에 등록해야 효력이 발생합니다.

손해 배상 청구권은 총판 계약의 내용에 따라 다릅니다. 계약서에 특별한 규정이 없다면 전용 실시권자는 특허 침해자에게 직접 손해 배상 청구권을 행사할 수 있습니다.

이와 달리 만약 총판 계약에 따라 귀사가 전국적으로 독점적 판매권을 소유하고 있는데도 특허권자가 특허 침해자와 합의하는 과정에서 특허 침해자에게 당해 특허 제품의 판매를 허락했다면 귀사는 특허권자에게 계약 위반을 이유로 손해 배상을 청구할 수 있습니다.

304 태양 아래 모든 것이 특허 대상이다

부 록

심층탐험

❶ 산업에 이용할 수 있는 발명 ❷ 신규성 없는 발명은 특허되지 않는다
❸ 진보성이 없으면 발명이 아니다 ❹ 자격 없는 의장
❺ 자격은 있으나 등록이 불가능한 의장 ❻ 자격 없는 상표
❼ 상표의 유사성 판단

산업에 이용할 수 있는 발명

특허의 요건으로서 '산업상 이용할 수 있는 발명'은 '발명'의 요건과 그 발명을 '산업상 이용할 수 있는 발명'의 요건으로 구분할 수 있다.

1. 발명

(1) '발명' 이란
① 특허법에서 '발명이라 함은 자연 법칙을 이용한 기술적 사상의 창작으로서 고도한 것을 말한다'고 정의하므로, 특허 출원된 발명이 특허법이 정의한 발명이 되려면 이 규정을 만족시켜야 한다.
② 다만, '고도한 것'의 의미는 일반적으로 실용신안법의 '고안'과 특허법의 '발명'을 구분하는 용어로 취급하는 것이 현재의 법해석 실무이므로 '발명'의 성립 요건을 판단하는 데는 이 '고도한 것'을 고려하지 않는 것으로 한다.

(2) 발명에 해당하지 않는 유형
'발명'에 해당하는지 여부에 대한 판단에는 곤란한 점이 많다. 보통 발명에 해당하지 않는 유형에 해당하지 않는 것은 발명으로 본다.
① 자연 법칙 자체
　자연 법칙 자체는 이미 자연계에 존재하는 법칙이다. 발명은 자연 법칙을 이용한 기술적 사고의 창작이므로 열역학의 법칙, 에너지 보존의 법칙 등 자연 법칙 자체는 발명이 아니다.
② 발견
　'발견'이란 자연계에 이미 존재중인 것을 단순히 찾아 내는 행위로 창작이 아니다. 발명

은 창작된 것이어야 하므로 발견은 발명에 해당되지 않는다.

그러나 천연물에서 인위적으로 분리하는 방법을 개발한 경우 그 방법은 발명에 해당되며, 그 분리된 화학 물질 또는 미생물 등도 발명에 해당된다.

③ 자연 법칙에 위반되는 것

발명은 자연 법칙을 이용한 것이어야 하므로 자연 법칙에 위반되는 것은 발명에 해당되지 않는다. 따라서 특허 출원된 발명의 일부라도 자연 법칙에 위배되는 부분이 있으면 발명으로 인정되지 않는다.

④ 자연 법칙을 이용하지 않은 것

특허 출원된 발명이 자연 법칙 이외의 법칙(경제 법칙, 수학 공식 등), 인위적인 약속(게임의 규칙 등), 인간의 정신 활동(영업 계획 등)을 이용하고 있는 경우 발명에 해당되지 않는다. 이 경우 자연 법칙의 이용성 여부는 특허 출원 내용 전체로 판단해야 하며, 만일 발명의 일부에 수학 공식 등이 포함되어 있더라도 전반적으로 자연 법칙을 이용하고 있으면 발명에 해당되는 것으로 본다.

⑤ 기능

기능은 개인의 숙련에 의해서 달성 가능한 것으로서 제삼자에게 전달될 수 있는 지식의 객관성이 결여되어 있다. 따라서 기능은 발명에 해당되지 않는다.

⑥ 단순한 정보

정보의 내용만이 특징이 되며 정보 제시가 주된 목적인 경우 발명에 해당하지 않는다(오디오 CD, 컴퓨터 프로그램 목록 등). 그러나 정보에 새로운 기술적 특징이 있으면 정보 제시 자체, 정보 제시 수단, 정보를 제시하는 방법은 발명에 해당될 수 있다.

컴퓨터 프로그램은 컴퓨터를 실행하는 명령에 불과한 것으로 컴퓨터 프로그램 자체는 발명이 될 수 없다. 그러나, 국제적 추세에 부응하고 소프트웨어의 기술개발을 촉진하기 위하여 1998년 『컴퓨터 관련 발명 심사기준』을 개정하여 컴퓨터로 읽을 수 있는 프로그램이 기록된 기록 매체를 물건의 발명으로 인정하여 컴퓨터 프로그램 특허권자의 보호를 강화하였다.

⑦ 미적 창조물

심미적 창조물은 기술적인 면 이외의 특징이 있으며, 발명 여부의 평가도 주관적인 부문에 관해 이루어 진다. 따라서 미적 효과 그 자체는 특허성이 없으며 발명에 해당하지 않는다. 그러나, 미적 효과가 기술적 구성 혹은 다른 기술적 수단에 의하여 얻어지는 것이라면 미적 효과를 내는 수단은 특허성이 있으며 발명에 해당될 수 있다.

⑧ 미완성 발명

발명의 과제를 해결하기 위한 구체적 수단이 결여되어 있거나 또는 제시된 수단만으로 과제 해결이 명백히 불가능한 것은 발명에 해당되지 않는다.

2. 산업상 이용할 수 없는 발명은 특허되지 않는다.

산업상 이용할 수 없는 발명은 특허를 받을 수 없다. 여기에서 '산업' 은 유용하고 의 실용적인 기술에 속하는 모든 활동을 포함하는 가장 넓은 의미의 개념으로 해석한다. 산업상 이용할 수 없는 발명의 유형은 다음과 같다.

(1) 의료 행위

① 사람을 수술, 치료하거나 또는 진단하는 방법의 발명에 대해서는 산업상 이용할 수 있는 발명에 해당하지 않는 것으로 한다. 그러나 이들 방법에 사용하기 위한 의료 기기, 의약품 등 생산물은 산업상 이용할 수 있는 발명에 해당한다.

② 사람으로부터 채취한 혈액, 소변, 피부, 모발 등을 처리하는 방법 또는 이들을 분석하여 각종 데이터를 수집하는 방법은 산업상 이용할 수 있는 방법에 해당한다. 그러나, 이 경우에도 치료를 목적으로 채취한 자에게 되돌려주기 위한 처리 방법(혈액 투석)은 의료 행위에 해당하므로 산업상 이용할 수 있는 발명에 해당되지 않는다.

③ 일반적으로 사람을 수술, 치료, 진단하는 방법에 이용할 수 있는 발명이라도 그것이 사람 이외의 동물에만 한정한다는 사실이 특허 청구 범위에 명시되어 있으면 산업상 이용할 수 있는 발명으로 취급한다.

(2) 업(業)으로 이용할 수 없는 발명

개인적, 실험적, 학술적으로만 이용할 수 있는 발명은 산업상 이용할 수 있는 발명에 해당되

지 않는다. 그러나, 개인적 또는 실험적, 학술적으로 이용될 수 있는 것이라도 시판 또는 영업의 가능성이 있는 것은 산업상 이용할 수 있는 발명에 해당한다. 특허법에서는 '특허권자는 업으로서 그 특허 발명을 실시할 권리를 독점한다'고 규정하고 있으므로 업으로 실시할 수 없는 발명에는 특허권이 부여될 필요가 없다. 따라서 개인적 또는 실험적, 학술적인 목적에만 이용할 수 있고 달리 이용성이 없는 것은 산업상 이용할 수 있는 발명에 해당하지 않는 것으로 취급한다.

(3) 현실적으로 명백하게 실시할 수 없는 발명

이론적으로는 그 발명을 실시할 수 있더라도 그 실시가 현실적으로 실시할 수 없다는 사실이 명백한 발명은 산업상 이용할 수 있는 발명에 해당하지 않는 것으로 취급한다.

예를 들면 오존층의 감소에 따른 자외선의 증가를 방지하기 위하여 지구 표면 전체를 자외선 흡수 플라스틱 필름으로 둘러싸는 방법.

3. 특허 대상 발명과 등록 대상 고안의 차이점은 다음과 같다.

특허법은 '산업상 이용할 수 있는 발명에 대해서는… 특허를 받을 수 있다'고 규정하고 있으므로 물건(조성물 포함)·방법 모두 특허의 대상이 되나, 실용신안법에서는 '산업상 이용할 수 있는 물품의 형상·구조 또는 조합에 관한 고안으로서… 실용신안 등록을 받을 수 있다'고 규정하고 있어 실용신안 등록을 받을 수 있는 고안은 '물품의 형상·구조 또는 조합에 관한 고안'에 한정된다.

(1) 실용신안법에서 '물품'에 대하여 일정한 정의는 없으나, 일반적으로 공간적으로 일정한 형태를 가진 것 중에 일반 상거래의 대상이 되고 자유롭게 운반 가능한 상품으로서 사용 목적이 명확한 것은 실용신안법의 '물품'에 해당하는 것으로 해석된다.

(2) 실용신안으로 등록되는 것은 고안이며 물품 그 자체는 아니다.

(3) '물품의 형상·구조 또는 조합'을 간단히 설명하면 다음과 같다.

① 형상

형상이란 선, 면 등으로 표현된 외형적인 형태를 말한다. 캠(cam)의 형태, 치차의 치형 같

은 것이 형상이다.
② 구조
구조란 입체적으로 조립된 구성으로서 물품의 외관뿐 아니라 평면도와 입면도에 의하여, 경우에 따라서는 측면도나 단면도로 표현되는 구성이다.
③ 조합
물품을 사용할 때나 사용하지 않을 때라도 두 개 이상의 물품이 공간적으로 분리된 형태로 있고, 또 이들은 각각 독립적으로 일정한 구조 또는 형상을 가지지만 쓰임새에서 서로 기능적으로 서로 관련되어 사용 가치를 발휘하는 것을 물품의 조합이라 한다. 볼트와 너트를 예로 들 수 있다.

신규성 없는 발명은 특허되지 않는다.

1. 신규성 없는 발명은 특허되지 않는다.

특허권은 새로운 발명을 공개하는 대가로 얻는 독점권이므로 특허받을 수 있는 발명은 새로운 것이어야 한다. 즉, 특허 출원 전에 국내 또는 국외에서 공지되었거나 공연히 실시된 발명, 또는 특허 출원 전에 국내 또는 국외에서 반포된 간행물에 기재된 발명 및 전기회선을 통하여 공중이 이용 가능하게 된 발명은 특허를 받을 수 없다.

(1) 특허 출원 전

'특허 출원 전'이란 특허 출원일뿐 아니라 특허 출원의 시, 분까지도 고려한 개념이다.

(2) 공지된 발명

'공지된 발명'이란 특허 출원 전에 국내 또는 국외에서 그 내용이 비밀 상태로 유지되지 않고 불특정인에게 알려진 발명을 뜻한다.

(3) 공연히 실시된 발명

'공연히 실시된 발명'은 그 발명이 일반에게 널리 알려진 상태 또는 세상이 다 알도록 알려질 수 있는 상태에서 실시된 것을 뜻한다.

발명이 실시되었을 때 그 발명이 실시됨으로써 공지된 사실이 있는 경우 '공지된 발명'에 해당되므로 공연히 실시되었는지 여부에 대하여 판단할 필요가 없다.

따라서 이 조항은 발명이 실시됨으로써 공지된 사실이 인정되지 않는 경우에도 그 실시 자체가 공연히 알려진 상태 또는 알려질 수 있는 상태인 경우를 규정하는 것으로 해석된다.

'공연'은 바꾸어 말하여 '전적으로 비밀 상태가 아닌 것'을 의미하므로 그 발명을 실시할 경우 발명의 주요부에 일부라도 비밀이 있을 때에는 그 실시는 '공연'한 것이라고 할 수 없다.

공장에서 어떤 물건의 제조 상황을 불특정인에게 견학하게 한 경우를 예로 들 수 있다.
① 제조 상황을 보면 그 기술 분야에 지식을 가진 자가 그 기술 내용을 알 수 있거나 알 수 있는 상태였을 때는 '공연히 실시' 된 것으로 본다.
② 제조 상황을 보았을 때 제조 공정의 일부는 장치의 외관을 보아도 그 내용을 알 수 없는 경우로, 그 부분을 알지 못하면 기술 전체를 알 수 없는 경우에도 견학자가 그 장치의 내부를 보거나 그 내부에 대하여 공장의 종업원에게 설명을 들을 수 있는 상황(공장측에서 설명을 거부하지 않음)일 때는 그 기술은 공연히 실시된 것으로 본다.

* 2006. 10. 1. 이후의 출원에 대하여, '국내에서 공지되었거나 공연히 실시된 발명'을 '국내 또는 국외 에서 공지되었거나 공연히 실시된 발명'으로 개정하여, 선행기술이 국내에서 공연히 실시된 것뿐만 아니라, 국외에서 공연히 실시된 것이라도 특허출원 발명의 신규성 상실 사유가 된다.

(4) 반포된 간행물에 기재된 설명
① '간행물' 이란 반포를 통해 일반 공중에게 공개할 목적으로 복제된 문서, 도면, 기타 이와 유사한 정보 전달 매체를 말한다.
② '반포' 란 상기 간행물이 불특정인이 볼 수 있는 상태에 놓이는 것을 말한다. 따라서 현실적으로 불특정인이 그 간행물을 보았다는 사실이 필요하지는 않다.
③ 간행물의 반포 시기는 다음과 같이 취급한다.
  a. 간행물에 발행 시기가 기재되어 있는 경우
   (ⅰ) 발행 연도만 기재되어 있는 경우에는 그 연도의 말일
   (ⅱ) 발행 연월이 기재되어 있는 경우에는 그 연월의 말일
   (ⅲ) 발행 연월일까지 기재되어 있는 경우에는 그 연월일에 각각 반포된 것으로 추정한다.
  b. 간행물에 발행 시기가 기재되어 있지 않은 경우
   (ⅰ) 외국 간행물로서 국내에 입수된 시기가 분명할 경우에는 그 입수된 시기부터 발행국에서 국내에 입수되는 데 소요되는 통상의 기간을 소급한 시기에 반포된 것으로 추정한다.

(ii) 당해 간행물에 관하여 서평, 발췌, 카탈로그 등을 게재한 간행물이 있을 경우에는 그 발행 시기부터 당해 간행물의 반포 시기를 추정한다.

(iii) 당해 간행물에 관하여 중판 또는 재판 등이 있고, 여기에 초판의 발행 시기가 기재되어 있을 때에는 그 시기를 반포 시기로 추정한다. 다만, 재판의 경우 재판과 초판에서 인용하는 부분의 내용이 상호 일치할 것을 전제로 한다.

(iv) 기타 적당한 근거가 있을 경우에는 그것으로 반포 시기를 추정 또는 인정한다.

④ 간행물에 기재된 발명

'간행물에 기재된 발명' 이란 그 문헌에 직접적으로 명확하게 기재되어 있는 사항 및 문헌에 명시적으로는 기재되어 있지 않으나 사실상 기재되어 있다고 인정할 수 있는 사항[1]에 의하여 파악되는 발명을 말한다.

* (주1) '사실상 기재되어 있다고 인정할 수 있는 사항' 이란 그 발명이 속하는 기술 분야에서 통상의 지식을 가진 자가 그 간행물의 반포시에 간행물에 기재된 사항에 의하여 도출해 낼 수 있는 사항을 의미한다. 이 경우 간행물 반포시의 기술 상식을 참작한다.

⑤ 전기통신회선을 통하여 공중이 이용 가능하게 된 발명

최근 정보전달수단의 발달로 인터넷을 통하여 발표되는 기술의 양이 급격히 증가하고 있으며, 이들 기술은 인터넷의 특성상 게재 후에 그 게재일 및 내용이 변조될 가능성이 있다는 점을 제외하고는 공중의 이용가능성, 전파속도 및 기술 수준 등의 측면에서 간행물에 의하여 발표된 기술과 비교하여 선행기술의 지위에 있어서 전혀 손색이 없는 바, 이러한 시대적 변화를 특허제도에 반영하여, 2001. 2. 3. 공포된 개정 특허법에서, 특허법 제29조제1항제2호 및 특허법 시행령 제1조의2제1항을 개정하여 게재한 일자나 그 내용에 있어 공신력 있는 인터넷사이트를 통하여 공중이 이용가능하게 된 발명에 대해서도 간행물을 통하여 공개된 발명과 같은 지위를 부여 한 것으로, 이 개정 규정은 2001. 7. 1. 이후의 출원에 적용한다. 한편 대통령령이 정하는 전기통신회선을 통하여 공중이 이용가능하게 된 발명은 특허법 제29조제1항 제2호(간행물 게재 · 전기통신회선을 통한 공중이용가능 발명)를 적용하고, 그 외의 전기통신을 통하여 공개된 발명은 법 제29조제1항 제1호(공지 · 공연실시 발명)의 규정에 의

한 공지기술로서 선행기술이 될 수 있다.

2. 출원 발명의 인정

(1) 청구의 기재가 명확한 경우에는 청구에 기재된 대로 발명을 인정한다.
특허법에서는 '특허 발명의 보호 범위는 특허 청구 범위에 기재된 내용에 의하여 정하여진다'고 규정하고 있고, 또한 특허 청구 범위에는 보호받고자 하는 사항을 기재한다는 취지를 규정하고 있다. 따라서 특허권의 보호 대상은 특허 청구 범위에 청구항으로 기재된 발명이며, 신규성에 대한 심사의 대상이 되는 발명도 청구항에 기재된 발명이다.
(2) 청구항에 기재된 용어의 의미와 내용이 불명확한 경우 다음과 같이 발명을 인정한다.
① 발명의 상세한 설명 또는 도면을 참작하여 해석한 결과 청구항에 기재된 용어의 의미나 내용이 명확하게 해석될 수 없는 경우 발명의 상세한 설명 또는 도면을 참작하여 발명을 인정한다.
② 발명의 상세한 설명 또는 도면을 참작하여 해석해도 청구항에 기재된 용어의 의미·내용이 불명확한 경우 발명을 인정하지 않는다.

3. 신규성 판단시 대비되는 발명(이하 '인용 발명' 이라 한다)의 인정

(1) 공지된 발명
공지된 발명은 특허 출원 전에 국내에서 그 내용이 비밀 상태를 유지되지 않고 불특정인에게 알려진 발명을 의미하므로 현실적으로 불특정인에게 알려진 발명이 공지된 발명이 된다. 이 경우 공지된 발명에서 공지 당시의 기술 상식을 참작하여 도출될 수 있는 사항도 공지된 발명으로 인정한다.
(2) 공연히 실시된 발명
① 공연히 실시된 발명은 그 발명이 실시됨으로써 불특정인에게 알려진 경우이므로 그 발명의 공지 여부를 판단할 필요는 없다. 따라서 그 발명의 공연 실시 여부만 판단하면 충

분하다.

② 공연히 실시된 발명은 통상 기계 장치, 시스템 등을 매체로 불특정인에게 공연히 알려졌거나 공연히 알려질 수 있는 상황에서 실시된 발명이므로 매체가 되는 기계 장치, 시스템 등에 일체화되어 있는 사실에 의하여 발명을 인정한다. 이 경우에도 실시 당시의 기술 상식을 참작하여 도출될 수 있는 사항도 공연히 실시된 발명으로 인정한다.

(3) 반포된 간행물에 기재된 발명

간행물에 기재된 발명은 간행물의 기재 사실에 따라 인정한다. 당해 간행물에 기재된 사실에 의한 인정시에는 당해 간행물 반포시의 기술 상식을 참작하여 도출될 수 있는 사항도 반포된 간행물에 기재된 발명으로 인정한다.

인용 발명 인정시 주의 사항

① 학회지 등의 원고 접수와 그 원고의 공지 여부

학회지 등의 원고는 일반적으로 원고가 접수되어도 그 원고의 공표시까지는 불특정인이 볼 수 있는 상태에 놓여진 것이 아니므로 공지된 발명으로 인정할 수 없다.

② 카탈로그란 기업이 자사의 선전 또는 자사 제품의 소개 · 선전을 위하여 제작하는 것이므로 당해 카탈로그가 반포되지 않았다는 특별한 사정이 있는 경우를 제외하고는 제작되었으면 반포된 것으로 추정할 수 있다.

③ 출원일과 간행물의 발행일이 같은 날인 경우

출원일과 간행물의 발행일이 같은 날인 경우에는 특허 출원 시점이 간행물의 발행 시점 이후라는 사실이 명백한 경우를 제외하고 그 출원 발명은 신규성이 상실되지 않는다.

④ 학위 논문의 반포 시점

학위 논문의 반포 시점은 그 내용이 논문 심사 전후에 공개된 장소에서 발표되었다는 등의 특별한 사정이 없는 한, 최종 심사를 거쳐 공공 도서관 또는 대학 도서관 등에 입고되었거나 불특정인에게 배포된 시점을 반포 시기로 인정한다.

(4) 전기통신회선을 통한 공개가 특허법 제29조제1항제2호의 선행기술의 지위를 가지기 위한 요건

① 전기통신을 통하여 공개된 발명일 것

전기통신회선(telecommunication line)에는 인터넷은 물론 전기통신회선을 통한 공중게시판(public bulletin board), 이메일 그룹 등이 포함되며, 앞으로 기술의 발달에 따라 새로이 나타날 수 있는 전기·자기적인 통신방법도 포함될 수 있을 것이다.

전기통신회선이라고 하여 반드시 물리적인 회선(line)을 필요로 하는 것은 아니다. 유선은 물론 무선, 광선 및 기타의 전기·자기적 방식에 의하여 부호·문언·음향 또는 영상을 송신하거나 수신할 수 있는 것이면 여기에서의 전기통신회선에 포함된다. (전기통신기본법 제2조제1호 참조) CD-ROM 또는 디스켓을 통한 기술의 공개는 전기통신회선을 통한 기술의 공개가 아니라 간행물에 의한 기술의 공개에 해당한다.

② 공중의 이용이 가능하게 된 발명일 것

전기통신회선을 통하여 공개된 발명이 간행물에 기재된 발명의 선행기술로서의 지위를 가지기 위해서는 '공중이 이용가능하게 된 발명' 이어야 한다.

여기서 공중이란 불특정의 비밀준수 의무가 없는 자를 말하며, 이용가능성은 공중이 자료에 접근하여 그 발명내용을 보고 이용할 수 있는 발명을 말하는 것으로 공중의 접근이 가능하면 공중이 이용가능하게 된 것으로 한다.

③ 대통령령이 정하는 자가 운영하는 전기통신회선에 공개된 발명일 것

전기통신회선을 통하여 공개된 발명이 간행물에 기재된 발명과 동일한 선행기술로서의 지위를 가지기 위해서는 대통령령이 "정하는 자" 가 운영하는 전기통신회선을 통하여 공개되어야 하고 대통령령이 정하는 자는 다음의 자를 말한다.

1) 정부·지방 자치 단체, 외국의 정부·지방 자치 단체 또는 국제 기구

특허법시행령 제1조의2제1호에서 규정하는 정부·지방 자치 단체인지의 여부는 정부조직법, 지방자치법이 정하는 바에 의하여 결정한다.

또한 '국제기구' 는 정부간 국제기구(Intergovernmental Organization)를 의미한다.

2) 고등교육법 제3조의 규정에 의한 국·공립의 학교 또는 외국의 국·공립대학

특허법시행령 제1조제2호의 '고등교육법 제3조의 규정에 의한 국·공립의 학교' 라 함은 고등교육법 제2조가 규정하는 고등교육을 실시하기 위한 학교(대학, 산업대학, 교육대학, 전문대학, 방송대학, 통신대학, 방송통신대학, 기술대학, 각종 학교) 중 국가가 설립·경영하는 국

립학교, 지방자치단체가 설립·경영하는 공립학교를 말한다. 외국의 대학이 동조 제2호에서 말하는 '외국의 국·공립 대학' 인지의 여부는 각국의 관련 법령이 정하는 바에 따른다.

3) 우리나라 또는 외국의 국·공립 연구기관

우리나라의 국·공립 연구기관이란 국가 또는 지방자치단체 소속 연구기관(검사소, 시험소 등 포함)과 정부출연 연구기관을 포함한다. 외국의 국·공립 연구기관인지 여부도 각국의 관련 법령에서 정하는 바에 의한다.

4) 특허청장이 지정하여 고시하는 법인

특허법 시행령 제1조제1항제4호의 '특허정보와 관련된 업무를 수행할 목적으로 설립된 법인' 에는 '특허정보관련 전기통신회선 운영 법인에 관한 고시(특허청고시 제2001-2호)' 에 의하여 한국발명진흥회, 한국특허기술정보센터(현 한국특허정보원)가 고시되었다. 이는 한국발명진흥회 또는 한국특허정보원이 특허청이 위임 또는 의뢰하는 업무를 수행하고, 특허청의 관리·감독을 받고 있어 이들이 운영하는 전기통신회선의 신뢰성을 인정할 수 있기 때문이다.

④ 내용 및 공개시점의 인정

전기통신회선을 통해 공개된 발명에 대하여 기술내용과 공개시점을 결정하는 것이 중요하다. 특허법시행령 제1조의2가 규정하는 전기통신회선으로부터 해당 발명의 내용과 공개시점을 파악할 수 있다면, 심사관은 별도의 확인절차 없이 이를 기초로 그 발명을 선행기술로 사용할 수 있으며, 이에 대하여 다투고자 하는 자는 그 내용과 공개시점을 인정할 수 없음을 입증하여야 한다.

전기통신회선을 통하여 공중이 이용가능하게 된 발명을 심사과정에서 선행기술로서 활용하는 경우, 심사관은 해당 기술의 출처는 물론 공개시점 및 입수시점도 기재하여야 한다. 만약, 그 전기통신회선에서 해당 발명의 공개시점을 알 수 없는 경우, 심사관은 추가 조사를 통하여 그 발명이 해당 출원의 출원일(또는 우선일) 전에 공개되었음을 밝힌 후 선행기술로 사용하여야 한다.

전기통신회선에서의 공개시점은 전기통신회선에 관련기술을 게재한 시점이다. 따라서 이미 간행된 간행물을 전기통신회선을 통하여 공개한 경우라도 전기통신회선에 공개된

발명을 인용하는 경우에는 발명이 전기통신회선에 공개된 시점을 공개일로 하여야 한다.

4. 신규성의 판단 방법과 주의 사항

(1) 신규성의 판단은 청구항에 기재된 발명과 인용 발명을 발명의 구성과 대비하여 양자의 구성의 일치점과 차이점을 추출하여 판단한다. 이 경우 발명의 효과를 참작하여 판단할 수 있다.
(2) 청구항에 기재된 발명과 인용 발명의 구성에 차이점이 있는 경우 청구항에 기재된 발명은 신규성이 있는 발명이며, 차이점이 없으면 청구항에 기재된 발명은 신규성이 없는 발명이다.
(3) 청구항에 기재된 발명과 인용 발명이 각각 상·하위 개념으로 표현된 경우 다음과 같이 취급한다.
① 청구항에 기재된 발명이 상위 개념[1]으로 표현되어 있고 인용 발명이 하위 개념으로 표현되어 있는 경우 청구항에 기재된 발명은 신규성이 없는 발명이다.
예를 들어 청구항에 기재된 발명이 금속으로 되어 있고 인용 발명이 구리(Cu)로 되어 있는 경우 청구항에 기재된 발명은 신규성이 없는 발명이다.

> * (주1) '상위 개념'이란, 동족적 또는 동류적 사항의 집합의 총괄적 개념 또는 어떤 공통적인 성질에 의하여 복수의 사항을 총괄한 개념을 의미한다.

② 청구항에 기재된 발명이 하위 개념으로 표현되어 있고 인용 발명이 상위 개념으로 표현되어 있는 경우 통상 청구항에 기재된 발명은 신규성이 있다. 다만, 출원 당시의 기술 상식을 참작하여 판단한 결과 상위 개념으로 표현된 인용 발명에서 하위 개념으로 표현된 발명이 도출될 수 있는 경우[2] 청구항에 기재된 발명은 신규성이 없는 것으로 인정할 수 있다.
예를 들어 청구항에 리벳트에 관한 사항이 기재되어 있고 인용 발명에는 체결구로만 기재되어 있는 경우, 인용 발명의 체결구에 의해서 리벳트에 관한 청구항에 기재된 발명의 신규성은 상실되지 않는다.

*(주1) 단순히 개념상으로 하위 개념이 상위 개념에 포함되거나 또는 상위 개념의 용어로부터 하위 개념의 요소를 열거할 수 있다는 사실만으로는 하위 개념으로 표현된 발명이 도출될 수 있다고 할 수 없다.

(4) 신규성 판단시에는 하나의 인용 발명과 대비하여야 하며 복수의 인용 발명을 조합[1]하여 청구항에 기재된 발명과 대비하여서는 안 된다[2].

*(주1) 복수의 인용 발명의 조합에 의하여 특허성을 판단하는 것은 후술하는 진보성의 문제이며, 신규성의 문제는 아니다.

*(주2) 인용 발명이 별개의 간행물 등을 인용하고 있는 경우(어떤 특징에 관하여 보다 상세한 정보를 제공하는 문헌 같은) 별개의 간행물은 인용 발명에 포함되는 것으로 취급하여 신규성 판단에 인용할 수 있다. 또한 인용 발명에 사용된 특별한 용어를 해석할 목적으로 사전 또는 참고 문헌을 인용하는 경우에도 사전 또는 참고 문헌은 인용 발명에 포함되는 것으로 취급하여 신규성 판단에 인용할 수 있다.

5. 신규성 상실의 예외 규정

특허법 제29조제1항은 출원 전에 공지된 발명은 신규성이 없다는 것이나, 특허법 제30조 「공지 등이 되지 아니한 발명으로 보는 경우」에 관한 규정은 비록 발명이 출원전에 공지되었다 하더라도 일정요건을 갖춘 경우 그 발명은 특허법 제29조제1, 2항의 신규성이나 진보성에 관한 규정 적용시 선행기술로 사용하지 않도록 하고 있어, 신규성이 상실된 발명도 특허법 제30조에 해당하는 경우에는 예외적으로 특허등록을 받을 수 있다.

이 제도는 자기의 발명의 공개로 인하여 자기의 발명이 특허를 받지 못하게 되는 것이 너무 가혹하다는 측면과 그러한 예외를 인정하지 않는 경우 연구결과를 신속히 공개하지 않아 결과적으로 국가 산업발전을 저해한다는 측면을 고려한 것이다.

2006. 10. 1.시행 개정법부터는 신규성 상실 예외규정을 적용시 공지 형태에 대한 제한을 없앰으로써, 모든 형태의 공지행위에 대해 신규성 상실 예외규정을 적용받을 수 있도록 하고 있다.

(1) 공지 등이 되지 아니한 발명으로 보기 위한(신규성 상실 예외규정 적용) 요건

① 권리자가 발명을 출원 전에 공개한 경우

1) 공통요건

발명에 대하여 특허를 받을 수 있는 권리를 가진 자가 그 발명을 특허출원전에 공개하였으나 공지 등이 되지 않은 발명으로 보는 경우는 특허법 제30조제1항제1호에 규정되어 있듯이 그 발명이 제29조 제1항 각 호의 어느 하나에 해당되어 발명이 공지 등이 된 경우로서 다음 요건을 충족하여야 한다.

  a. 특허를 받을 수 있는 권리를 가진 자에 의해 공지 등이 된 경우일 것

  b. 공지 등이 된 날부터 6월 이내에 특허를 받을 수 있는 권리를 가진 자가 출원할 것

  c. 출원서에 특허법 제30조 규정을 적용 받고자 하는 취지를 기재할 것

  d. 출원일부터 30일 이내에 증명서류를 제출할 것

2) 개별 요건

출원전에 공지된 발명이 공지되지 아니한 발명으로 인정받기 위해서는 상기 공통 요건 이외에 제29조제1항 각 호 중 어느 하나의 요건을 만족하여야 한다.

② 권리자의 의사에 반하여 공지된 경우

특허를 받을 수 있는 권리자의 의사에 반하여 발명이 공지된 경우는 그 발명의 공지방법에 제한이 없다.

특허를 받을 수 있는 자의 의사에 반하여 공지된 경우에도 공지된 발명은 공지된 날부터 6월 이내에 특허출원을 하여야 한다. 다만, 최초 출원서에 그 취지를 기재할 필요는 없다.

진보성이 없으면 발명이 아니다

특허 제도는 발명을 공개하는 대가로 일정 기간 독점적인 권리를 부여함으로써 기술 발전을 촉진시켜 국가 산업 발전에 이바지하도록 하는 데 목적이 있다. 공지 기술이나 쉽게 발명할 수 있는 기술에까지 특허권을 부여하면 오히려 제삼자의 공지 기술을 시행할 수 있는 자유를 부당하게 제한하는 결과가 된다. 따라서 이런 기술은 권리 부여 대상에서 제외하고 현저하게 진보된 기술에만 독점적인 권리를 부여하려는 의도를 규정한 것이 진보성에 관한 규정이다.

그 발명이 속하는 기술 분야에서 통상의 지식을 가진 자가 출원 전에 공지된 발명이나 실시된 발명을 바탕으로 쉽게 발명할 수 있는 발명일 때는 신규성이 있어도 특허를 받을 수 없다.

1. 특허 출원 전

'특허 출원 전' 이란 특허 출원일의 개념이 아닌 특허 출원의 시, 분까지도 고려한 의미이다.

2. 그 발명이 속하는 기술 분야에서 통상의 지식을 가진 자

'그 발명이 속하는 기술 분야에서 통상의 지식을 가진 자' 란 출원시에 당해 기술 분야의 기술 상식을 보유하고 있고, 연구 개발(실험, 분석, 제조 등을 포함)을 위하여 통상의 수단 및 능력을 자유롭게 구사할 수 있으며, 출원시의 기술 수준*에 있는 모든 것을 입수하여 자신의 지식으로 할 수 있고, 발명의 과제와 관련되는 기술 분야의 지식을 자신의 지식으로 할 수 있는 자로 가정한 자이다.

*(주1) '기술 수준' 이란 특허 출원 전에 국내 또는 국외에서 공지되었거나 공연

히 실시된 발명 또는 국내외에서 반포된 간행물에 기재된 발명, 기술 상식 및 기술적 지식 등에 의하여 구성되는 당해 발명이 속하는 기술 분야의 기술 수준을 말한다.

진보성 판단의 대상이 되는 발명은 청구항에 기재된 발명 중 신규성이 있는 발명[2]이다. 이 경우에 특허 청구 범위의 청구항이 둘 이상인 때에는 청구항마다 진보성 유무를 판단한다.

*(주2) 청구항에 기재된 발명이 신규성이 없을 경우 그 사유만으로도 특허를 받을 수 없으므로 진보성에 대한 판단이 필요 없다.

3. 발명의 진보성은 다음 절차에 따라 판단한다.

(1) 청구항에 기재된 발명을 인정한다. 이 경우 청구항에 기재된 발명의 인정 방법은 '신규성 판단'과 동일하다.

(2) 인용 발명을 인정한다. 이 경우 인용 발명의 인정 방법은 '신규성 판단'과 동일하다.

(3) 청구항에 기재된 발명과 인용 발명에 대비하여 양자의 차이점을 파악하여 그 구성의 차이를 명확히 한다.

(4) 청구항에 기재된 발명이 인용 발명과의 차이점을 극복하여 인용 발명에서 청구항에 기재된 발명에 이르게 된 것이 그 발명이 속하는 기술 분야에서 통상의 지식을 가진 자에게 자명[1]한가 자명하지 않은가 판단한다. 이 경우 진보성의 존재를 긍정적으로 인정할 수 있는 사실로 인용 발명에 비하여 유리한 효과를 참작하여 판단한다.

(5) 그 결과 인용 발명에서 청구항에 기재된 발명에 이르게 된 것이 그 발명에 속하는 기술 분야에서 통상의 지식을 가진 자에게 자명한 경우 당해 발명의 진보성은 부정되며, 자명하지 않은 경우 진보성이 인정된다.

*(주1) '자명'이란, 그 발명이 속하는 기술 분야에서 통상의 지식을 가진 자에게 당연히 기대할 수 있는 범위 이내의 통상의 창작 능력 발휘를 의미한다.

자격 없는 디자인

1. 디자인의 물품성

디자인 보호법에서 규정하는 물품은 독립성이 있는 구체적인 물품으로서 유체 동산을 원칙으로 한다. 따라서 다음에 해당하는 물품은 디자인 등록의 대상이 되지 않는다. 다만 (4)번과 (5)번의 경우에는 부분 디자인으로 출원하여 디자인 등록을 받을 수 있다.

(1) 부동산

다만, 부동산이라도 다량 생산될 수 있고 운반이 가능한 경우에는 예외로 한다. 예컨대, 방갈로, 공중 전화 부스, 이동 판매대, 방범 초소, 승차대, 이동 화장실, 조립 가옥 등은 디자인 등록의 대상이 된다.

(2) 일정한 형체가 없는 것

   (예) 기체, 액체, 전기, 광, 열, 음향 등.

(3) 가루(분상물) 또는 알맹이 모양(입상물)의 집합으로 된 것

   (예) 시멘트, 설탕 등

(4) 두 가지 이상이 합하여 한 가지 상태를 이루는 합성물의 구성 조각. 다만 조립 완구의 구성 조각과 같이 독립 거래의 대상이 되고 있는 것은 디자인 등록의 대상이 된다.

(5) 독립하여 거래 대상이 될 수 없는 물품의 부분.

   (예) 양말의 뒷굽 모양, 병주둥이 등.

(6) 물품 자체의 형태가 아닌 것.

   (예) 손수건 또는 타월을 접어서 이루어진 꽃 모양과 같이 상업적 과정으로 만들어지는 디자인으로서 그 물품 자체의 형태로 볼 수 없는 것.

2. 디자인의 형상·모양·색채성

(1) 물품의 형상이란 물품이 공간을 차지하고 있는 윤곽을 말하며, 모든 디자인은 형상을 수반한다.

(2) 물품의 모양이란 물품의 외관에 나타나는 선도·색 구분·색 흐름 등을 말하며, 무채색(백색, 회색, 흑색)에 의한 모양의 디자인은 형상 및 모양의 결합 디자인, 유채색에 의한 색채 모양의 디자인은 형상·모양 및 색채의 결합 디자인이 된다.

(3) 물품의 색채란 시각을 통하여 식별할 수 있도록 물품에 채색된 빛깔을 말하며, 색채에는 색상·명도·채도 및 투명도 등의 성질이 있다.

3. 디자인의 시각성

시각성은 육안으로 식별할 수 있는 것을 말한다. 따라서 다음에 해당하는 것은 디자인 등록의 대상이 되지 않는다.

(1) 시각 이외의 감각을 주로 하여 파악되어지는 것.

(2) 분상물 또는 입상물의 한 단위와 같이 육안으로 그 형태를 판별하기 어려운 것.

(3) 외부에서 볼 수 없는 것. 즉, 분해하거나 파괴하여야 볼 수 있는 것. 다만, 뚜껑을 여는 구조로 된 것은 그 내부도 디자인의 대상이 된다.

4. 디자인의 심미성

미적 처리가 되어 있는 것. 즉, 해당 물품에서 미적 감각을 느낄 수 있도록 처리된 것을 말한다. 따라서, 다음에 해당하는 것은 미감을 일으키지 않는 것으로 본다.

(1) 기능, 작용, 효과를 주목적으로 한 것으로서 외관상의 변화가 거의 없는 것. 그러나, 외관상의 변화가 그 물품의 기능을 개선할 경우에는 변화에 따른 미감도 개선되는 것으로 본다.

(2) 디자인으로서 짜임새가 없고 조잡감만 주면서 미감을 거의 일으키지 않는 것

5. 디자인 등록이 불가능한 디자인

(1) 디자인 등록 출원 전에 국내 또는 국외에서 일반이 다 알고 있거나 세상이 다 알도록 사용된 디자인.

(2) 디자인 등록 출원 전에 국내 또는 국외에서 반포된 간행물에 기재된 디자인.

(3) 상기 (1) (2)에 해당하는 디자인과 유사한 디자인.

(4) 디자인 등록 출원 전에 그 디자인이 속하는 분야에 통상의 지식을 가진 자가 국내에 널리 알려져 있는 형상, 모양, 색채 또는 이들의 결합을 통해 용이하게 창작 할 수 있는 디자인은 상기 (1) (2) (3)의 규정에 상관 없이 디자인 등록을 받을 수 없다.

자격 있으나 등록이 불가능한 디자인

1. 공업상 이용이 불가능한 디자인

공업적 생산 방법으로 대량 생산이 불가능하여 공업상 이용할 수 없는 디자인은 디자인 등록을 할 수 없다.

(1) 공업상 이용할 수 있는 디자인은 공업적 생산 방법으로 동일 물품이 대량 생산될 수 있는 것을 말한다.
(2) 공업적 생산 방법은 기계적 생산은 물론 수공업적 생산도 포함한다.
(3) 동일 물품이 양산 가능하다는 것은 물리적으로 완전히 동일한 물품을 의미하는 것이 아니고 언뜻 보아서 동일하게 보이는 정도의 동일성을 의미한다.
(4) '물품의 액정 화면 등 표시부에 표시되는 도형 등 (화상 디자인)' 이 물품에 일시적으로 구현되는 경우에도 그 물품은 화상 디자인을 표시한 상태에서 공업상 이용할 수 있는 디자인으로 취급한다.
(5) 공업적 생산 방법에 의하여 양산이 가능한 것으로 볼 수 없는 디자인은 다음과 같다.
① 자연물을 디자인의 구성 주체로 사용한 것으로서 다량 생산할 수 없는 것
② 순수 미술의 분야에 속하는 저작물

2. 공지(公知)·공용(公用) 디자인

디자인 등록 출원 전에 국내 또는 국외에서 공지, 공용 또는 간행물에 게재된 디자인이나 이와 유사한 디자인은 등록될 수 없다.
디자인 등록 출원 전에 국내 또는 국외에서 공지되었거나 세상이 다 알도록 실시된 디자인은 다음과 같다.

(1) 디자인 등록 출원 전에 불특정 다수인에게 알려질 수 있는 상태로 된 디자인은 공지 디자인으로 본다. 다만 디자인이 공지된 날과 출원일이 같은 때로서 시, 분, 초의 선후가 불명확한 경우 그 디자인의 공지를 이유로 신규성을 상실하지 않는다.
(2) 등록 디자인은 그 설정 등록일부터 공지 디자인으로 본다.
(3) 디자인 등록 출원 전에 불특정 다수인에게 알려질 수 있는 상태로 실시된 디자인은 세상이 다 알도록 실시된 디자인으로 본다.

3. 등록받을 수 없는 디자인

(1) 국기, 국장, 군기, 훈장, 포장, 기장, 기타 공공 기관 등의 표장과 외국의 국기, 국장, 또는 국제 기구 등의 문자나 표지와 동일 또는 유사한 디자인 (전체 디자인의 일부 구성 요소인 경우를 포함한다)
(2) 공공의 질서나 선량한 풍속을 문란하게 할 염려가 있는 디자인
① 인륜, 사회 정의 또는 국민 감정에 반하는 것
② 특정 국가 또는 그 국민을 모욕하는 것.
③ 저속, 혐오 또는 외설스러운 것
④ 국가 원수의 초상 및 이에 준한 것.
(3) 타인의 업무에 관계되는 물품과 혼동을 가져올 염려가 있는 디자인
① 타인의 저명한 상표, 서비스표, 단체 표장을 디자인으로 표현한 것 (입체 상표의 경우를 포함한다)
② 비영리 법인의 표장을 디자인으로 표현한 것

4. 타인의 디자인과 유사한 디자인은 등록할 수 없다.

디자인의 유사 판단은 이렇게 한다.
(1) 동일 또는 유사한 물품끼리 디자인의 유사성이 있는지 판단하는 기준은 다음과 같다.
　① 동일 물품이란 용도와 기능이 동일한 것을 말한다.

② 유사 물품이란 용도가 동일하고 기능이 다른 것을 말한다.
   (예) 볼펜과 만년필
③ 원래 비유사 물품이지만 두 물품의 형상, 모양, 색채 또는 그 결합이 유사하고 용도상으로도 혼용될 수 있는 것은 유사 물품으로 취급한다.
   (예) 수저통과 연필통
(2) 디자인의 유사 여부 판단하는 일반 기준
① 디자인의 유사 여부 판단은 디자인의 대상이 되는 물품이 유통 과정에서 일반 수요자 기준으로 관찰하여 다른 물품과 혼동할 우려가 있는 경우 유사 디자인으로 본다. 또한 혼동할 우려가 있을 정도로 유사하지는 않더라도 그 디자인 분야의 형태적 흐름을 기초로 두 디자인을 관찰하여 창작의 공통성이 인정되는 경우에도 유사 디자인으로 본다.
② 유사 여부는 전체적으로 관찰하여 종합 판단한다.
③ 관찰은 육안으로 비교 관찰해야 하며 확대경, 현미경 등을 사용하여 관찰해선 안 된다.
④ '전체적으로 판단한다' 함은 디자인의 요부 판단과 그 비교만으로 디자인의 유사 여부를 판단할 것이 아니라 디자인을 전체 대 전체로서 대비 관찰하여 부분적으로 유사하더라도 전체적으로 유사하지 않으면 비유사 디자인으로, 부분적으로 다른 점이 있더라도 전체적으로 유사하면 유사한 디자인으로 판단한다.
(3) 형상, 모양 및 색채에 의한 디자인의 유사 여부 판단은 다음과 같이 한다.
① 형상이나 모양 중 어느 하나가 유사하지 않으면 원칙적으로 유사하지 않은 디자인으로 보되, 형상이나 모양이 디자인의 미감에 미친 영향의 정도 등을 종합적으로 고려하여 디자인 전체로서 판단한다.
② 모양의 유사 여부는 주제(Motif)의 표현 방식과 배열 무늬의 크기 및 색채 등을 종합하여 판단한다.
③ 색채는 모양을 구성하지 않는 한 유사 여부 판단의 요소로 고려하지 않는다.
(4) 참신한 디자인일수록 유사의 폭은 넓고 같은 종류의 것이 많이 나올수록 유사의 폭은 좁게 본다.
① 유사의 폭이 비교적 좁은 것.

a. 옛날부터 흔히 사용되고 또한 여러 가지 디자인이 많이 창작되었던 것.

  　(예) 직물, 칼, 식기 등

  b. 단순한 형태의 것으로서 옛날부터 사용되어 오던 것.

  　(예) 젓가락, 편지지 등

  c. 구조적으로 그 디자인을 크게 변화시킬 수 없는 것.

  　(예) 자전거, 쌍안경, 운동화 등

  d. 유행의 변화에 한도가 있는 것

  　(예) 신사복, 한복 등

② 유사의 폭이 비교적 넓은 것

  a. 새로운 물품

  b. 같은 종류의 물품에서 현재보다 특히 새로운 부분

  c. 특이한 형상에 첨가되는 모양

(5) 물품이 잘 보이는 면에 유사 여부 판단의 비중을 둔다

① 텔레비전, 에어컨 등은 6면 중 정면에 비중을 둔다.

② 전화기 등은 6면 중 정면에는 비중을 적게 둔다.

(6) 물품 중 당연히 있어야 할 부분은 적게 평가하고 다양한 변화가 가능한 부분을 주로 평가한다.

① 수저일 경우 손잡이 부분의 형상, 모양에 비중을 두고 판단한다.

(7) 물품의 크고 작은 차이는 상식적인 범위 내에서 유사로 판단한다.

(8) 재질은 그 자체가 모양이나 색채로서 표현되는 경우에만 참작한다.

(9) 기능, 구조, 정밀도, 내구력, 제조 방법은 그 자체가 외관으로 표현되지 않는 한 유사 판단의 요소가 될 수 없다.

(10) 동적(動的) 디자인의 유사 여부 판단은 다음과 같이 한다.

① 동적 디자인과 정적 디자인

　　동적 디자인의 정지 상태와 동작중의 기본적 주체를 이루는 자태가 정적 디자인과 유사하면 유사한 디자인으로 본다. 다만, 동작의 내용이 특이하면 유사하지 않은 디자인으로

본다.
② 동적 디자인 상호간

동적 디자인 상호간에 있어서는 그 정지 상태, 동작의 내용 및 동작중의 기본적인 주체를 이루는 자태 등을 전체로서 비교하여 유사 여부를 판단한다.

(11) 완성품(부품의 종합체)과 부품의 유사 여부 판단은 다음과 같이 한다.

① 완성품과 부품은 비유사 물품으로 본다.

② 완성품과 부품이 선·후 출원 관계에 있는 경우 두 물품은 비유사 물품으로 거절 이유가 되지 않는다. 다만 선출원된 완성품의 공개 또는 공고 전에 후출원된 부품은 완성품에 관한 선출원이 공개 또는 공고된 때에 거절한다.

③ 공지된 부품을 이용한 완성품은 그 부품이 공지된 것을 이유로 거절하지 않는다.

④ 공지된 완성품에 부착된 부품과 동일 또는 유사한 부품은 그 완성품에 의하여 공지된 디자인으로 본다.

⑤ 부품의 구성이 완성품에 가까운 경우 앞의 ① 및 ②에 불구하고 두 물품은 유사 물품으로 보아 디자인의 유사 여부를 판단한다.

　(예) 사진틀과 사진틀테

　　　손목시계와 손목시계테(본체)

(12) 형틀과 형틀로부터 만들어지는 물품은 유사하지 않은 것으로 본다.

　(예) 빵틀과 빵 등

(13) 합성물 디자인의 유사 여부 판단은 다음과 같이 한다.

① 합성물이란 여러 개의 구성물로 이루어지고 그 구성물이 개성을 상실한 것을 말한다

　(예) 장기쪽, 트럼프, 화투, 완성 형태가 단일한 조립 완구

② 합성물의 디자인은 그 구성 조각이 모아진 전체를 하나의 디자인으로 모아 대비 판단한다.

③ 조립 완구와 같이 구성 조각의 하나가 디자인 등록의 대상이 되는 경우 합성물과 그 구성 조각의 유사 여부 판단은 위 (11)항(완성품과 부품의 유사 여부 판단)에 준하여 판단한다.

(14) '물품의 액정화면 등 표시부에 표시되는 도형 등'(화상 디자인)의 유사여부 판단은 다음

과 같이 한다.
① 화상디자인이 표시된 표시부를 갖는 물품에 관한 디자인의 유사여부는 동일·유사물품 간에 있어서만 판단한다.
② 화상디자인의 유사여부 판단은 디자인에 관계되는 모양의 유사여부 판단과 동일하게 판단한다.
(15) 부분디자인에 관한 유사판단은 그 디자인이 속하는 분야의 통상의 지식을 기초로 다음의 요소를 종합적으로 고려하여 판단하며, 동일이라 함은 다음의 요소가 동일한 것을 말한다.
① 디자인의 대상이 되는 물품
② 부분디자인으로서 디자인등록을 받고자 하는 부분의 기능·용도
③ 당해 물품 중에서 부분디자인으로서 등록을 받고자 하는 부분이 차지하는 위치, 크기, 범위

5. 창작이 용이한 디자인은 등록 불가

출원 전에 국내 또는 국외에서 공지되었거나 공연히 실시된 디자인 또는 반포된 간행물에 게재되었거나 전기통신회선을 통하여 공중이 이용가능하게 된 디자인의 결합에 의하거나 국내에서 널리 알려진 형상·모양·색채 또는 이들의 결합(이하 '공지·공용의 디자인 또는 주지의 형상·모양 등'이라 한다)에 의하여 그 디자인이 속하는 분야에서 통상의 지식을 가진 자가 용이하게 창작할 수 있는 디자인은 디자인등록을 받을 수 없다. 다만, 공지·공용의 디자인 또는 주지의 형상·모양 등을 거의 그대로 이용 또는 전용하거나 단순히 모방한 것이 아니고 이들을 취사선택하여 결합한 것으로서 그 디자인을 전체적으로 관찰할 때 새로운 미감을 일으키는 경우에는 그러하지 아니하다.

(1) 용이창작의 판단기준
① '공지·공용의 디자인'이란 국내 또는 국외에서 공지되었거나 공연히 실시된 디자인 또는 반포된 간행물에 게재되었거나 전기통신회선을 통하여 공중이 이용가능하게 된 디자인을 말하며, '주지의 형상·모양 등'이란 일반인이 이를 알 수 있을 정도로 간행물이나 TV 등을 통하여 국내에서 널리 알려져 있는 형상·모양 등을 말한다.

② '그 디자인이 속하는 분야에서 통상의 지식을 가진 자' 라 함은 당 업계(그 디자인이 표현된 물품을 생산, 사용 등 실시하는 업계)에서 그 디자인에 관한 보편적 지식을 가진 자를 말한다.
③ '용이하게 창작할 수 있는 정도' 란 공지·공용의 디자인 또는 주지의 형상·모양 등을 거의 그대로 모방하거나 그 가하여진 변화가 단순한 상업적 변화에 지나지 않는 것을 말한다.
　'상업적 변화' 란 동 업계에서 통상의 지식을 가진 자라면 누구나 당해 디자인이 그 물품에 맞도록 하기 위하여 가할 수 있을 것이라고 생각되는 정도의 변화를 말하는 것으로서 다음과 같은 경우들을 예로 들 수 있다.
　(예) 공지의 사각형 천정판 측면에 경사면을 표현한 정도의 것
　　　주지의 卵形을 뚜껑과 몸체로 분리하여 과자 용기를 만 드는 것
④ 공지·공용의 디자인 또는 주지의 형상·모양 등에 의한 용이창작 규정은 모든 물품에 적용한다.
⑤ 원칙적으로 출원된 디자인의 구성물품 또는 부품(부속품) 디자인 모두가 공지된 경우만을 용이창작으로 판단한다. 다만, 출원된 디자인의 일부 구성물품 또는 부품(부속품)이 공지되지 않은 경우(법 제8조의 적용을 받는 경우를 포함한다)에도 전체적인 미감에 미치는 영향의 정도 등을 종합적으로 고려하여 용이창작에 해당하는 것으로 볼 수 있다.

(2) 용이창작의 유형
① 국내 또는 국외에서 공지되었거나 공연히 실시된 디자인 또는 반포된 간행물에 게재되었거나 전기통신회선을 통하여 공중이 이용가능하게 된 디자인의 결합에 기초한 용이창작. 다만, 물품의 용도, 기능, 형태 등의 관련성으로 인하여 그 디자인의 결합이 당 업계의 상식으로 이루어질 수 없다고 판단되는 경우에는 용이창작으로 보지 아니한다.
　a. 디자인의 구성요소의 일부분을 다른 디자인으로 치환하는 용이창작의 예 : 공지의 시계가 부착된 라디오의 시계부분을 단순히 다른 시계의 형상 등으로 치환한 시계가 부착된 라디오
　b. 복수의 디자인을 합하여 하나의 디자인을 구성하는 용이창작의 예 : 공지의 책상 형상

에 공지의 책꽂이 형상을 부착하여 이루어진 책꽂이가 부착된 책상
  c. 디자인 구성요소의 배치변경에 의한 용이창작의 예 : 공지 디자인의 구성요소의 배치를 변경한 것에 지나지 않는 전화기

② 주지의 형상, 모양, 색채 또는 이들의 결합에 기초한 용이창작
  a. 평면적 형상의 예

  b. 입체적 형상의 예
  (ⅰ) 기둥

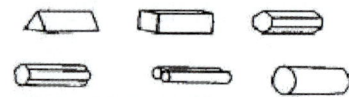

  (ⅱ) 통

  (ⅲ) 홈

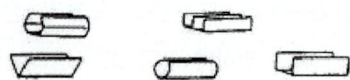

  (ⅳ) 뿔

(ⅴ) 뿔대

(ⅵ) 뿔대통

(ⅶ) 정다면체(正多面體)

(ⅷ) 기타

　c. 물품의 전형적인 형상의 예 : 비행기, 자동차, 기차 등의 전형적인 형상
　　(ⅰ) 흔한 모양의 예 : 봉황 무늬, 거북등 무늬, 바둑판 무늬, 물방울 무늬, 무늬 등
　　(ⅱ) 색채 : 색채가 모양을 이루는 경우에 한하여 판단 요소로 하고 단일색으로 칠하여진 것은 창작성 판단에 영향이 없는 것으로 본다.
③ 자연물, 유명한 저작물, 유명한 건조물, 유명한 경치 등을 기초로 한 용이 창작
　a. 자연물 : 새, 물고기, 소, 대나무잎, 꽃잎, 소나무, 나뭇결, 돌, 바위 등
　　자연물이라 하더라도 그 표현 방법이 특이한 것은 주지가 아니다.
　　(예) 꽃잎, 곤충의 발 등 자연물의 일부를 특이한 각도에서 현미경으로 확대 하여본 확대 사진 등
　b. 저작물 : 김홍도의 풍속도, 만화 주인공 뽀빠이 등 널리 알려진 그림, 조각, 만화, 영화 등
　c. 건조물 : 남대문, 남산 타워, 자유의 여신상, 에펠탑, 불국사, 올림픽 주경기장 등 널리

알려진 건조물

　　d. 경치 : 백두산 천지, 금강산, 한라산 백록담, 후지산, 나이아가라 폭포 등 유명한 경치

　　e. 운동 경기 또는 각종 행사 장면 : 삼일절 행사 장면, 올림픽 경기 개최 장면, 축구 경기, 배구 경기 등 각종 경기의 장면이 사실적으로 표현된 것

　　　건조물이나 경치라도 보는 각도에 의하여 특징을 지니도록 표현되어 있으면 주지가 아니다.

(3) 주지 디자인을 기초로 한 용이창작은 다음의 경우에 이를 적용한다.

① 해당 업계에서 간행물이나 텔레비전 등을 통하여 널리 알려져 있는 디자인을 주지 디자인으로 본다.

② 주지 디자인에 의한 용이창작의 유형

　　a. 다른 종류의 물품간에 디자인의 전용이 그 업계의 관행으로 되어 있는 경우

　　　(예) 자동차나 비행기 등의 디자인을 완구나 장치물에 전용하는 사례

　　b. 물고기, 닭다리, 밤, 호도 등 다른 음식물의 디자인을 과자류에 전용하는 사례

③ 다른 물품간에서 물품의 용도, 기능, 형태 등의 관련성으로 인하여 디자인의 전용이 해당 업계의 상식으로 이루어지는 경우

　　a. ET 인형의 형상 모양을 저금통에 전용.

　　b. 탁상용 시계의 형상 모양을 라디오에 전용.

자격 없는 상표

1. 보통명칭

비전문가 입장에서 상표 등록의 요건을 언뜻 파악하면 대부분 오해하기 십상이다. 상표법에선 보통명칭상표를 '그 상품의 보통 명칭을 보통으로 사용하는 방법으로 표시한 표장만으로 된 것'이라고 좀 복잡하게 정의하기 때문이다. 따라서 스스로 작명한 상표가 마치 보통명칭이 아닌 것처럼 착각한 많은 사람이 상표 등록을 출원하고 있다.

일반 수요자가 특정 명칭을 해당 상품의 일반적 명칭이라고 인식할지라도 모두 보통 명칭으로 취급받는 것은 아니다. 경우에 따라 관련 업계에서 보통명칭으로 알려져 있는 것도 사실은 그렇지 않은 것들도 적지 않기 때문이다.

아무리 훌륭한 이름이라도 등록되지 않으면 상표로서의 자격과 독점적 권리를 인정받지 못한다. 지정상품에 사용할 수 없는 보통명칭상표를 예시하면 다음과 같다.

지정상품	자격이 없는 보통명칭상표
자동차	CAR
피복	청바지
옥수수 건과자	콘칩
호도로 만든 과자	호도과자
복사기	코피아, COPYER
가구, 장롱 등의 플라스틱 적층판	호마이카
과일	홍옥, 신고, 백도, 거봉
곡류	팔금, 농림 6호
구레오소드 함유 위장약	정로환
유산균 발효유	YOGURT

2. 관용상표

당해 상품을 취급하는 거래 사회에서 어떤 표장을 그 상품의 명칭 등으로 통상 사용한 결과 식별력을 상실한 표장을 관용상표라고 한다. 따라서 이러한 상표는 자격이 인정되지 않는다.

관용상표는 ▶특정 상품에 그 상품의 제조업자와 판매업자 등 불특정 다수인이 그 상표를 일반적으로 자유롭게 사용한 경우 ▶그렇게 사용한 결과 그 상표가 출처 표시 기능 또는 식별력을 상실한 경우 ▶상표권자가 당해 상표의 보호를 위해 필요한 조치를 취하지 않은 경우에 해당한다.

지정상품에 독점성이 인정되지 않는 관용상표는 다음과 같다.

지정상품	자격이 없는 관용상표
청주	정종
구중 청량제	인단
직물	TEX, LON, RAN
과자	깡
콜드 크림	VASELINE

3. 성질표시상표

그 상품의 산지, 품질, 원재료, 효능, 용도, 수량, 형상, 성격, 생산 방법, 가공 방법, 가공 시기를 보통으로 표시한 표장만으로 된 상표는 자격을 인정받지 못한다.

지정상품	자격이 없는 성질표시상표
인삼	금산
사과	대구
굴비	영광
모시	한산

4. 뚜렷한 지리적 명칭 등

뚜렷한 지리적 명칭, 그 약어 또는 지도만으로 된 상표는 등록되지 않는다. 예컨대 국가명, 국내의 서울특별시, 광역시 또는 도의 명칭, 시 또는 서울특별시의 구, 광역시의 구, 군의 명칭, 잘 알려진 외국의 수도명, 대도시명, 주 또는 이에 상당하는 행정 구역의 명칭 그리고 잘 알려진 국내외 고적지, 번화가 등의 명칭과 이들의 약칭은 상표로서 자격이 인정되지 않는다.

특히 대한민국이 국가로 승인했는가의 여부를 불문하고 실질적으로 영토, 국민, 통치권을 갖는 통치 단체는 모두 국가로 본다. 관광지가 아닌 단순한 지명과 관광지라도 널리 알려지지 않은 경우 뚜렷한 지리적 명칭으로 보지 않는다. 국내외의 산, 강, 섬, 호수 등이 일반 수요자들에게 널리 알려진 관광지의 명칭은 뚜렷한 지리적 명칭으로 본다.

한라산, 충주호, 진도, 불국사, 해인사, 현충사, 옥스퍼드, 비엔나, 하이델베르크, 뉴욕, 맨해탄, 조지아, 런던타운, 핀란디아 등은 뚜렷한 지리적 명칭으로 보지만 장안천, 가거도 등은 해당되지 않는다. 다만 한국기계공업주식회사, 주식회사 대구직물, 부산공업사 등 상호는 식별력이 있는 것으로 본다.

5. 흔한 성(姓) 또는 명칭

현실적으로 수가 많거나 관념상 수가 많게 인식되는 자연인의 성 또는 법인, 단체, 상호 등은 상표로 인정받지 못한다. 상사, 상점, 상회, 공업사, 사, 회, 당, 양행, 조합, 협회, 연구소 또는 회장, 사장, 이사장, 총장 등 명칭이 결합된 경우도 마찬가지다. 그러나 흔한 성이 이름과 결합된 성명이거나 상법상의 상호인 경우에는 상표로 등록할 수 있다.

6. 간단하고 흔한 표장

간단하고 흔한 표장만으로 된 상표 역시 등록되지 않는다. 예컨대 ▶가, 나, 취, ㅊㅜㅣ등 한글 또는 한자(漢子)의 1자 ▶1자 또는 2자로 표시된 외국 문자 ▶두 자리 이하 숫자로 표시된 것 ▶흔히 사용되는 원형, 삼각형, 마름모형이나 기호 ▶삼태극, 만트라(卍) 등의 표장이

이에 해당된다.

(1) 한글 1자나 외국 문자 1자 또는 2자의 식별력이 없는 문자와 결합한 경우도 식별력이 없는 것으로 본다. 다만 외국어 2지를 앰퍼샌드(&)로 연결하거나 한글 1자 또는 외국어 2자를 도형화 또는 두 개 이상의 문자를 한 글자로 도안한 글자(모노그램)로 표시한 경우에는 상표로 등록할 수 있다.

① 식별력이 없는 것

　　OMEGA(Ω), ALPHA(α), BETA(β)

　　취 Co, A Ltd, MT Co, A, 엠티, MT Ltd

　　E PRINT

② 식별력이 있는 것

　　A&Z, AC-BC, AB55, 선AC, ACF

(2) 10단위 숫자 두 개와 +, −, ×, ÷ 등 부호를 결합하거나 10단위 숫자를 식별력이 없는 표장과 결합한 경우는 식별력이 없는 것으로 본다. 다만 '&' 로 결합한 경우에는 식별력이 인정된다.

① 식별력이 없는 것

　　22+35, 50÷25

② 식별력이 있는 것

　　22&35, One and Two, 23.7, 3&7

(3) 100 이상의 숫자라도 1 2 3 4 5 등은 흔히 있는 표장으로서 식별력이 없는 것으로 본다. 다만 1 2 3 & 4 5 등은 식별력이 있는 것으로 한다.

① 식별력이 없는 것

　　123, 345, One Two Three

② 식별력이 있는 것.

　　777, 888, 원 하이브 쓰리, 하이브 원 화이브, One five Three, FIVE ONE THREE

(4) 숫자 2개를 결합하여 표시한 것, 또는 숫자를 순위의 문자로 표시한 경우에는 식별력이

없는 것으로 본다.

① 식별력이 없는 것.

1, 3, IV, 35, 삼오, 88, 五五, 팔팔, 삼십삼, 원, 쓰리, ONE THREE, 나인티나인, NINTY-NINE, ONE TWO

첫째, First, 제2, second

○, △, □, ◇, #, +, ―, &, ◉, ■, ◆, ●, 卍 무늬

② 식별력이 있는 것.

7. 기타 식별력 없는 표장

수요자가 누구의 업무에 관련된 상품을 표시하는 것인가를 식별할 수 없는 상표는 등록되지 않는다. 예컨대 ▶일반적으로 쓰이는 구호, 표어, 인사말, 인칭 대명사, 유행어로 표시한 표장 ▶단기 또는 서기를 나타내는 문자로 표시하거나 연도로 혼동할 우려가 있는 표장 ▶사람, 천연물, 자연물을 사진으로 표시한 표장 ▶기타 수요자가 누구의 업무와 관련된 상품을 표시하는가를 식별할 수 없는 표장 등이 이에 해당된다.

다시 말해 ▶외관상으로 보아 사회 통념상 식별력을 인정하기 곤란한 경우 ▶많은 사람이 현실에서 사용하고 있어 식별력이 인정되지 않는 경우 ▶공익상 특정인이 독점하는 것이 적합하지 않다고 인정되는 경우 상표로 등록되지 못한다.

(1) 장소 개념으로 사용하여 식별력이 없는 것

LAND, MART, CLUB, PLAZA, WORLD, OUTLET, DEPOT, 마을, 마당, 촌, BANK, VILLAGE, HOUSE, CITY, TOWN, PARK, 나라

(2) 관련 업종에 따라 식별력이 없는 것

① 통신 관련업 : CYBER, NET, COM, TEL, WEB

② 정보 자료 제공업 : NEWS, DATA

③ 금융 관련업 : CASH, CARD, PASS

(3) 성격이 분명하지 않은 표장

① 식별력이 없는 것

   인류를 아름답게 사회를 아름답게

   기술 혁신, I CAN DO, 믿어 주세요

   봉쥬르, MERCI(불어) =THANK YOU

   Mr, Ms, Miss, Missy

   1998년, 서기 1993년, 단기 4326

   흔한 무늬(월계수, 봉황새)

   Believe It or Not!

   It's Magic 잇스 매직

② 식별력이 있는 것

   It's your brand KIL DONG

   빵 굽는 작은 마을

8. 식별력 없는 표장간의 결합 상표

식별력 없는 표장만으로 결합된 상표 또는 성질 표시 표장만으로 결합된 상표도 원칙적으로 식별력이 없는 것으로 본다. 그러나 결합으로 새로운 관념 또는 새로운 식별력을 형성하는 경우에는 상표로 등록될 수 있다.

 '새로운 관념 또는 새로운 식별력' 이란 결합을 통해 발생한 의미가 각각의 표장이 갖는 보통의 의미 이상으로 아주 새로운 것이어야 한다.

식별력이 없는 것의 예는 다음과 같다.

지정상품	상표
청바지	BEST JEAN
일반 상품	SC special

9. 등록될 수 없는 상표

대한민국의 국기 · 국장 · 군기 · 훈장 · 포장 · 기장, 외국의 국기와 국장, 공업 소유권 보호를 위한 파리조약 동맹국의 훈장 · 포장 · 기장, 적십자 · 올림픽 또는 저명한 국제 기관 등의 명칭이나 표장과 동일 또는 유사한 상표, 대한민국 · 공업 소유권 보호를 위한 파리조약 동맹국 · 그 국가의 공공 기관이 사용하는 감독용이나 증명용 인장 또는 기호와 동일 또는 유사한 상표는 등록될 수 없다.

국기는 대한민국 국기에 관한 규정, 국장은 나라 문장에 대한 규정, 훈장 및 포장은 상훈법과 동시행령이 규정하는 것을 말하며, 군기는 육 · 해 · 공군기는 물론 그 예하 부대의 군기를 포함하고 기장은 훈장, 포장 이외의 국가 기관이 수여하는 표장을 뜻한다.

'외국'은 대한민국을 제외한 모든 국가를 말하며 한국의 국가 승인 여부를 불문한다. 교황청 등은 외국에 준하여 '외국'에 포함되는 것으로 본다.

'저명한 국제 기관'은 국제연합(UN) 및 산하 기구와 EC, GATT, OPEC와 같은 지역 국제 기구 등 국제 사회에서 일반적으로 인식되고 있는 국가간의 단체를 말한다.

10. 인종, 민족, 종교, 고인과의 관계 허위 표시

국가, 인종, 민족, 공공 단체, 종교 또는 저명한 고인과의 관계를 허위로 표시하거나 이들을 비방 또는 모욕하거나 이들이 나쁜 평판을 받게 할 염려가 있는 상표는 등록되지 못한다.

특히 허위 표시, 비방, 모욕 또는 악평 등은 출원인의 이러한 목적 또는 의사의 유무를 불문하고 지정 상품과 관련하여 동상표를 사용하는 것이 사회 통념상 이러한 결과를 유발할 우려가 있다고 인정될 경우 등록이 거부된다.

(1) 해당되는 것

양키, 로스케, Nigger(Negro)

(2) 해당되지 않는 것

흑인, 백인, 인디안

11. 공익 단체 표장의 예외 인정

국가, 공공 단체 또는 이들의 기관과 공익 법인의 영리를 목적으로 하지 않는 업무 또는 영리를 목적으로 하지 않는 공공 사업을 표시하는 표장으로서 저명한 것과 동일 또는 유사한 상표. 다만 국가, 공공 단체 또는 이들의 기관과 공익 법인 또는 공익 사업체에서 자기의 표장을 상표 등록 출원할 경우는 예외적으로 인정한다.

'공익 법인' 은 공법인은 제외되며 민법 제32조의 규정에 따라 설립된 법인 중에서 공익을 주목적으로 하는 법인을 말한다. 예컨대 YMCA, 보이스카우트, YWCA 등이 해당된다.

12. 공공 질서에 반하는 상표

공공 질서 또는 선량한 풍속을 문란하게 할 염려가 있는 상표는 등록될 수 없다.

'공공 질서' 는 실정법상의 공법 질서, 국제 신뢰 또는 일반 사회 질서는 물론 공정하고 신용 있는 거래 질서와 인간의 존엄과 가치, 평등권 보장 등 자유민주주의 기본 질서도 포함한다.

'선량한 풍속' 은 전통적 가치 중 미풍 양속 등 사회 통념상 존중되는 사회적 윤리와 도덕 질서는 물론 자유 시민으로서 지켜야 할 공중 도덕을 포함한다.

타인의 상표를 동일 또는 극히 유사하게 모방하여 동일 또는 유사 상품에 출원한 사실이 이의 신청 등을 통하여 객관적으로 입증되는 출원 상표는 공정하고 신용 있는 거래 질서를 문란하게 할 염려가 있는 상표로 본다. 다만 타인의 상표가 국내외에서 알려진 정도에 따라 지정 상품의 적용 범위를 다르게 판단할 수 있다.

상세히 설명하자면 ▶다른 법률이 당해 상표 사용을 명백히 금지하거나 당해 상표 사용 행위가 명백히 다른 법률에 위반되는 상표 ▶사회주의 또는 공산주의 혁명, 인민민주주의 또는 민중민주주의 혁명, 노동자 계급 독재, 김일성 주체 사상 등 자유민주주의 기본 질서를 부정하는 내용의 상표 ▶국제간의 선린 관계 또는 신뢰 관계를 저해할 우려가 있는 상표 ▶상표의 구성 자체가 과격한 슬로건으로 이루어진 상표, 문자나 도형을 읽는 방법 또는 보는 방법에 따라서 일반인에게 외설적인 인상을 주거나 성적 흥분 또는 수치심을 유발할 수 있는 상표 ▶밀수꾼(smuggler), 사기꾼, 소매치기, 새치기, 뇌물, 가로채기 등 형사상 범죄에

해당하는 용어나 공중 도덕 감정을 저해하는 상표 ▶사이비 종교, 부적 등 미신을 조장하거나 국민간의 불신과 지역 감정을 조장하는 문자나 도형 ▶개인이 법인 또는 단체 이름의 상표를 출원하거나 수요자가 공익 단체 또는 연구 기관으로 오해를 유발할 우려가 있는 상표 다만, ▶외국 문자 상표는 그 의미가 공서 양속에 반하는 상표라 하더라도 우리 나라 국민의 일반적인 외국어 지식 수준으로 보아 그러한 의미로 이해할 수 없는 상표는 등록될 수 있다. ▶타인의 저명한 저작권을 침해하거나 저명한 고인의 성명 등을 도용하여 출원한 상표 ▶공정하고 신용 있는 거래 질서와 국제간의 신용 질서를 침해할 우려가 있는 상표 등은 등록이 거부된다.

13. 박람회의 표장의 예외 인정

정부가 개최하거나 정부의 승인을 얻어 개최하는 박람회 또는 외국 정부가 개최하거나 외국 정부의 승인을 얻어 개최하는 박람회의 상패, 상장 또는 표장과 동일 또는 유사한 상표는 등록되지 못한다. 다만, 그 상패, 상장 또는 포장을 받은 자가 당해 박람회에서 수상한 상품에 관하여 상표의 일부로서 그 표장을 사용할 때에는 예외적으로 인정된다.

14. 저명한 타인의 명칭 등

저명한 타인의 성명, 명칭 또는 상호, 초상, 서명, 인장, 아호. 예명, 필명 또는 이들의 약칭을 포함하는 상표는 자격이 인정되지 않는다. 다만, 그 타인의 승낙을 얻은 경우 예외적으로 인정된다.

특히 약칭에 관한 그 타인의 결정 여부를 불문하고 국내 일반 수요자 또는 관련 거래 사회에서 그 타인으로 약칭되고 있으면 등록되지 않는다. 예컨대 대한주택공사=주공, 한국은행=한은, 한국전력주식회사=한전 등이 이에 해당한다.

저명한 타인의 성명, 명칭 등을 상표로 사용한 때에는 타인 자신의 불쾌감의 유무 또는 사회 통념상 타인의 인격권을 침해했다고 판단되는지 여부를 불문하고 등록이 거절된다.

15. 타인의 주지상표와 유사한 상표

타인의 상품을 표시하는 것이라고 수요자간에 널리 인식된 상표와 동일 또는 유사한 상표로서 그 타인의 상품과 동일 또는 유사한 상품에 사용하는 상표는 등록되지 않는다.

주지상표의 주인은 수요자에게 구체적으로 누구인지 명확히 밝혀질 필요가 없으며, 대체로 누군가 타인의 상표라는 사실이 수요자에게 널리 인식되어 있으면 족하다고 본다.

주지상표의 지역적 범위는 전국이든 일정한 지역이든 따지지 않는다. 다만, 지역적 범위는 지정상품과의 관계를 충분히 고려하여 결정해야 한다.

주지상표 여부의 판단은 그 상표의 사용 기간, 사용 방법, 형태, 사용량, 거래 범위 등 제반 사정을 고려하여 수요자에게 일반적으로 인식되어 있다고 객관적으로 인정되는지 여부를 기준으로 하여 정한다.

(1) 사용 기간, 사용량, 거래 범위 등은 일률적으로 정할 수 없고 거래량의 사용 밀도, 상품의 독과점성, 매출량의 규모, 기타 사정을 고려해야 한다.

(2) 사용 방법과 형태는 반드시 직접 상품에 사용되지 않더라도 신문, 잡지, 라디오, 텔레비전 등에 광고한 결과 수요자에 널리 인식되어 있으면 족하다고 본다.

(3) 주지상표가 되려면 상표의 형태와 외관이 완성되어 있어야 하며, 그것이 수요자에게 널리 인식되어 있음을 입증해야 한다. 다만 문자 상표는 라디오 텔레비전 등에 광고한 결과 특정한 칭호 관념이 있는 것으로 인식되어 있는 경우 형태 또는 외관의 특징은 중요하지 않은 것으로 본다.

(4) 주지상표는 원칙적으로 국내에 폭넓게 알려져 있어야 한다. 다만 국내에서 시판되고 있지 않더라도 수출 주종 상표 또는 외국의 유명 상표처럼 국내 관련 거래 업계에 두루 알려져 있는 경우에는 주지 상표로 본다.

상표를 사용하는 자가 사용하기 전에 이미 타인이 사용하고 있거나 두루 알려진 것을 알고 있으면서도 그 상표를 계속 사용하여 주지 상표로 만들어 놓은 경우 혹은 부정 경쟁에 사용함으로써 상표가 주지되게 한 경우에는 이를 주지 상표로 보지 않는다.

주지상표 두 개가 병존하는 경우에는 주지 상표주인이 다 함께 악의든 선의든 불문하고 어느 것도 등록을 인정하지 않는다.

16. 타인의 저명상표와 유사한 상표

수요자간에 두루 알려져 인식된 타인의 상품이나 영업과 혼동을 일으키게 할 염려가 있는 상표는 등록되지 않는다.

타인의 상품이나 영업과 혼동을 일으킬 염려가 있는 상표 여부를 판단하려면 그 타인의 표장을 주지도(광고 선전의 정도 또는 보급도, 연도별 매출액 또는 시장 점유율), 그 표장의 창조성, 그 표장의 상호·상표인지 여부, 그 기업의 업종 범위 등을 종합적으로 고려한다.

'타인의 상품 또는 영업과 혼동을 일으킬 염려가 있는 경우' 라 함은 그 타인의 상품 또는 영업으로 오인하거나 그 상품이나 서비스의 수요자가 그 상품이나 서비스의 출처를 혼동할 우려가 있는 경우는 물론 그 타인과 계열 관계 또는 경제적·법적 상관 관계가 있는 자의 상품 또는 영업으로 오인하거나 출처를 혼동할 우려가 있는 경우를 말한다.

저명한 상품 또는 영업의 주체인 타인의 범위는, 상표 또는 서비스표의 주체는 물론 업무 표장의 주체도 포함한다. 저명한 이들 타인이 주된 업무 또는 부수적인 업무로서 상품이나 서비스를 생산 또는 제공하는 경우 저명한 상품 또는 영업으로 본다. 그러나 이들 저명한 타인이 이러한 상품이나 서비스를 실제로 생산 또는 제공하느냐 여부는 따지지 않는다. 다만 사회 통념상 이러한 상품 또는 서비스를 생산 또는 제공할 가능성이 희박하다고 판단될 경우는 저명 상표로 보지 않는다.

17. 품질의 오인 또는 수요자 기만의 염려가 있는 상표

상품의 품질을 오인하게 하거나 수요자를 기만할 염려가 있는 상표는 등록이 거절된다. 이 경우 상품의 품질은 물론 상품 자체를 오인하게 하는 상표도 포함된다.

'수요자를 기만한다' 라 함은 그 상품 또는 상표가 수요자에게 외국 또는 다른 기업의 상품 또는 상표로 오인하게 할 우려가 있는 경우를 말하며 출원인의 기만 의사 유무를 따지지 않는다.

18. 목적이 부정한 상표

국내 또는 외국의 수요자간에 특정인의 상품을 표시하는 것으로 널리 인식된 상표와 동일 또는 유사한 상표로서, 부당한 이익을 얻으려 하거나 그 특정인에게 손해를 가하려고 하는 등 부정한 목적으로 사용하는 상표는 등록이 거절된다.

부당 이익을 얻으려 하거나 그 특정인에게 손해를 가하려고 하는 등 부정한 목적을 예시하면 ▶상표권자가 국내 시장에 진입하는 것을 저지하거나 대리점 계약 체결을 강제할 목적으로 상표권자가 미처 등록하지 않은 상표와 동일 또는 유사한 상표를 출원한 경우 ▶저명상표와 동일 또는 유사한 상표로서 타인의 상품이나 영업과 혼동을 일으킬 염려는 없다 하더라도 저명상표의 출처 표시 기능을 희석화할 목적으로 출원한 경우 등을 들 수 있다.

19. 상품의 기능을 나타내는 입체상표

상표 등록을 받고자 하는 상품 또는 그 상품의 포장 기능을 확보하는 데 불가결한 입체적 형상만으로 된 상표도 등록이 거절된다. 다시 말해 어떤 상품의 본질적인 기능을 나타내는 형상, 예컨대 ▶가방의 손잡이 ▶전화기의 송수화기 ▶우산의 손잡이 ▶주전자의 꼭지 등 입체 상표만으로는 등록이 거절된다. 이런 표장을 일부 입체 상표로 허용할 경우 일반 소비자의 자유로운 사용이 제한되므로 등록이 불가능하다.

20. 포도주 등 산지 표시

세계 무역 기구 가입국 내의 포도주 및 증류주의 산지에 관한 지리적 표시로 구성되거나 그 표시를 상표로서 포도주, 증류주 또는 이와 유사한 상품에 사용하고자 하는 상표도 등록이 거절된다.

'포도주 및 증류주'의 범위는 주세법상 주류의 범위를 참고한다. 예컨대 알콜 강화 포도주, 위스키, 보드카, 브랜디, 럼, 진, 고량주, 배갈, 막걸리, 소주 등을 포함하는 리큐르는 포함되지 않는다.

상표의 유사성 판단

선출원된 타인의 등록 상표와 동일 또는 유사한 상표로서 그 등록 상표의 지정 상품과 동일 또는 유사한 상품에 사용하는 상표는 등록이 거절된다.

(1) 외관이 유사한 것
①
② HOP=HCP
③ 白 花=百 花
④
⑤

(2) 칭호가 유사한 것
① INTERCEPTOR와 인터셉트
② REVILLON과 REVLON
③ LYSOTAN과 LOSOTAN로소탄
④ 千年과 天然
⑤ TVC와 TBC
⑥ UNITED와 UNITED FASHON, UNITED PARCEL
⑦ EVOL과 EPOL
⑧ TOBY와 TOPY

⑨ DANYL과 DAONIL

⑩ Leeman과 Riman

⑪ PAPASHELIN과 PAPAPHYLLIN

⑫ CHROMATRON과 CHROMATONE

⑬ SAFUNEN과 SAFUNENSO

⑭ ADEFLON과 ADOPRON

⑮ COLLMAN(三化)과 COLEMAN

⑯ 三星과 SANSUNG

⑰ 光盛과 광성

⑱ 에네르기와 Energy

⑲ 알레르기와 Alergy

⑳ 미쯔이와 MITSUI

(3) 칭호가 유사하지 않은 것

① Solar와 Polar

② TBC와 CBC

③ 삼정과 미쯔이, MITSUI

④ 송하와 마쓰시다

(4) 관념이 유사한 것

① 임금과 王과 KING

② 平和와 PEACE

③ VICTOR와 VICTORY

④ 삼진수랏상과 수라

⑤ Golden Spike와 Golden Spur(상품 : 골프화)

(5) 관념이 유사하지 않은 것

① 말(馬 : 실존 관념)과 용마(龍馬 : 상상 관념)

② SUNSHINE과 일광

③ 동백표와 Camellia

④ 화니핀 장미와 WHITE ROSE(화이트 로즈)

(6) 결합 상표로서 유사 혹은 유사하지 않은 것

① 형용사적 문자와 결합하여 유사한 것

   a. 얼굴과 새얼굴

   b. STAR와 SUPER STAR

   c. 모란과 금모란

   d. MELODY(멜로디)와 MY MELODY

   e. 동아와 신동아

   f. DIAMOND와 BLUE DIAMOND

   g. MAGIC(매직) SALON(살롱)과 SALON(살롱)

② 2개의 어구로 결합되어 유사한 것

   a. VOLCAN DAMEO와 VOLCAN 또는 DAMEO

   b. ALCOS-ANAL과 아날

   c. 만수무강과 만수 또는 무강

   d. GS PIPING과 G.S지에스

   e. DONGBANGKING과 DONGBANG 또는 KING

   f. COSMO WIND와 COSMO

   g. 농심포메이토와 포메이토

   h. COTY AWARDS와 COTY코티

   i. DONGBANG PLAZA(동방플라자)와 PLAZA

   j. asics TIGON과 TIGON타이건

③ 2개의 어구로 결합되어 유사하지 않은 것

a. SANOMY와 SAN 또는 NOMY

　　b. WORLD CUP과 WORLD

　　c. SUNSTAR와 SUNMOON

　　d. SUNSTAR와 MOONSTAR

　　e. Morning Glory(나팔꽃)와 Morning 또는 Glory

　　f. FREEPORT와 OLDPORT

④ 긴 칭호 또는 결합 상표 중의 주요 부분이 유사한 것

　　a. Chrysanthemumbluesky와 Chrysanthemum

　　b. Cherry bolssom boy와 Cherry blossom

⑤ 지정 상품과의 관계에서 관용 문자와 다른 문자가 결합되어 유사한 것

　　a. 직물 : KINGTEX와 KING

　　b. 견직물 : ACELAN(에이스란)과 ACE

⑥ 지리적 명칭이 결합된 상호 상표로서 유사한 것

　　a. 주식회사 大成과 대성 또는 대성공업사

　　b. 대한방직(주)와 대한모직(주) (업종이 유사한 경우)

　　c. 서울전선(주)와 서울전기(주) (업종이 유사한 경우)

　　d. 삼성중공업(주)와 삼성공업사

⑦ 지리적 명칭이 결합된 상호 상표로서 유사하지 않은 것

　　a. 대한모직(주)와 대한철강(주) (업종이 다른 경우)

　　b. 서울제과공업사와 서울전기공업사(상호로 등기된 경우)

글을 맺으며 ●●●●

나이 들어 컴퓨터를 만난 사람들일수록 애가 탄다. 강박 관념으로 공연히 초조해지기도 한다. 나이 드는 현실 자체가 두려울 겨를도 없이 새로운 세기를 맞으며 이미 '사이버 세상'이 어리둥절할 만큼 하루가 다르게 달라지고 있으니 그럴 수밖에 없으리라.

공인 중개사, 공인 회계사, 세무사, 관세사, 법무사, 변리사, 변호사, 의사, 작가, 디자이너 같은 전문직 종사자조차 사이버 세상에 익숙하지 않으면 살아남기 어려운 세상이다. 사이버 공간이 이미 단순히 거래 정보를 제공하던 인터넷 1세대를 지나 수요자와 공급자를 연결하는 시장으로 그 무한한 가능성을 열고 있기 때문이다. 대기업의 종합상사란 개념도 바뀌어 '사이버 종합 무역 상사'로 변신하고 있으며, 우리 국세청마저도 가상 공간 안에서 이루어지는 전자상거래의 전모를 포착하지 않으면 세금을 거둬들이기가 어려워졌다.

이제부터는 자신의 지식 재산에 꾸준히 투자하지 않으면 아예 세상을 이해할 수조차 없게 될지도 모른다. 이것이 아무리 많은 돈을 주고도 살 수 없는 21세기의 진정한 모습이다. 신(新)지식 재산권의 개념을 뛰어넘어 불과 10년 전까지도 개인의 권리로 상상할 수 없던 희귀한 권리들이 사이버 공간을 휘젓고 다닐 것이기 때문이다.

　앞으로는 급박하게 변모하는 지구촌의 흐름을 족집게처럼 짚어 내지 않으면 도태되거나 최소한의 권리마저 지키지 못하게 될 것이다. 생존을 위해 오직 하나의 효율적인 방법은 남보다 앞서 가려는 노력뿐이다. 나이를 불문하고 가상 공간에서의 자기 역할과 권리를 강화시키는 것이 바로 개인의 입지를 굳히는 길이다.

　성공은 기회를 포착해서 얻어지는 것이지 적당히 남의 지식을 빌려 온다고 해서 얻어지는 것이 아니다. 이제부터는 개인의 자기 혁신과 기업의 경영 합리화도 작은 아이디어 창출과 인터넷 기술의 완벽한 활용 과정을 통해 얻어질 수 있다. 21세기의 성공적인 비즈니스도 전자 상거래의 핵심 기술과 무한한 가능성을 이해하지 못하면 기대하기 어렵게 되었다.

　컴퓨터가 인류 사회의 모든 것을 순식간에 바꾸어 놓았고, 지금도 그 변화의 소용돌이가 전 세계를 휩쓸고 있다. 그 누구도 속단할 수 없는 21세기가 인터넷을 매개로 지구촌 통합의 의지를 불태우며 우리 눈앞에 성큼 다가와 있다. 이 같은 와중에 네트워크 세대가 우리 사회의 중심 세력으로 자라고 있는 것이다.

　내 홈페이지를 기웃거리는 상담 요청자들의 관심은 지식재산·정보 기술에 관한 권리를 차지하는 데 있다. 상담 요청자들과 진지하게 대화를 나누면서 나는 충격적일 만큼 귀중한 경험을 얻고 있다.

2009년 1월
남호현

남 호 현 변리사

■ 자격 · 학력 · 지적재산권업무 경력

1953년 충북 영동 출생. 제23회 변리사 시험 합격. 충북 영동고등학교 · 청주대학교 법과대학(법학사) · 서울대학교 행정대학원(행정학 석사) 졸업. 법무법인 중앙국제특허법률사무소(Central International Law Firm)의 파트너 변리사와 국제특허 바른의 대표변리사로서 30여 년 동안 국제 지적재산권 업무, 특히 상표와 디자인 특허의 권리 취득과 이의신청, 취소심판, 무효심판, 권리범위 확인심판, 심결취소 소송 등 각종 특허 / 상표 사건의 심판 / 소송 업무와 상표의 국제적 라이선싱 업무를 주로 처리하면서 다양한 사례들을 경험.

■ 국내 · 국제 활동

20여 회원국과 2,000여명의 회원으로 구성된 아시아변리사회(APAA) 한국협회 회장(2012-현재), 안전행정부 중앙우수제안 심사위원회 위원(2010-현재), 행정안전부 정책자문위원(2011-현재), 세계지적재산권기구(WIPO) 패널리스트(2008-현재), 세계지적재산권기구(WIPO) 중재인, 대한상사중재원 중재인(2007-현재), 미국국가중재원(NAF) 패널리스트(2006-현재), 국제변리사연맹(FICPI) 한국협회 이사(2006-현재), 사단법인 지식재산포럼 이사(2006-현재), 全美仲裁聯盟(NAF) 중재위원(2005-현재), 헌법상 대통령 자문기구인 '국가과학기술자문회의' 위원(2005-2006), 사단법인 한국산업재산권법학회 이사(2005-현재), 아시아 도메인 이름 분쟁 조정위원회(ADNDRC) 위원(2004-현재), 대한중재인협회 부회장(2013-현재), 대한변리사회 국제이사(2000년 3월~2002년 2월), 한국상표학회 회장(1999-2000), 인터넷주소분쟁조정위원회 위원(2000-현재), 특허청 상표정책자문 위원
아시아변리사회(APAA), 국제상표협회(INTA), EU상표협회(ECTA), 의약품상표협회(PTMG), 상표협회(MARQUES), 국제산업재산권보호협회(AIPPI), 국제변리사연맹(FICPI)의 회원으로 활동.

■ **수상**

1996년 영국 런던 'Euromoney Publications PLC'에 의해 'The World's Leading Experts in Trademark Law'로 선정

2010년 특허업계 및 법조계 최초로 '2010년 신품질 혁신대상(서비스 혁신 부문)' 수상

2010년 미국 ABI에 의해 'Man of the Year in Law 2010'로 선정

2007-2013년 'Asia Law'에 의해 'Leading Intellectual Property Lawyers in Asia Pacific', 'Most Highly Acclaimed Legal Experts in the Intellectual Property Practical Area(s)', 'Highly recommended Asia-Pacific-focused Lawyers in the Intellectual Property Area(s)'로 7년 연속 선정

■ **방송 · 컬럼 · 저서**

매일경제 TV(MBN) 주간 프로그램 [남호현의 재미있는 특허 이야기] 진행. 한국발명진흥회 [발명]지 고정 칼럼니스트. 저서로 정치 / 사회 분야 베스트셀러에 오른 [21세기에는 지식 재산권으로 승부하라] (조선일보사 발행) · 영문판 · 일문판 'Challenging the 21st Century with Intellectual Property Rights', INTA "Opposition Guideline(영문판 · 한국편)", Oxford University Press "Domain Name Handbook(영문판 · 한국편 : 2014년 5월 출간 예정)" 외 지적재산권 분야 논문 다수.

■ **국내 · 국제 강연 활동 · 연구업적 · 논문**

국제산업재산권보호협회(AIPPI), 국제상표협회(INTA), 의약품 상표협회(PTMG) 등 국제회의에서 강연. 숙명여대(2000), 지적재산권 분야 출강(2000), 경찰대학교(2011), 서울대학교 CIPO 최고지식재산경영자 과정(2013), 전국경제인연합회 국제경영연수원 지적재산권분야 출강(2000-현재)

■ 강연·발표

시기	제목	발표장소	간행물	사용언어
2013.10	Are Goods and Services Specifications Inflation Proof? Perspective of South Korea	Sorrento	14th FICPI Open Forum	영어
2013.06	기업 브랜드 및 상표의 보호전략 및 사례	서울	서울대학교 CIPO 최고지식재산경영자 과정	한국어
2012.02	Best Strategies to Acquire and Utilize Knowledge Capital in Korea- under newly developed IP law system -	아메다 바드 인도	8th Annual International Seminar of markPatent.org	영어
2011.12	Counterfeiting and Criminal Sanctions in Korea	서울	FICPI Korea Symposium	영어
2011.11	WIPO Panelist Meeting과 도메인이름 분쟁 해결에 관한 WIPO Advanced Workshop 참가보고	서울	인터넷주소분쟁조정위원회 워크샵	한국어
2011.09	성공적인 기업 경영을 위한 지식재산권 활용 전략	서울	21C 비즈니스포럼	한국어
2011.04	기업 경영에 있어서의 지식재산권 활용 전략	서울	한국선진문화창조 경영학회포	한국어
2011.04	STRATEGIES for Efficient Protection - Maintenance of Intellectual Properties in Korea & Role of IP Lawyers	포항	한동대학교 로스쿨	영어
2011.03~06	지적재산법 서론, 상표법, 디자인 보호법, 인터넷 주소분쟁 조정, 저작권법	서울	경찰대학교	한국어
2011.03	상표법 실무, 디자인 보호법 실무, 인터넷 주소 분쟁 조정	서울	서울지방변호사회	한국어
2011.02	국민을 사랑하는 마음에서 태어나는 위대한 가치	서울	행정안전부	한국어
2011.01	작은 생각으로 이어지는 위대한 가치	서울	헌법재판소	한국어
2010.11	성공적인 기업 경영을 위한 지식재산권 활용 전략	서울	제61회 CEO 조찬세미나	한국어
2010.10	Trademark Bullies	제주	APAA 58th Council Meeting	영어
2010.09	New Marks - Old Law	뮌헨	FICPI 12th Open Forum	영어
2010.08	인터넷 판매의 상표권 침해 여부 - 오픈마켓 운영자의 책임을 중심으로 -	서울	인터넷&정보보호 세미나	한국어
2010.04	성공적인 기업 경영을 위한 지식재산권 활용 전략	서울	서울회 디자인브랜드분과 모임	한국어
2010.04	불사용 취소심판과 불사용 상표의 문제	서울	2010 상표포럼	한국어

시기	제목	발표장소	간행물	사용언어
2010.02	성공적인 기업 경영을 위한 지식재산권 활용 전략 - 산업재산권 전반 -	서울	한국후지필름	한국어
2010.01	最近の韓国デザイン保護法の主要改正事項およびデザイン制度の主要特徴	도쿄	한·일 변리사회 공동세미나	일본어
2009.12	Trademark Protection of Shapes & Colour	뉴델리	FICPI India Symposium	영어
2009.09	지식정보사회와 지식재산권 활용 전략	서울	상암중학교 주민대학	한국어
2009.08	브랜드와 상표법 이야기 - 생활속 침해사례에 비추어본 브랜드의 효과적 보호 방안	서울	한국농촌관광대학원 워크숍	한국어
2009.06	성공적인 기업 경영을 위한 지식재산권 활용 전략	서울	남서울 로타리 클럽	한국어
2009.04	상호, 상표 및 부정경쟁 이야기 - 생활속 침해사례 및 분쟁 소개 -	단양	지자체 단속공무원 역량강화 워크숍	한국어
2009.04	특허·상표 제도와 활용 방안	서울	대한산업안전협회	한국어
2008.11	韓國Design 保護制度의 特徵	부산	한·일 변리사회 공동세미나	한국어
2008.10	Prominent Issues of Korean IP Attorneys 'Profession - Conflict of Interest, Confidentiality Professional Insurance -	서울	한·불 변리사연맹(FICPI) 공동세미나	영어
2008.5	Similarity in a Global Context	베를린	국제상표협회(INTA) 제130차 연차총회	영어
2008.3	Boarder Seizures	서울	A Korea-Germany Joint Seminar	영어
2008.3	Strategies for Efficient Protection-Maintenance of Intellectual Properties in Korea	서울	주한 영국대사관 주최 지적재산권국제 세미나	영어
2007.5	특허제도의 이해와 특허 전략	서울	(주) 솔고바이오메디칼	한국어
2004.3	Effective Trade Mark Rights Enforcement in Asia - Korea, Japan, and China -	런던	의약품 상표그룹(PTMG) 총회	영어
2005.3	기업 경쟁력 강화를 위한 지적재산권 확보와 관리 전략	서울	한국발명진흥회 초청 강연	한국어
2005.10	지적재산권의 침해 예방- 특허 분쟁을 중심으로	서울		한국어
2004.7	상표등록절차 및 분쟁사례	서울	농수산물유통공사	한국어
2004.4	사이버스쿼팅 방지에 관한 국내법의 적용	서울	도메인이름분쟁조정 위원회	한국어
2004	특허제도의 이해와 특허 전략	서울	동서울대학 강연	한국어
2003.10	브랜드의 등록출원	서울	농수산물유통공사	한국어

시기	제목	발표장소	간행물	사용언어
2003.9	상표등록 절차 및 농산물 특허출원 방법	서울	경기도 농업전문경영인 연찬교육 특강	한국어
2003.5	바이오 지적재산권 보호 및 특허 전략	서울	제1기 전경련 바이오산업 경영자 과정	한국어
2003.3	한국에서의 상표의 이전, 라이선스, 무역 피해 구제 시스템과 수출 기업의 대응 방안	베이징		한국어
2002	The Madrid Protocol and Its Impact on Korean Trademark Laws	서울	The 3rd Joint Seminar of AIPPI Japan, China and Korea	영어
2001	인터넷 비즈니스 모델 특허	서울	전국경제인연합회 e-business 최고경영자과정	한국어
2001	Protection and Enforcement of Well-Known Trademarks-Service Marks and Domain Names in Korea	도쿄	The Joint Seminar of AIPPI Japan, China, and Korea	일본어
2000.8	특허 분쟁 대응책과 기술료 확보 전략	서울		한국어
2000.8	디지털 시대의 생존 전략 - 발명왕 에디슨이 빈털터리가 된 이유	서울	제10기 경영자 독서모임	한국어

■ 연구업적

시기	연구주제	기관
2004	인터넷주소관련 지적재산권 문제의 해결방안 연구	한국인터넷진흥원

■ 논문

시기	제목	간행물	사용언어
2012, 2010 2009, 2008 2007, 2006 2005, 2004 2003	도메인이름 분쟁백서(공동집필)	한국인터넷 진흥원	한국어
2011	한국의 지적재산 교육 동향	일본 "Patent" 잡지	일본어
2007.5	한국에 있어서의 STARBUCKS vs. STARPREYA 문자 · 도형상표에 관한 심 · 판결례 평석「STARPREYA」「STARPREYA+도형상표」무효심판에 관한 판결을 중심으로	일본 국제지적재산권 보호협회	일본어
2005	상표의 상표로서의 사용과 의장으로서의 사용	창작과 권리	한국어

시기	제목	간행물	사용언어
2005	한국의 상표법 개정 및 의장법 (디자인보호법) 개정	AIPPI Japan	일본어
2005	도메인 이름 분쟁 해결 제도	한국인터넷진흥원	한국어
2004.2	우리나라에 있어서의 도메인이름 분쟁해결의 실체적 규준	김명신 선생 회갑기념논문집	한국어
2003	한국에 있어서의 화상디자인의 의장등록 보호	일본경제 산업조사회 지적재산정보센터	일본어
2003	한국에 있어서의 의장출원공개제도, 일부품목 의장 무심사 등록제도 및 복수의장등록출원 제도	Journal of AIPPI Japan	일본어
2002	Use of a Mark 'As a Mark' as a Legal Requirement in Respect of Acquisition Maintenance and Infringement of Rights in Korea	AIPPI Year Book	영어
2002	The Madrid Protocol and Its Impact on Korean Trademark Laws	Journal of AIPPI Japan Group	영어
2002	도메인이름 분쟁 관련 한국 법원의 판례 경향과 조정 결정에 대한 사법적 심사	KRNIC 공동국제학술 세미나	한국어
2001	Protection and Enforcement of Well-Known Trademarks-Service Marks and Domain Names in Korea	Journal of the Japanese Group of AIPPI	영어
2000.9	벤처 기업 BM 특허의 전략적 활용	벤처 캐피탈리스트 양성 과정	한국어
2000	상표법상 상표등록 취소 사유로서의 사용권의 미등록 성명 상표의 유사 판단에 관한 소고	상표학회지	한국어
1998.4	도메인 이름 분쟁 사례집	한국전산원	한국어